NATHANIEL HAWTHORNE

THE BLITHEDALE ROMANCE

Annotated with a Critical Introduction
by
Han, Hye-Kyung
Kim, Ji-Won

Shinasa

CONTENTS

CRITICAL INTRODUCTION

THE TEXT OF *THE BLITHEDALE ROMANCE*

편저자 서문

너새니얼 호손(Nathaniel Hawthorne)의 세 번째 소설인 『블라이드데일 로맨스』 (*The Blithedale Romance*)는 널리 알려진 『주홍 글자』 (*The Scarlet Letter*)와 『일곱 박공의 집』 (*The House of the Seven Gables*) 못지않게 작가가 심혈을 기울여 창작한 소설(호손 자신의 표현에 따르면, 로맨스)이다. 그럼에도 불구하고 이 작품은 국내에서는 일반 대중 뿐 아니라 영문학도들에게도 잘 알려지지 않은 편이다. 물론 가장 큰 이유라면 국내에서 최다 번역본을 낸 『주홍 글자』의 경우와는 대조적으로 아직껏 한 번도 우리말로 번역되지 않았기 때문일 것이다. 하지만 이 소설은 호손을 전공하는 국내 영문학자들에게는 일찍부터 주목의 대상이 되어 왔다. 일찍이 호손을 좋아하고 연구하는 영문학자들의 모임인 '한국호손학회'가 1987년 5월 30일에 창립되었는데, 이 학회는 매년 봄, 가을 2회에 걸쳐 학술발표회를 개최하고 있고, 반년간으로 학회지 『호손 연구』를 발간하고 있으며, 2002년 12월에 제 9-2호를 발간했다. 국내 영문학자들의 『블라이드데일 로맨스』에 대한 관심도를 알아보려면 『호손 연구』의 논문들을 살펴보면 도움이 된다. 1998년 이래 『호손 연구』 매호에는 10편 내외의 호손 관련 논문이 실리는데, 이 중 적어도 1-3편이 『블라이드데일 로맨스』를 집중적으로 다루고 있다. 이러한 현상은 다른 무엇보다도 이 소설이 갖고 있는 문학성이 매우 크기 때문이다. 이에 따라 본 주석본의 출간은 국내 영문학도들에게 호손의 진면목을 발견할 수 있는 계기를 마련해준다는 점에서 아주 의미 있는 일이라 하겠다.

편저자들이 대학에서 호손을 강의하며 연구해온 지 어언 4반세기가 흘렀다. 세월이 가면 갈수록, 호손의 소설을 대하면 대할수록, 더욱더 호손은 오묘하고도 모호한 작가라는 생각이 든다. 사실상 소설 텍스트 하나만을 가지고 호손을 접한다는 것은 감히 말하건대 장님이 코끼리 만지는 격이라 할 수 있을 것이다. 본 주석본에서 편저자들은 단지 해석의 보조 자료로서 주석달기에만 치중하지 않았다. 오히려 본 소설과 직·간접적으로 관련된 자료를 가능한 한 많이 제공하고자 노력하였다. 먼저 호손이 직접 쓴 편지와 일기는 다른 어떤 자료보다도 작품 해석에 있어서 크게 도움이 될 것이다. 또한 보다 전문적으로 작품 이해를 돕고자 본 소설을 주로 다룬 중요한 논문들을 발췌하여 실었다. 호손의 생애와 작품 연보, 그리고 참고문헌 또한 호손 학도들에게 귀중한 보조 자료가 될 것이다.

본 편저자들은 연구년을 맞이하여 2002년에 노스캐롤라이나 대학(University of North Carolina at Chapel Hill) 영문과에서 객원교수로 함께 있으면서 6월 19-24일에 매사추세츠주의 스미스 대학에서 열린 미국호손학회에 참가하여 호손 연구에 대한 열기를 실감하고 나서, 뉴잉글랜드를 직접 답사하며 호손의 발자취를 더듬어가던 중에 이 주석본을 내기로 합의를 보았다. 그것이 이제 결실을 보게 된 것이다. 아울러 이 주석본이, 본 편저자들의 공역으로『블라이드데일 로맨스』라는 제목의 번역본이 간행될 시점에 때맞추어 나오게 되어 더욱더 그 의미가 크다 하겠다. 모쪼록, 이 주석본의 출간이 국내에서 호손에 대한 관심을 한 차원 높이는 데 일조할 수 있기를 바라는 마음 간절하다. 실제로 이 책이 수지 타산에 크게 도움되지 않을 줄을 알면서도 선뜻 출판에 응해주신 도서출판 신아사의 정현걸 사장님께 감사드린다.

2003년 1월 8일에

미국 노스캐롤라이나주 채플힐에서

한혜경· 김지원 씀

CRITICAL INTRODUCTION

『블라이드데일 로맨스』: 호손의 ‘감추기’ 미학

웨인 부스(Wayne Booth)가 『소설 수사학』(*The Rhetoric of Fiction*)에서 선언한 대로 “서술은 예술이지 과학이 아니다”(164). 그렇다고 해서 서술에 관한 원칙의 공식화가 불가능하다거나 필연적으로 실패하기 마련이라는 말은 아니다. 모든 예술에는 체계적인 요소가 있기에 어떠한 소설 비평도 일반 원칙에 입각해서 기법상의 성공이나 실패를 설명해야 할 책임을 피할 수는 없다. 너새니얼 호손(Nathaniel Hawthorne)의 서사 미학에 대해 무어라고 단정하기란 그리 쉽지 않을 것이다. 물론 거기에는 여러 가지 이유가 있겠지만 무엇보다도 가장 큰 원인은 호손의 예술 원리가 그렇게 단순하지만은 않다는 점이다. 호손 미학의 중심에는 언제나 그의 창조적 상상력과 함께 현실을 예술로 변형시키는 데 있어서 그 상상력이 맡는 역할에 대한 이론이 놓여 있다. 조야한 현실의 사건과 재료들을 세련된 예술로 변형시키는 과정에서 특정한 수준의 우주적 의미를 띠도록 고양시켜주는 것이 상상력의 본래 기능이다. 예술이 자기표현의 형태라고 한다면 그것은 곧 그의 이상이다. 또한 이상화가 예술 과정의 요체라고 한다면 상상력은 그 중개자라 할 수 있다. 이런 점에서, 호손은 T.E. 흄(Hulme)이나 T.S. 엘리엇(Eliot)에 동의하여 “예술가는 표현할 개성이 아니라 사용할 매체를 갖고 있을 뿐이다”(Gupta 157)라고 굳게 신봉한다.

호손은 무한정한 상상력의 무대를 위해 로맨스라는 독특한 문학 장르를 나름대로 개발하여 편리하게 이용한다. 그는 자신의 로맨스에서 순전한 상상력의 도움으로 현실을 예술로 승화시키기 위해 독자와의 일정 거리를 유지하고 싶어 한다. 따라서 그는 모든 사람들이 갖고 있는 일반적 특성에 대해서만 직접 언급하고 자기 자신의 개별적 특성에 대해서는 가능한 한 드러내지 않고 감추기를 시도한다. 이때 감추기

방식으로 그가 곧잘 선택하는 것이 이른바 '베일 가리기'(veiling)이다. 일찍이 호손은 「구목사관」("The Old Manse")이란 스케치에서 본의 아니게 독자와 완전히 동화하지 못하는 자신의 유보적인 성격에 대해 언급하면서 "난 곧잘 나의 얼굴을 베일로 가린다"(*Mosses* 33)고 진솔하게 고백한 바 있다.

호손이 가리고 싶어 하는 얼굴이란 그의 개별적인 자아와 관련된 사실이나 생각들을 가리킨다. 감추기의 도구로 쓰이는 베일이란 "타자와의 관계에서 어떤 한계"(Davis 14)를 나타내주는 것으로서 시야를 방해하는 효과를 갖는다. 그러니까 호손이 자기 얼굴을 베일로 가린다고 하는 것은 자신의 개인적인 정보와 개별적인 성향을 상세하게 보여준다거나 드러내고 싶지 않다는 뜻으로 해석된다. 한편 호손은 「세관」("The Custom-House")에서도 "나 자신과 나의 신상 문제에 관해 떠들어댄다는 것이 내키지 않았고. . . 모든 것을 다 털어놓는다는 것은 설령 비인칭으로 한다 해도 점잖은 짓은 못된다"(4)고 전제한 뒤에 "가장 내밀(內密)한 나를 베일 뒤에 간직하고 있는 것"(4)이 자기 자신에게는 무엇보다도 소중하다고 단언한다.

그렇다면 호손이 「구목사관」의 독자들을 향하여 자기 얼굴을 베일로 가린다고 말하고 「세관」에서 자기 이야기를 털어놓기를 주저하며 내켜하지 않는 이유는 무엇일까? 호손은 1836년에 내놓은 대표적 단편소설인 「목사의 검은 베일」("The Minister's Black Veil")의 후퍼 목사(Reverend Hooper)처럼 분명히 베일 뒤에 자신의 개별적 자아를 숨기기를 원하는 것 같다. 그럼에도 불구하고 호손은 후퍼 목사가 하듯이 자기 눈 위에 천 조각을 두르고 뉴잉글랜드를 걸어 다니지는 않는다. 그러니까 호손의 베일에 대한 고집은 물리적인 현실에 대한 소망보다는 독자의 존재 속에서 자기 존재를 일시적으로 철회하고 객관적 작가로서 머무르고 싶은 바람을 소박하게 표현한 것으로 여겨진다.

기본적으로 무언가를 덮고 감추고 가면을 씌우는 역할을 수행하는

'베일'은 호손 문학 전체에서 가장 두드러지게 반복되는 이미지다. 『블라이드데일 로맨스』(*The Blithedale Romance*)에서도 가장 강력하고 주도적인 이미지는 역시 베일이다. 여기에서 베일 이미지는 '불'(fire)의 이미지와 연관되면서 로맨스의 분위기를 한층 더 고조시킨다. 이 두 개의 중요한 이미지의 흐름이 작품 전반에 걸쳐 여러 상징들에 의해 암시된 주제들을 명확하게 부각시키고 보강해 준다.[1] 특히 베일의 이미지는 소설의 발단부에서는 불의 이미지에 종속하는 것처럼 보이는데도 불구하고 이야기가 전개됨에 따라 점차 소설의 분위기를 압도해 나간다. 그리하여 연쇄적인 베일의 이미지는 이야기가 종결될 때까지 단절되지 않는다.[2]

『블라이드데일 로맨스』에서 호손은 여러 작중인물들에게 어떤 방식으로든지 일종의 베일을 두르게 한다. 호손에게 있어서는 누구든 망사 없이도 사실상의 베일을 쓸 수 있다. 그 결과, 이 소설의 주제는 물리적인 베일이 아니라 추상적인 베일 때문에 생기는 인물들의 모호성과 그에 따른 상징으로서 베일이 갖는 의미의 불확실성에 대한 암시로 인해 한층 더 명확해진다. 그것은 바로 사람들이 각자 자기 베일을 벗어 던지고 서로 참되게 사랑할 수 없기 때문에 블라이드데일의 실험이 실패하고 만다는 점이다. 인간의 형제애라는 이론을 바탕으로 설정된 블라이드데일 공동체에서 하나의 놀라운 아이러니는 그 안에서 우애나 사랑은 실제로 찾아볼 수 없다는 것이다. 주요 작중인물인 제노비아(Zenobia), 프리실라(Priscilla), 홀링스워스(Hollingsworth), 마일즈

---

1) 1장에서는 먼저 '베일'의 이미지가 등장하고, 그 다음에 뒤로 물러나면서 '불'의 이미지가 전면에 대두되어 이후 네 장을 지배한다. 이로써 소설의 전반부에서는 불의 이미지가 주로 강조된다. 심지어 불의 이미지를 하도 많이 강조하다 보니 작가를 대신한 서술자가 4장 서두에서 그것을 되풀이하는 자신의 서술을 변명해야 할 지경까지 이른다. 그러나 이후부터 베일의 이미지가 다시 전면에 부각되면서 작품 전체의 흐름을 주도하게 된다.

2) 하얏트 왜거너(Hyatt H. Waggoner)의 설명에 따르면, 전체 29개 장 가운데 22개 장이 베일의 주제를 발전시킨다(194).

커버데일(Miles Coverdale) 등은 이 공동사회의 운명에는 관심이 없다. 대신에 그들 각자는 공동체를 자기 자신의 사사로운 목적을 위해 이용하고자 한다. 따라서 블라이드데일 공동체는 처음부터 실패할 수밖에 없는 운명을 안고 출발하는 셈이다.

『블라이드데일 로맨스』에서 공동체의 실패라는 주제는 베일 이미지의 검토에 의해 가장 잘 드러난다. 여기에서 베일 이미지란 구체적으로 공동사회를 이룩하기 위한 실험 자체가 가리고 있는 베일뿐만 아니라 그 실험에 참가한 개혁자들이 각자 두르고 있는 베일을 가리킨다. 불과 얼마 전까지만 해도 호손 독자들로부터 곧잘 외면당했던 이 소설이 근자에 와서 세간의 주목을 받게 된 것[3]은 사실상 베일 이미지에 대한 관심이 고조된 덕분으로 여겨진다.

대체로 문학에서, 특별히 서사 문학에서 사람을 비롯하여 고유 명사에 붙는 이름은 자주 중요한 상징성을 띠기 마련이다. 조이스 테일로 호럴(Joyce Tayloe Horrell)은 「'특별한 의미의 색조': 헨리 제임스와 작명술」("A 'Shade of a Special Sense': Henry James and the Art of Naming")에서 "제임스에게 있어서 실제로 모든 것이 의도적이고 어떤 예술적 목적에 기여한다는 것을 주의 깊은 독자들이 점차 인식하게 됨에 따라 이름에 대한 관심이 자연적으로 떠오른다"(117)고 언급하고 있는데, 이 말은 호손의 경우에도 그대로 적용될 것 같다.

『블라이드데일 로맨스』에서 감추기에 관한 논의는 무엇보다도 먼저 작품 제목과 함께 시작할 수 있겠다. '블라이드데일'이란 'blithe'

---

3) 아그네스 맥닐 도너휴(Agnes McNeill Donohue)는 『호손: 칼뱅의 반어적인 의붓아』(*Hawthorne: Calvin's Ironic Stepchild*)에서 "지난 20년에 걸쳐 비평가들이 이 소설에 관심을 갖기 시작했다"(95)고 주장하는데, 이 연구서가 1985년에 나온 점을 감안할 때 이 소설이 호손 연구가들의 주목을 본격적으로 끌게 된 것은 대략 35년 정도로 추산할 수 있겠다. 또한 도너휴에 따르면, 그 이전까지 호손 독자들은 한편에서는 이 작품에 나오는 작중인물들을 역사상의 인물들과 일치시키려는 끝없고 무익한 게임을 즐겼으며, 다른 한편에서는 사회주의와의 연관성을 따졌다(95).

(happy)와 'dale'(valley)의 합성어로서 이른바 '행복 골짜기'라는 의미를 갖는다. 비평가 왜거너는 이 로맨스가(특별히 제목이) 영국의 18세기 작가 사무엘 존슨(Samuel Johnson)의 『라셀라스』(*The Rasselas*)를 패러디하고 있다고 주장한다(189). 호손이 유달리 좋아한 것으로 알려진 존슨의 로맨스는 아비시니아(Abissinia)의 군주가 죄도 고통도 없는 외딴 행복 골짜기에서 키워졌는데 바깥 세계에 더 행복한 현인을 찾으러 여행을 떠났다가 마침내 세상에 환멸을 느끼고 자신의 은거지로 되돌아온다는 이야기다. 호손은 『블라이드데일 로맨스』에서 이와 비슷한 여행 플롯을 사용하되 그것을 완전히 전도시킨다. 서술자이자 작중인물인 커버데일은 보스턴(Boston)이라는 실제 도시에서 블라이드데일이라는 행복 골짜기로 여행을 갔다가 급기야 거기에서 환멸을 느끼고 다시 도시로 돌아온다. 존슨이 실제 세계의 성격을 시험하기 위해 신화적인 행복 골짜기를 설정한데 반해서, 호손은 행복 골짜기의 실체를 실험하기 위해 보스턴이라는 실제 세계에서부터 출발한다. 결과적으로 존슨이 인간 욕망의 허영이란 주제로 끝내는 데 반해서, 호손은 개혁의 실패와 유토피아를 기대하는 어리석음에 의해 암시되는 주제로 끝맺는다(Waggoner 189). 단지 인간의 외형적 삶의 습관과 생활비를 버는 방식을 변경함으로써 얻어지는 행복 골짜기란 지상에는 없다. 이에 따라 호손의 책에서도 행복 골짜기 같은 것은 만들어지거나 발견되지 않는다. 행복 골짜기의 실체는 다름 아닌 바보들의 낙원임이 곧 드러난다. 그러므로 제목 자체는 일종의 아이러니다. 거기에는 슬픔이라는 정반대의 의미가 숨어 있다.

작품 제목에서 드러난 것 같은 감추기의 효과는 서술자를 포함한 작중인물들의 이름 속에서도 명백히 찾아볼 수 있다. 그들의 모습은 때로는 역설적으로 나타날 뿐 아니라 일종의 아르카디아 실험 농장에서 그들 각자가 취하는 역할에 의해 가려져 있다. 어떤 사람의 참모습도 보이는 그대로하고는 다르다. 각자는 자신의 이름 뒤에 숨어 있다.

현상과 실제간의 기만적 특성이 곧 각자의 속성이라 할 만하다. 이런 점에서, 블라이드데일에 있는 거의 모든 사람들은 기만적인 위선자들이라 할 수 있다.

작중인물들 가운데 누구보다도 커버데일이 가장 기만적이다. 'Coverdale'이란 말은 글자 그대로 골짜기의 한 부분을 덮고 감춘다는 뜻이다. 커버데일은 마치 색유리를 덧씌우는 것처럼 사건 위에 베일을 덮어버리는 역할을 한다. 그가 마지막으로 덮고 있는 것은 마음의 비밀이다. 실제로 그는 소설의 마지막 장에 이르기까지 프리실라를 사랑했다는 사실을 드러내지 않는다.[4] 커버데일은 이성(異性)에 대한 사랑까지도 포함하여 자신이 좋아하는 것을 밝히려 하지 않고 끊임없이 자신을 감추려고 애쓴다. 결과적으로 그는 거의 언제나 우리의 시야에서 벗어나 있다. 그렇지만 정작 다른 사람들을 엿보고 그들의 말을 엿듣는 가운데 은연중 자신의 정체를 우리에게 드러내고 만다. 이런 점에서, 커버데일은 호손적인 시인 지망자로서 소설 속에서 가장 흥미를 자아내는 인물일 뿐만 아니라 진정 "호손의 가장 풍부한 업적 중 하나"(Donohue 114)라 할 만하다.

커버데일은 이야기의 주류로부터 벗어난 관찰자에 불과하지만 호손의 관심 속에서는 아주 중요한 역할을 수행한다. 그는 스스로 고전극에서의 코러스 역을 자처하며 모든 행동을 관찰하는 권리를 주장한다. 그렇지만 사실 이것은 엿듣고 엿보는 자신의 취향을 교묘하게 위장한 것일 뿐이다. 어찌 보면 이러한 커베데일을 통하여 호손은 인생에의 완전한 참여에 방해되는 자기 안의 모든 것을 격리시키고 몰아내려는 시도를 하는 듯하다. 이런 의미에서, 커버데일은 어빙 하우(Irving Howe)의 주장대로 "호손의 자화상이지만 고도로 의곡되고 조소적인

4) 마지막 장에서 커버데일이 내뱉는 "나, 난, 사랑했어, 프리실라를!"(247)이라는 고백은 사실상 믿기 어려운 진술로 보인다. 그것은 게으르고 무책임한 사람이 자신의 어리석음을 표현한 것일 뿐 아니라 "완전한 자기기만"(Donohue 100)이라 할 수 있다.

자화상"(290)에 해당한다 하겠다. 이야기 안팎을 자유자재로 넘나드는 커버데일은 이야기 속의 제노비아, 홀링스워스, 프리실라와의 열정적 관계에서 배제됨으로써 임상적 관찰자처럼 뒤틀려 있다. 그래서 그는 마치 신과 같이 유리된 채 그들을 바라본다. 호손 연구가인 도너휴(Donohue)가 그를 가리켜 "이 목가에서 진정한 괴물"(103)이라고 부르는 것도 바로 이 때문이다.

커버데일을 가리고 있는 추상적 베일은 서술자로서 그의 비신뢰성을 조장하며 작품 전체의 모호성과 다의성을 더해준다. 호손은 교묘한 서술자인 커버데일을 내놓기 이전에는 어떤 서술자의 비전도 그처럼 지속적으로 길게 다뤄 본 적이 없었다. 테렌스 마틴(Terence Martin)에 따르면, 커버데일은 "자기 혼자 힘으로 작중인물로 발전하는 서술자"(146)이다. 그럼에도 불구하고 그는 이야기 전반에 걸쳐서 아무것도 배우지 못하고 어떠한 변화도 경험하지 못한다.[5)] 그는 고도로 자의식적일 뿐만 아니라 행동자이기보다는 반영자이다. 그런데도 문제는, 『블라이드데일 로맨스』의 구조에서 빚어지는 커다란 난관이 주로 커버데일에 의해 생겨난다는 점이다. 위에서 언급했듯이, 소설 말미에서 프리실라를 사랑한다는 커버데일의 놀라운 폭로는 독자에게 통쾌한 충격을 안겨준다. 왜냐하면 독자는 이미 그가 자기 자신밖에는 아무도 사랑할 수 없다는 것을 잘 알고 있기 때문이다.

---

5) 실제로 『블라이드데일 로맨스』는 커버데일이 무디 노인의 부탁을 받고 "나에게 특별히 성가신 일이 아닌 한 어떤 친절이라도 그 노인에게 베풀 태세는 되어 있었다"(7)는 생각과 함께 다른 사람을 도와주기를 마음내켜하지 않는 그의 성격을 보여주는 에피소드로 시작하고, 그 자신의 "노력에 터무니없는 정도의 곤란이 수반되지 않는다면, 난 스스로 목숨을 과감히 내놓을 수도 있다"(246)는 그의 진술로 끝난다(인용문에서 밑줄은 필자의 것임). 이로써 우리는 커버데일의 이기적인 성격이 시종일관 조금도 변하지 않았음을 확인할 수 있다. 이런 의미에서, 단일한 관념이나 특성을 중심으로 구성될 뿐 아니라 개성을 부여하는 여러 세부 사항도 없이 제시되는 커버데일은 E.M. 포스터(Forster)가 『소설의 양상』(*The Aspects of the Novel*, 1927)에서 구분한 '평면적 인물'(flat character)과 '입체적 인물'(round character) 가운데 필시 전자에 해당한다고 단정할 수 있겠다.

한편 제노비아는 동양의 어느 여왕 이름 뒤에 자신을 감추려고 부단히 노력한다. '제노비아'란 시리아(Syria)의 팔미라(Palmyra) 여왕(267-272년 재위)의 이름과 같이 찬란하고 화려한 이름이다. 그녀가 공적 영역에 들어왔을 때, 그녀는 의도적으로 공식 이름으로서, 일종의 마스크로서 이름을 사용하기 위해 가모장적(家母長的)인 여왕의 이름을 채택한다. 따라서 제 1장에서 커버데일의 서술에 의하면, 그녀의 다른 이름은 잘 알려져 있는데도 그게 뭔지는 끝내 밝혀지지 않는다. 그녀는 위압적인 여왕의 이름에 어울리게 외모와 태도 면에서 자태를 과시하고 마지막에는 그에 걸맞게 장엄한 비극적 결말을 맞는다. 제노비아는 성적으로 장대하고 지적으로 과감한 여인이며 공동체의 중심인물로 나타난다. 그녀는 자연스런 활력과 화려한 여성성의 상징으로 묘사된다. 그러나 여기에도 아이러니가 담겨 있다. 그녀가 머리에 꽂고 다니는 꽃은 온실에서 키운 듯한 생화인 반면에 그녀의 보석은 모조꽃으로 만들어졌다. 그녀는 피부가 검고 자만심에 넘치며 육감적인 영리한 여자로 흔히 호손이 당대 미국의 여류평론가인 마가렛 풀러(Margaret Fuller, 1810-50)를 바탕으로 창조한 인물로 알려져 있다. 일찍이 헨리 제임스(Henry James)는 『블라이드데일 로맨스』에서 가장 훌륭한 점이 바로 "제노비아의 성격"이라고 강조하고 나서, "호손이 그녀를 통해서 완벽한 인물을 창조하고 있다"(106)고 역설한 바 있다. 제노비아는 호손의 다른 여주인공들, 이를테면 헤스터(Hester)나 미리암(Miriam), 힐다(Hilda), 피비(Phoebe)보다도 훨씬 더 사실적인 인물이다. 그녀는 어느 여성 인물보다도 한층 더 다양한 터치로 만들어진 구체적 형상이다.

아마도 『블라이드데일 로맨스』에서 베일의 이미지하고 가장 잘 어울리는 인물은 프리실라일 것이다. 그녀는 그야말로 이야기 속에서 시종일관 호기심의 대상으로 떠오르는 베일 여인(Veiled Lady)의 장본인이다. 프리실라는 이야기가 거의 끝날 때까지도 편

틀로이-무디(Fauntleroy-Moodie)란 성(姓)을 갖지 못한 채 그녀 자신의 속성이라 할 점멸(漸滅)의 베일 뒤에 가려 있다. 그녀는 비육체성을 특징으로 갖는다. “가냘프고 실체 없는”(26) 프리실라의 얼굴은 “창백하고 거의 병적인 색깔”(27)이다. 그녀는 일종의 하얀 백합 같은 여자로서 최면술 시연회, 즉 망령과 소통하기 위한 일종의 공적인 강신술회(降神術會)에서 영매(靈媒) 역할을 떠맡는다. 프리실라는 가정적 여성의 전통적 이미지를 나타내 준다. 그녀는 한편으로는 절대적으로 복종하는 애정이 깊은 여자지만 다른 한편으로는 일종의 매춘부와 같은 정신의 소유자다. 일종의 “하얀 색 펄(Pearl), 조그만 영매, 모조 진주”(Lawrence 115)라 할 수 있는 프리실라는 검은 색 펄에 해당하는 제노비아와는 아주 대조적이다. 무력하게 파멸하고 마는 제노비아의 경우와는 달리 프리실라에게는 정말로 어떤 비범한 힘이 들어 있다. 그러기에 그녀는 D.H. 로렌스(Lawrence)가 설명하는 대로 “대장장이[홀링스워스]에게서 그의 검은 빛과 힘을 고갈시킨다”(115). 『블라이드데일 로맨스』에서 프리실라는 “일관되게 사랑에 의해 움직이는 유일한 인물”(Waggoner 201)이다. 그녀의 사랑은 할 수만 있다고 하면 홀링스워스를 구제해줄 것이다. 그녀는 베일의 여인으로서 자신의 역할 속에 덧씌워진 물리적 베일에도 불구하고 사실상 “좋아서건 아니면 명백한 정신적, 지적 자만심에 의해서건 간에 베일을 두르고 있지 않은 유일한 주요 인물”(Waggoner 201)이다. 제노비아의 홀링스워스에 대한 사랑은 순전히 에로스의 표명이다. 이에 반해, 프리실라의 그것은 아가페적이면서 동시에 에로스적이라 할 수 있다. 물리적인 베일을 실제로 두르고 있는 프리실라는 간단히 말해서 제노비아의 무대 위에 등장하는 비극적 여배우다. 베일 밑에서 그녀의 정체성은 선명하게 투시되지는 않지만 완전히 가려지지도 않는다. 그리하여 커버데일은 알듯 말듯한 베일 여인의 이미지를 낭만화하려고 하는 것이다.

블라이드데일 공동사회에서 “신념과 기력을 제대로 갖춘 사람”(Kaul 160)인 홀링스워스는 또 다른 주요 인물로서 범죄자들을 구제하려는 강한 욕망을 지닌 검은 수염의 사나이다. ‘홀링스워스’라는 이름은 ‘holy’와 ‘worthy’의 합성어를 암시하지만, 이것 역시 아이러니다. 홀링스워스는 프리실라나 제노비아와는 달리 성(姓)뿐으로 자신이 공허한 가치임을 드러낸다. 커버데일이 보기에 그의 결함은 정신적 오만이다. 그는 명분 좋은 일에 강박적으로 헌신함에도 불구하고 진정 우리의 신성하고 가치 있는 것에는 눈먼 이기주의자다. 그는 인류를 사랑한다고 공언하지만 그가 사랑하는 것은 실제 사람이 아니라 추상적 인간이다. 『블라이드데일 로맨스』는 커버데일이 코러스로 등장한 채 제노비아, 프리실라, 홀링스워스가 무대 위에서 펼치는 발전적 비극이라 할 수 있다. 그리하여 우리는 블라이드데일의 이야기를 그들만의 것으로 보고 싶은 충동이 일어난다. 이 세 사람이 소설의 매력적인 인물들임에는 틀림없다. 그렇지만 필요 이상으로 자신을 드러내려 하지 않는 무디 노인(Old Moodie)과 서구 전체 세계의 악마주의를 구현하는 웨스터벨트(Westervelt) 또한 각자 자신의 위장적인 성격에 걸맞는 이름들이다. 호손이 작중인물들을 소개하는 데 있어서 함축적인 이름과 함께 나름대로 감추기의 특성을 부각시키는 것은 그들의 정체성에 신비를 더해주기 위한 배려로 보인다. 물론 이것은 플롯 전개 과정에서 보다 더 극적인 긴장감을 조성한다는 부수적 효과도 노린 것임에 틀림없다.

작품 제목과 작중인물들의 이름 속에 상징적으로 함축되어 있는 베일 가리기는 본 이야기에 들어가서 본격적으로 전개되기 시작한다. 1장에서 홀링스워스를 제외한 주요 인물들이 모두 소개된다. 감추기의 중요한 도구인 베일의 도입은 아주 인상적이다. 첫 문장에서부터 베일의 이미지는 이중적인 방식으로 나타난다. 먼저 베일의 여인과 관련해서는 명시적으로 모습을 드러내고, 무디 노인과 관련해서는 함축적이고 암시적인 방법으로 나타난다. 실제로 서술자 역할까지 병행하는 커버데일을 제외하고 나면 베일 여인이 가장 먼저 소개되는 인물이다. 알 듯 말 듯한 베일의 여인을 가면으로 가득 찬 소설의 첫 장에서 소개하는 것은 매우 이채로우면서도 적절한 배려인 것 같다. 베일의 여인 다음에는 첫 장의 명칭 표제(name-caption)인 무디 노인이 등장하고 이어서 제노비아가 소개된다.

이야기의 문이 열리면서 커버데일은 베일의 여인이 등장하는 최면술 시연회를 구경하고 자신의 숙소로 돌아간다. 도중에 무디 노인이 그를 붙잡고 말을 건넨다. 이때 커버데일은 방금 보고 온 최면술에 대한 생각에 깊이 몰두해 있다. 비록 그는 최면술과 그에 따른 신통력이 "새로운 과학의 탄생"이기 보다는 "옛날 사기술의 재현"(5)임을 잘 알고 있지만 거기에 감도는 신비스런 분위기에 매료된 듯하다. 그리하여 그가 베일의 여인에게 블라이드데일 모험의 성공 여부에 관해 물었을 때, 그가 받은 대답은 "무녀적(巫女的)인 특질을 잘 구비한 것으로서, 처음에는 바보 같은 소리로 들렸으나 좀더 자세히 탐구해 보니 다양한 해석을 가능하게 해 주었고, 그 가운데 하나는 분명히 사건하고 딱 부합했다"(6). 베일의 여인이 해준 대답은 간단히 말하면 "하나의 수수께끼여서 그것의 진실은 베일 여인 자신의 신분과 마찬가지로 모호성의 베일 뒤에 가려 있다"(Waggoner 198).

1장에는 베일 여인의 얼굴을 가려주는 베일뿐만 아니라 눈을 가려 시야를 차단시키는 안대도 나온다. 커버데일의 발걸음을 세운 무디 노인은 나들이 할 때면 어김없이 한 쪽 눈에 안대를 끼고 다닌다. 그는 제노비아의 장례식에서는 자기 얼굴을 하얀 손수건에 파묻는다. 그래서 커버데일은 무디 노인이 언제나 부질없이 자기 자신을 숨기고 감추려는 듯한 인상을 받는다. 비평가 왜거너에 따르면, "무디 노인 또한 자기 자신만의 베일을 갖고 있다"(192). 스스로의 베일을 두르고 있는 무디 노인은 베일 여인만큼이나, 그리고 커버데일 자신보다는 훨씬 더 베일에 쌓인 인물이다. 그는 프리실라의 진정한 아버지로서 그녀와 마찬가지로 끊임없이 움츠리고 숨어버림으로써 결과적으로는 다른 사람들을 통제하려고 하는 것이다. 그는 재정상의 권한을 여전히 손에 거머쥔 채 제노비아를 판단하고 마지막에는 그녀의 몰락에서 간접적으로 동조한 책임을 면하기 어렵다. 결국에 무디는 "호손이 창조한 성공적인 소인물 중 하나이자 고려할 가치도 없는 하찮은 것에 덤벼드는 유형"(Donohue 123)으로 판명난다.

첫 장에서, 신비에 둘러 쌓인 베일의 여인을 비롯하여 작중인물들의 신분을 밝히지 않은 채 극적인 방식으로 그들을 소개하는 것은 모호하고 고딕적인 분위기를 조성하여 이야기 초반부터 긴장감을 고조시켜주기 위함이다. 그렇지만 1장의 테마적 기능은 거기에서 끝나지 않는다. 여기에서 소개되는 인물들 가운데는 누구보다도 제노비아가 가장 특이하다. 그녀는 커버데일, 무디, 베일의 여인과는 달리 어떠한 베일로도 가려져 있지 않다. 그녀는 언제나 무언가의 뒤에 숨으려는 무디의 경향도, 관목 사이로 혹은 창문을 통해 은밀히 엿보려는 커버데일의 성향도 함께 나누고 있지 않다. 제노비아는 커버데일에게 언제나 뻔뻔스럽게 노출되어 있는가 하면 그녀 자신의 여성성에 대해 솔직히 시인함으로써 그를 당혹시킨다. 그렇지만 제노비아에게도 감추고 싶은 단 한 가지 비밀이 있다. 그건 바로 그녀 자신의 신분에 관한 것이다. 1장 끝 부분에서 커버데일은 제노비아에 관해 무디에게 이렇게 설명한다: "제노비아란 단지 그녀의 공식 이름일 뿐이지요. 그녀가 세상에 자신을 드러낼 때 사생활 보호를 철저히 받기 위해 쓰고 나온 일종의 가면에 불과해요. 간단히 말하자면, 베일의 여인이 두르는 하얀 천과 같은 고안품인데 다만 약간 더 투명할 뿐이지요"(8). 베일의 여인이라는 존재는 기본적으로 "공적인 공연자로서의 여성 이미지"(Brodhead 276)에 해당한다. 공적 공연자로서 베일의 여인이란 개념을 받아들인다면 어쩌면 제노비아가 그 역할에 더 잘 어울릴는지 모른다. 하지만 제노비아는 가정적 이념에 의해 규정된 여성성을 나타내는 또 다른 베일의 여인이 되는 것에는 저항한다. 그녀의 반항은 그녀의 성격을 가정적 여성의 전형이라 할 프리실라의 그것과 비교해볼 때 아주 현저히 드러낸다.

작품 전반에 걸쳐 물리적인 베일에 가린 채 거의 형체를 나타내지 않는 베일의 여인이 두르고 있는 베일은 "마치 햇살을 받은 쪽의 구름과 같이 잔잔한 은빛 광채"(6)를 띠고 있어 신비롭기 그지없다. 자신의 이름 속에 살짝 감춰져 있는 제노비아 또한 머지않아 "베일 여인의 자매"(45)로 묘사되면서 신비로운 베일의 분위기를 암시한다. 이처럼 제노비아와 프리실라가 베일 여인의 모호한 이미지하고 긴밀하게 관련되어 있기에 베일 여인의 최면술 시연회는 이 두 인물들을 이해하는데 있어서 중심적 모티프라 할 수 있다.

결국에 제노비아를 비롯하여 1장에 나오는 인물들 모두는 각자 자기의 베일을 두르고 위장극을 벌일 태세를 갖추고 있다. 네 번째 문단에서, 커버데일은 베일의 여인이 "지금 하려고 하는 이야기하고는 아무런 관련이 없다"(6)고 진술하지만, 사실 이것은 그가 의도적으로 하는 거짓말이다. 왜냐하면 다소간에 고딕적인 이 소설의 플롯이 베일에 가려 거의 형체를 드러내지 않는 프리실라를 놓고 벌이는 웨스터벨트의 최면술적 음모에 의존하기 때문이다. 1장에서 등장하는 작중인물들을 가려주는 각각의 베일은 곧 이어 전개되는 플롯에서부터 자연스럽게 형성된다. 『블라이드데일 로맨스』에서처럼 테마를 가장 강력하게 전달해주는 역할을 하는 주도적 이미지가 플롯에서 발전하는 것은 호손에게 있어서 전형적인 패턴이다. 그러나 한 가지 분명한 것은 이 베일의 이미지가 우화 형태의 상징으로 작용하지 않는다는 점이다. 그것은 『주홍 글자』(*The Scarlet Letter*)에 나오는 색깔의 이미지와 마찬가지로 문맥 속에서 상징적으로 작용한다. 처음에는 단지 최면술 시연회에서 영매의 형상을 감추는 역할을 하는 일종의 망사인 베일은 재빨리 커베데일의 질문에 대한 대답의 모호함과 관련될 때 은유로 부각된다. 이어서 무디와 제노비아의 신분과 연관될 때 역시 신비의 은유로 확대된다.

작품 서두에서 일종의 은유로서 효과적인 테마의 전달자로 부각된 베일의 이미지는 이후에도 계속해서 다른 형태를 띠고 그 안에 함축된 주제를 상기시켜 준다. 이야기가 진행되면서 베일의 이미지는 먼저 커버데일 일행이 보스턴 시내로부터 블라이드데일까지 말을 타고 가는 여정에서 맞는 혹독한 폭설과 그 후유증으로 커버데일이 앓게 되는 열병의 형태로 발전한다.

제 2장에서, 커버데일은 세차게 몰아치는 4월의 때늦은 눈보라를 뚫고 블라이드데일을 향해 출발한다. 블라이드데일 공동체의 한 성원이 되기 위해 떠나는 커버데일의 최초 행동은 이른바 "합류하기"(Martin 146)이다. 그러나 정작 그는 실제로 자기를 필요로 하지 않는 세계 속으로 진입해 들어간다. 그의 이야기는 바로 이런 사실을 보다 더 확실하게 인식해나가는 과정을 보여준다. 북동쪽에서 불어오는 세찬 돌풍과 함께 폭설이 온통 지붕과 길 위를 하얗게 뒤덮는다. 커버데일은 이러한 풍경을 관찰하면서, "훌륭한 초월적 교훈"(Baym, "*Blithedale*" 351)을 얻는다. 온 세상을 덮고 있는 눈은 블라이드데일이 저항하는 세계의 인습주의를 가려준다. 하얀 눈 위에 누군가가 선명히 남겨놓은 발자국은 "낡은 인습주의의 흔적"(11)을 암시해 준다. 인습을 가려주는 도구인 순백의 눈은 커버데일 일행이 포장도로를 벗어나 한적한 시골길로 접어들 때 그곳의 시원한 공기와 함께 어울려 상쾌한 분위기를 연출한다. 이제껏 아무도 마셔 본 적이 없는 시골 공기는 "음산한 도시의 공기와 같이 거짓과 형식과 실수의 언어 속으로 내뱉어지지 않은 것"(11)이다.

커버데일은 블라이드데일에 도착한 다음날부터 열병에 걸려 눕게 된다. 이것의 표면적인 이유는 전날의 매서운 추위 때문이지만 상징적으로는 도시에서 쌓아온 낡은 인습을 씻어버리고 새로 태어나기 위한 것이다. 따라서 커버데일이 앓는 병은 일종의 통과의례(initiation)에 해당한다. 그러기에 그는 다시 건강을 회복하고 나서 재생의 신비를 만끽하게 된다. 자신의 생명을 앗아갈까 두려워했던 열병은 일종의 무덤을 상징적으로 암시한다. 그는 자신의 영혼이 무덤에 "육신의 무거운 짐"에 해당하는 인습주의를 버리고 난 후 "영원한 진보의 다음 단계로 들어가는 생생한 희열감"(61)을 느끼게 된다.

이어서 베일의 이미지는 제노비아에게 꽃의 형태를 띠고 나타난다. 블라이드데일에 도착한 커버데일은 거기에서 머리에 꽃을 꽂고 있는 제노비아를 보는 순간에 그녀의 아름다움에 사로잡히고 만다. 특별히 제노비아의 꽃이 하도 인상적이어서 커버데일은 12년이 지난 뒤에도 그 모습과 향기를 생생하게 느낄 수 있을 정도다. 그 꽃은 "온실의 꽃이자 이국풍의 꽃이며 열정적으로 흙을 뚫고 나온 것처럼 보이는 열대지방의 꽃"(45)이다. 커버데일은 그 꽃만이 제노비아의 "그윽한 아름다움에 잘 동화되어 그녀가 꽂기에 적합한 유일한 꽃"(45)이라고 생각한다. 실로 제노비아의 꽃은 그녀에게 아주 잘 어울려서 그녀의 머리를 훌륭하게 꾸밀 단 한 가지 목적을 갖고 만들어진 성싶다. 커버데일은 고열에 시달리며 병석에 누워 있을 때 그 꽃을 가리켜 "불가사의"(45)라고 선언한다. 제노비아의 꽃은 너무나 찬란하고 진귀한 것임에도 불구하고 단 하루만 지나면 시들 것이기에 그녀의 머릿결 속에서 커다란 다이아몬드가 빛나는 것보다도 더 "제노비아의 성격 속에서 화려하게 키워진 자존심과 화려함"(15)을 그대로 암시해 준다. 결국 커버데일은 제노비아가 달고 있는 온실 꽃이 그녀 성격의 교묘한 표현이라고 결정을 내린다. 제노비아 편에서 의도적이든 아니든 간에 그녀가 좋아하는 이 장식은 사실상 그녀의 성격을 미묘하게 표현해주는 것이다. 제노비아의 자연스런 꽃은 뒤에 가서는 "보석세공사가 정교하게 모조한 꽃"(164)으로 바뀐다. 그리하여 그녀 자신을 하나의 예술작품으로 변형시키면서 "제노비아의 카멜레온 특성을 가장 두드러지게 해준다"(Donohue 108).

다음에 베일의 이미지는 웨스터벨트의 가식적 미소와 의치와 안경의 형태로 바뀐다. "호손의 전형적인 악마-악한"(Donohue 113)에 해당하는 웨스터벨트는 최면력을 소유하고 있고 금니로 가득 찬 불쾌하고 타락한 인물로서 프리실라를 영매로 하여 공적인 강신술사의 증거를 보여주려는 사람이다. 웨스터벨트는 처음에는 젊고 훤칠한 키에 잘생긴 미남처럼 보인다. 그의 머리카락은 구렛나루, 턱수염과 함께 새까맣다. 그의 두 눈 역시 검은색으로 매우 반짝거린다. 그의 교묘한 미소는 커버데일에게 "악마의 표식"(158)처럼 보인다. 뭐니뭐니해도 그의 모습에서 가장 인상적인 것은 그가 웃을 때 벌어지는 입 속에서 유난히도 번쩍이는 이(齒)다. 그의 가지런한 이 또한 "가짜"(95)임이 드러난다. 웨스터벨트의 의치는 커버데일에게 보다 깊은 "도덕적, 물리적 속임수"(95)를 경고해 준다. 그는 자신의 음흉한 성격을 거짓된 웃음과 의치 뒤에 위장하고 있다. 실제로 웨스터벨트가 끼고 있는 안경까지도 그의 정체를 위장하는 도구로 이용된다. 커버데일은 "안경으로 그의 얼굴은 내가 못 알아볼 정도로 영 딴판이 되었다"(96)고 고백한다. 커버데일이 보기에, "이 로맨스에서 가장 사실적이지 않은 존재"(Abel 271)인 웨스터벨트에게 진실된 것이란 아무 것도 없는 듯하다.

한편, 베일의 이미지는 도시에서 창문을 가려주는 커튼, 가장행렬에서의 가면, 나무 잎새로 뒤덮인 커버데일의 은신처, 한밤중 시체를 삼켜버린 시커먼 강물의 형태로 발전하면서 감추기 역할을 계속 수행한다. 블라이드데일에서 얼마간 생활하던 커버데일은 단지 죄인 교화를 위한 박애주의자의 사업에 참여하라는 홀링스워스의 초대를 거절한다. 홀링스워스는 "나의 계획에 찬성하게나, 그렇지 않으면 반대하게! 자네에게 제 삼의 선택이란 없네"(135)라고 철저하게 융통성 없는 요구를 한다. 그 결과, 커버데일은 그동안 함께 생활하며 정들었던 돼지들에게 아쉬운 작별을 고하고,[6] 홀링스워스의 단순한 꼭두각시가 되기를 거부한 채 한 사람에 의해 연출되는 무대를 떠나 다시 도회지로 향한다. 도심 한가운데서 그는 완전한 관찰자로서 최상의 기회를 얻을 수 있게 된다. 그는 호텔 방 창문을 통하여 맞은편에 위치한 하숙집의 각 층과 각 방을 두루 엿보면서 관음증의 욕구를 채운다. 3층 창문을 통해 "세상의 뒷면"(148)을 흡족하게 감상하고 난 후 그는 주택의 전면은 언제나 인위적인 베일이자 가리개인데 반해 "현실은 뒤쪽에 있다"(149)고 확신하기에 이른다.

커버데일은 어쩌다 맞은편 하숙집 1층 거실의 창문에서 공교롭게도 다름 아닌 제노비아의 형체를 발견한다. 그녀의 머리에는 아름답고 희귀한 꽃이 달려 있기에 그녀의 신분은 쉽게 확인된다. 곧 이어 프리실라와 웨스터벨트의 모습이 그의 눈에 들어온다. 이때 커버데일은 세상의 뒤쪽에서 막 발견한 제노비아, 프리실라, 웨스터벨트의 존재를 현실이라고 확신하게 된다. 그런데 얼마 안 가서 웨스터벨트가 그를 발견하고 제노비아에게 신호를 보내자 그녀는 그에게 비난의 시선을 쏟아 부으며 연분홍색 꽃 수술 사이로 흰색 린넨 커튼을 쳐버린다. 제노비아가 창문 커튼을 침으로써 결과적으로 그는 끔찍스럽게 모욕을 당하고 만다. 커버데일이 이틀 후 용기를 내어 제노비아의 하숙집을 찾아가자 그녀는 "이 세상에서 무언가를 숨긴다고 하는 것은 참으로 불가능하죠"(163)라고 말한다. 이를 통해 호손은 「목사의 검은 베일」에서 다룬 바 있는 감추어진 죄, 다시 말해서 "가장 가깝고 사랑하는 사람에게까지 숨기려 하고, 전능하신 주님께서 그 비밀을 꿰뚫어 보시리라는 것조차 망각한 채 우리 자신의 의식으로부터도 숨기고자 하는 슬픈 비밀"(40)과 관련된 주제를 떠올린다.

---

6) 비평가 도너휴는 이 장면과 관련하여 커버데일이 돼지와 혈연관계에 있다고 매우 냉소적인 주장을 한다: "그는 돼지들과 마찬가지로 게으르다. 그리고 돼지가 하듯이 꿀꿀거리고 돌아다니며 소문이나 사사로운 정보를 찾아다닌다. 그러나 돼지와는 달리 도살할 만한 위엄이나 가치도 없다"(117).

커버데일이 도시에서부터 블라이드데일로 다시 돌아올 때, 그곳에서는 공동체 사람들이 모여서 가장행렬을 벌이고 있다. 그들이 입고 있는 아르카디아인들의 옛날 의상은 그들 각자의 정체를 숨겨 준다. 커버데일은 온갖 웃음소리와 목소리들이 한데 뒤섞여 나오는 숲에서 "마치 코머스(Comus)와 그의 패거리들이 향연을 베풀고 있는 것 같다"(209)고 느낀다. 커버데일은 인디언 추장과 다이애너(Diana) 여신과 쉐이커 교도들(Shakers)과 목동들과 엄격한 청교도들과 왕당파들이 모두 한데 어울려 노는 것을 보고 경악을 금치 못한다. 그 가운데서 가장 가관인 것은 뭐니뭐니 해도 가장무도회의 여왕인 제노비아의 모습이다. 커버데일을 제외한 모든 사람들이 가면을 쓰고 아르카디아인의 흉내를 낸다. 커버데일은 가면을 필요로 하지 않는다. 그는 예나 마찬가지로 가면 없이도 숨어 지내며 빽빽한 나뭇잎 사이로 다른 사람들을 엿본다. 나중에는 사람들의 눈에 발각되자 자신의 은둔처인 나무 그늘 속으로 아예 칩거해 들어간다. 그리고 거기에서 자신의 존재를 드러내지 않은 채 프리실라와 제노비아와 홀링스워스의 행동을 관찰한다.

『블라이드데일 로맨스』의 구조에서, 극적 클라이맥스라고 한다면 아마도 물에 빠져 자살한 제노비아의 시신을 찾는 장면일 것이다. 한밤중에 제노비아를 삼켜버린 깊고 시커먼 강물은 우리의 시선이 통과할 수 없도록 시신 위에 베일을 친 채 그 자체의 비밀을 간직하고 있다. 이에 커버데일은 시인답게 그 강을 가리켜 "검은 죽음의 강"(234)이라고 매우 적절하게 부른다. 제노비아의 시신을 발견하기까지는 죽음의 끔찍한 환상이 어떤 것인지 커버데일에게 영 떠오르지 않는다. 물의 베일이 마침내 들어 올려지자 그것은 아주 끔찍하고 무서운 형상을 보여준다. 제노비아의 양팔은 이미 굳어 있고, 양손은 꽉 움켜쥐었으며, 무릎은 굽혀져 있다. 이렇게 흉칙한 제노비아의 몰골을 바라보고 커버데일은 모든 죽음의 형태 가운데 가장 추악했다고 생각한다. 커버데일은 “아, 저 경직성! 어쩌면 저리도 공포스런 모습을 취할 수 있나”(235)하면서 몸서리를 친다. 그리고 잠시 후에 커버데일은, 제노비아가 자신의 죽은 모습이 얼마나 추하게 보일지 미리 알았더라면 “결코 물에 빠져 자살하는 끔찍한 행위는 하지 않았을 것이야!”(236)라며 대수롭지 않은 듯한 반응으로 핵심을 벗어난 논평을 한다. 이것은 일종의 완서법으로서 억제된 표현으로 더 강한 뜻을 전달하기 위한 수법처럼 보인다. 물론 이는 근본적으로 독자와의 관계에서 일정 거리를 유지하고자 하는 호손의 배려에서부터 나온 것이다.

『블라이드데일 로맨스』에서 커버데일을 위시하여 중요한 작중인물들 모두는 브룩 농장(Brook Farm)의 실제 인물들과 마찬가지로 표면적으로는 개혁과 헌신의 사명을 띠고 블라이드데일을 향해 출발한다. 특히 소설 앞장에서 커버데일은 게으름에서, 그리고 자신의 관대함에 대한 그릇된 생각에서 전망 있는 총각 아마추어 예술애호가로서 자기에게 합당한 주거를 찾고자 그곳에 합류한다. 홀링스워스는 대장간에서 곧바로 온 사람으로 갱생원 시설을 짓기 위한 땅과 후원자를 필요로 한다. 특이한 이국적 미인인 제노비아는 동양의 여왕과도 같은 고귀한 자태를 지니고서 그녀 자신의 엄청난 힘과 자선을 베풀 장소를 찾는다. 도시의 황폐함에 대비되는 침모(針母)인 프리실라 또한 안주할 거처와 자매를 찾는다. 사실상 이들은 모두 집 없는 자들이다. 그렇지만 이 가운데 아무도 블라이드데일에서 제노비아가 무덤을 찾은 것을 제외하고는 자기 집을 찾지 못한다. 대신에 그들은 자기 기만적 유토피아에 지나지 않는 목가적인 의사(擬似) 아르카디아 안에서 “에덴으로부터의 또 다른 추락”(Donohue 100)만을 경험하게 된다. 막상 그들이 끝내 찾아낸 곳은 반어적이게도 행복이 아니라 비극의 계곡임이 드러난다. 이에 못지않게 기본적인 소설의 반어적 구조는 주요 인물들이 어떤 형태이든 간에 자기만의 베일을 두르고 있기에 실제의 자기 자신은 아니라는 것이다. 결과적으로 그들 모두는 가엾은 희생자로 전락하고 만다.

후퍼 목사가 검은 베일에 의해 신도들로부터 단절되었던 것처럼 형제애로부터 출발한 블라이드데일 공동체에서 개혁자들은 각자 자기만의 베일에 의해 서로간에 격리되어 있다. 근본적으로 각자의 베일을 제거할 수 없다고 한다면, 다시 말해서, 딤즈데일(Dimmesdale) 같이 진실된 것, 감춰진 것을 드러내는 일이 불가능하다고 한다면, 형제애를 전제로 한 어떤 실험도 성공할 수 없다. 물론 베일의 이미지에 내포된 가장 핵심적 의미는 개혁자들이 그것을 벗어 던지고 고립으로부터 탈출할 수도 없고 탈출하려는 시도도 하지 않기 때문에 공동사회를 조직하는 데 성공할 수 없다는 점이다. 개혁자들 상호간의 관계에서는 다른 무엇보다도 베일 벗기기야말로 의심할 바 없이 공동체 실험의 지속적 성공의 첫 번째 관건이다. 구성원 각자의 의식 변화는 그 다음 문제다. 그러므로 베일과 관련하여 이 소설의 저변에 흐르는 기본 명제는 우리가 개별성이나 자기 중심성이라는 허울 아래 위장하고 있는 한 목표한 낙원을 새롭게 창조할 수 없다는 것이다.

한편 베일의 이미지는 작중인물들 뿐 아니라 배경이나 정황 속에도 깊이 드리워짐으로써 작가 자신의 개입을 최소화하는 효과를 일으킨다. 호손은 브룩 농장에서 보낸 몇 달간의 실제 경험을 허구화하는 데 있어서 역시 베일의 이미지를 이용하고 있다. 그는 순수한 상상력을 통하여 비교적 자유로운 형식인 로맨스를 채택함으로써 자신의 경험을 객관적인 예술 세계로 창조해 낼 수 있게 된다. 물론 이 과정에서 결정적인 것은 작가로 하여금 스스로 자신의 얼굴을 가리고 한발 물러서 있게 해주는 베일의 역할이다.

결국에 호손은 베일의 이미지를 통하여 이중적 효과를 올리고 있다. 한편으로는 작중인물들 간에 불화를 조성하면서 공동체 실험의 실패를 정당화하고, 다른 한편으로는 자신을 위장한 채 독자와의 관계에서 객관적 작가로서의 위치를 강조한다. 호손에게 있어서, 베일의 이미지는 그것이 물리적인 것이든 추상적인 것이든 간에 인성이라는 자석 고리로 연결된 관계성을 파괴하는 부정적 요인처럼 보인다. 그럼에도 불구하고 베일의 이미지는 독자와의 관계에서 연관성과 독립성을 적당히 유지하기 위해 작가와 청중 사이에 가로놓인 거리의 이해를 표명하는 방편으로 호손이 도입한 적극적인 전략이기도 하다. 이런 점에서, 호손의 베일 가리기는 작가와 독자 사이에 의미의 복수성과 상징의 복잡성을 의도적으로 조장함으로써 종종 호손 특유의 브랜드인 모호성 조성에 일익을 담당한다.

* 인용문헌은 이 책 끝에 나오는 Selected Bibliography를 참조하기 바람.

호손의 생애 및 작품연보

1. 생애

1804 7월 4일에 매사추세츠주 세일럼(Salem)에서 선장인 너새니얼 하손(Nathaniel Hathorne, 원래 부친의 성에는 'w'자가 없었음. 1775년생)과 엘리자베스 매닝(Elizabeth Manning, 1780년생)의 3남매 중 둘째로 탄생. 누나인 엘리자베스(Elizabeth)와 누이동생인 마리아 루이사(Maria Louisa)는 각각 1802년과 1808년에 태어남.

1808 아버지 너새니얼이 오랜 항해 도중 수리남(Surinam)에서 황열병으로 사망.

1809 친정인 매닝(Manning)가의 원조로 생활하던 어머니 엘리자베스는 세 자녀를 데리고 세일럼의 허버트 스트릿(Herbert Street) 소재 매닝가로 이사해 들어감.

1813 학교에서 공놀이를 하다가 발을 심하게 다쳐 이후 3년 간 학교를 중단하고 집에서 혼자 많은 책을 읽으며 생활. 이때 입은 부상은 12살이 될 때까지 완전히 회복되지 않았음.

1818 여름에 가족과 함께 메인주의 레이먼드(Raymond)로 이사. 이때 사냥과 낚시를 하고 황야를 배회하였음.

1821 메인(Maine)주의 브런스윅(Brunswick) 소재 보우딘 대학(Bowdoin College)에 입학. 여기에서 호래시오 브릿지(Horatio Bridge), 프랭클린 피어스(Franklin Pierce, 미국 14대 대통령), H.W. 롱펠로(Longfellow)와 친교.

1822 어머니가 세일럼으로 다시 이사.

1825 보우딘 대학을 38명 중 18등으로 졸업.

1825-37 세일럼 소재 어머니 집에서 직업도 갖지 않은 채 독서 및 창작 연마.

1836 3-8월 『토큰』(*The Token*)지의 발행인 사무엘 구드리치(Samuel Goodrich)의 요청을 받고 『미국의 유익하고 즐거운 정보지』(*The American Magazine of Useful and Entertaining Knowledge*)의

편집자가 됨.

1838 소피아 피버디(Sophia Peabody)를 만나 약혼. 처음에 이 약혼은 두 사람만의 약속이었고 양가는 전혀 알지 못했음.

1839 1월 보스턴 세관의 소금 및 석탄 계량관이 됨.

1841 1월 보스턴 세관직을 사퇴. 4월 보스턴 남쪽 웨스트 록스버리(West Roxbury)의 브룩 농장(Brook Farm)에 일원으로 동참했다가 11월에 탈퇴. 주된 참가 동기는 사상적이기 보다는 소피아와의 결혼을 위해 경제적으로 안정을 찾으려 했던 것으로 알려짐.

1842 7월 9일에 소피아와 결혼.

1842-45 콩코드(Concord)의 구목사관(Old Manse)에 살면서, 에머슨(Emerson), 소로(Thoreau), 마가렛 풀러(Margaret Fuller), 엘러리 체닝(Ellery Channing) 등과 가깝게 지냄.

1844 3월 장녀 유나(Una) 출생.

1845 10월 구목사관의 주인 사무엘 리플리(Samuel Ripley)가 집의 반환을 요구하여 가족을 데리고 세일럼의 어머니 집으로 이사.

1846 6월 아들 줄리안(Julian) 출생. 세일럼 세관에 수입품 검사관(Surveyor)으로 임용됨. 『주홍 글자』의 서문격인 「세관」(“The Custom-House”)에 이때의 생활이 잘 묘사됨.

1849 1848년 11월 대통령 선거에서 휘그당이 승리하여 자카리 테일러(Zachary Taylor)가 대통령이 되자 민주당원이었던 호손은 6월에 세일럼 세관직에서 파면당함. 7월 31일 어머니가 작고함.

1850 4월 가족들을 보스턴의 처가인 피버디(Peabody)가에 맡기고, 홀로 5월에 버크셔(Berkshire) 구릉지대의 레녹스(Lenox)로 이사함. 이때 근처의 핏츠필드(Pittsfield)에 살고 있던 멜빌(Melville)과 친교를 나눔.

1851 막내 딸 로즈(Rose) 출생.

1851-52 매사추세츠주 웨스트 뉴턴(West Newton)에서 생활.

1852-53 콩코드에 있는 '웨이사이드'(Wayside)라고 스스로 명명한 집에서 생활.

1853-57 대통령에 취임한 피어스의 추천으로 영국의 리버풀 영사에 임명.

1857-59 로마, 플로렌스 등에서 생활. 특히 플로렌스에서 브라우닝 부부(Robert and Elizabeth Barrett Browning)와 친교를 나눔. 이 기간의 기록은 『이탈리아 노트북』(The Italian Notebooks)에 상세하게 적혀 있음.

1859 영국으로 돌아와 요크셔의 레드카(Redcar, Yorkshire)에서 생활.

1860 미국으로 귀국하여 콩코드의 웨이사이드에 거주.

1864 건강이 점차 쇠약해져 친구들이 전지 요양을 권함. 5월 11일 피어스와 함께 뉴햄프셔 여행길에 나섰다가 5월 18일 밤에 플리머스(Plymouth)의 한 여관에서 잠자던 중 사망. 네 편의 미완성 로맨스 원고를 남겼음. 5월 23일 화사한 햇빛과 신록의 훈풍 속에 뉴잉글랜드의 저명한 문인들인 롱펠로, 홈즈, 필즈, 에머슨 등이 애도하는 가운데 콩코드의 묘지에 안장됨.

2. 작품 연보

1824-25 최초의 소설 『팬쇼, 하나의 이야기』(*Fanshawe: A Tale*)와 함께 단편소설들을 쓰기 시작함.

1828 『팬쇼』를 자비를 들여 익명으로 출간했으나 곧 이 책들을 모두 회수하여 파기함.

1830 『세일럼 가제트』(*Salem Gazette*)지에 처음으로 단편소설 「세 언덕의 협곡」("The Hollow of Three Hills") 게재.

1830-39 신문, 잡지, 특히 사무엘 구드리치(Samuel Goodrich)가 발행한 『토큰』(*The Token*)지에 「유순한 아이」("The Gentle Boy," 1832)를 포함하여 단편과 소품 22편을 모두 익명으로 게재.

1837 『진부한 이야기들』(*Twice-Told Tales*)을 최초로 본명을 사용하여 출간. 이때 친구인 호래시오 브릿지와 롱펠로의 도움이 컸음.

당시까지 발표된 36편 가운데 18편만이 수록되었음.

1842 『어린이를 위한 전기』(*Biographical Stories for Children*) 출간.

1846 단편집 『구목사관의 이끼』(*Mosses from an Old Manse*) 출간. 맨 앞에 나오는 「구목사관」("The Old Manse")은 그의 진귀한 자전적 에세이임. 이밖에 「젊은 굿맨 브라운」("Young Goodman Brown"), 「반점」("The Birthmark"), 「라파치니의 딸」("Rappaccini's Daughter") 등이 수록되었음.

1849 세관에서 파면 당한 후 곧 『주홍 글자』 집필을 시작. 9월에는 오전, 오후 하루 평균 아홉 시간에 걸쳐 이 소설의 창작에 매달림.

1850 2월 3일 『주홍 글자』 완성. 3월 16일 초판 5,000부 중 당장에 3,500부가 권당 75센트에 팔림. 이를 계기로 작가로서 호손의 명성이 확립됨.

1851 버크셔 체재 중에 집필한 『일곱 박공의 집』(*The House of Seven Gables*)을 출간하여 6,500부를 팔았음.

1852 단편집 『눈사람과 다른 진부한 이야기들』(*The Snow Image and Other Twice-Told Tales*)을 출간. 1832년에 발표된 「사자의 부인」("The Wives of the Dead"), 「내 친척 몰리노 소령」("My Kinsman, Major Molineux") 외에도 1850년의 「큰 바위 얼굴」("The Great Stone Face"), 1851년의 「이산 브랜드」("Ethan Brand") 등이 실렸음. 『블라이드데일 로맨스』(*The Blithedale Romance*)를 출간. 1841년의 브룩 농장 경험을 바탕으로 만든 작품. 6월에 초판 5,000부, 7월에 재판 2,350부 발행. 『소년, 소녀를 위한 원더북』(*A Wonder-Book for Girls and Boys*)과 『프랭클린 피어스 전기』(*Life of Franklin Pierce*)를 출간.

1853-56 영국 체재 중의 기록을 담은 『영국 노트북』(*The English Notebooks*)은 종래의 노트북 이상으로 상세함.

1860 『대리석 목양신』(*The Marble Faun*) 출간. 영국에서는 『변형, 또는 몽테 베니의 로맨스』(*Transformation, or The Romance of Monte Beni*)라는 제명으로 한 달 먼저 출간되었는데, 이 제목은

전적으로 출판사의 의향대로 붙여진 것임. 영국과 미국 양쪽에서 모두 호평을 받았음.

1863 1862년 『월간 애틀랜틱』(*The Atlantic Monthly*)지에 연재한 것을 모아서 『우리의 옛 집』(*Our Old Home*)이란 제목의 책으로 출간함. 피어스에게 헌정한 이 책은 원래 『영국 노트북』을 기초로 하였음.

THE TEXT OF
The Blithedale Romance

* 본 주석본의 텍스트로는 *The Blithedale Romance and Fanshaw*, Vol. 3, Centenary Edition of the Works of Nathaniel Hawthorne, ed. Fredson Bowers, Matthew J. Bruccoli, and L. Neal Smith (Columbus: Ohio State UP, 1964)를 사용하였음.

AUTHOR'S PREFACE

IN THE 'BLITHEDALE'[1] of this volume, many readers will probably suspect a faint and not very faithful shadowing of BROOK FARM, in Roxbury,[2] which (now a little more than ten years ago) was occupied and cultivated by a company of socialists.[3] The Author does not wish to deny, that he had this Community in his mind, and that (having had the good fortune, for a time, to be personally connected with it) he has occasionally availed himself of his actual reminiscences, in the hope of giving a more lifelike tint to the fancy-sketch in the following pages. He begs it to be understood, however, that he has considered the Institution

---

1) **Blithedale**: Hawthorne coined the word; there is no entry for it in *The Oxford English Dictionary*. The word combines *blithe* meaning happy, joyous, cheerful and *dale* meaning a portion of land or, more specifically, a river valley running between hills or high land. Compare *Rasselas* (1759), a philosophical romance by Samuel Johnson (1709-1784), whose protagonist dwells in the "happy valley" but finds it suffocating and escapes from it. Hawthorne refers to Johnson's book in *Fanshawe* (1828), chapter 1, and *The House of the Seven Gables* (1851), chapter 9.

2) **Brook Farm, in Roxbury**: The Brook Farm Institute of Agriculture and Education was a cooperative community (1841-47), emerging from transcendentalist movement, located in West Roxbury, Massachusetts, about eight miles southwest of Boston. However, the utopian commune was never financially or ideologically stable and closed down in 1847.
19세기에 가장 유명한 협동 공동체였던 브룩 농장은 전체적인 미국 생활의 갱생을 목적으로 한 뉴잉글랜드의 낭만주의적 운동인 초절주의의 이념적인 사회주의 사상을 실천하려는 시도로서 시작되었다. 호손은 초절주의자는 아니었지만 자신이 지분을 갖고 있던 브룩 농장에서 약혼자인 소피아 피버디(Sophia Peabody)와 함께 살 오두막을 지을 계획으로 1841년 4월에 그곳에 합류했으나 9월에 잠깐 떠났다가 11월에는 그곳 생활을 아주 청산했다. 호손은 당시의 체험을 『블라이드데일 로맨스』에서 소설의 기본 틀로 이용하고 있다.

3) **socialists**: In the broad sense used here, refers to theory and practice of collective, communal life, in opposition to the competitive, market-driven system of capitalism. Socialism also means joint or collective ownership of property, which Brook Farm did not advocate.

itself[4] as not less fairly the subject of fictitious handling, than the imaginary personages whom he has introduced there. His whole treatment of the affair is altogether incidental to the main purpose of the Romance;[5] nor does he put forward the slightest pretensions to illustrate a theory, or elicit a conclusion, favorable or otherwise, in respect to Socialism.

In short, his present concern with the Socialist Community is merely to establish a theatre, a little removed from the highway of ordinary travel, where the creatures of his brain may play their phantasmagorical antics, without exposing them to too close a comparison with the actual events of real lives. In the old countries, with which Fiction has long been conversant, a certain conventional privilege seems to be awarded to the romancer; his work is not put exactly side by side with nature; and he is allowed a license with regard to every-day Probability, in view of the improved effects which he is bound to produce thereby. Among ourselves, on the contrary, there is as yet no such Faery Land, so like the real world, that, in a suitable remoteness, one cannot well tell the difference, but with an atmosphere of strange enchantment, beheld through which the inhabitants have a propriety of their own. This atmosphere is what the American romancer needs. In its absence, the beings of imagination are compelled to show themselves in the same category as actually living mortals; a necessity that generally renders the paint and pasteboard[6] of their composition but too painfully discernible. With the idea of partially obviating this difficulty, (the sense of which has always pressed very heavily upon him,) the Author has ventured to make free with his old, and affectionately remembered home, at BROOK FARM, as being, certainly, the most romantic episode of his own life-essentially a day

4) Institution itself: 농장 그 자체.

5) Romance: Hawthorne's term for the kind of prose fiction he wrote. See also Hawthorne, "The Custom-House," Introductory to *The Scarlet Letter* (1850); Preface to *The House of the Seven Gables* (1851); and Henry James, Preface to the New York edition of *The American* (1877, 1907).

6) paint and pasteboard: 물감과 화폭.

— dream, and yet a fact — and thus offering an available foothold between fiction and reality. Furthermore, the scene was in good keeping with the personages whom he desired to introduce.

These characters, he feels it right to say, are entirely fictitious. It would, indeed, (considering how few amiable qualities he distributes among his imaginary progeny,) be a most grievous wrong to his former excellent associates, were the Author to allow it to be supposed that he has been sketching any of their likenesses. Had he attempted it, they would at least have recognized the touches of a friendly pencil. But he has done nothing of the kind. The self-concentrated Philanthropist; the high-spirited Woman, bruising herself against the narrow limitations of her sex; the weakly Maiden, whose tremulous nerves endow her with Sibylline[7)] attributes; the Minor Poet, beginning life with strenuous aspirations, which die out with his youthful fervor — all these might have been looked for, at BROOK FARM, but, by some accident, never made their appearance there.

The Author cannot close his reference to this subject, without expressing a most earnest wish that some one of the many cultivated and philosophic minds, which took an interest in that enterprise, might now give the world its history. Ripley, with whom rests the honorable paternity of the Institution, Dana, Dwight, Channing, Burton, Parker,[8)] for instance — with others, whom he dares not name, because they veil themselves from the public eye

7) Sibylline: characteristic of sibyls, women regarded as prophetesses in ancient Greek and Roman mythology.

8) Ripley, ~ Dana, Dwight, Channing, Burton, Parker: George Ripley (1802-1880), a Transcendentalist, Unitarian minister (resigned), and literary critic was organizer and head of Brook Farm, who also established the literary journals The Dial and Harper's New Monthly Magazine. Charles Anderson Dana (1819-1897), a newspaper editor and trustee lived there from 1841-1846; John Sullivan Dwight (1813-1893), a music critic and teacher, from 1841-1847; Warren Burton (1800-1866), a Unitarian minister and educator, from 1841-1844. William Henry Channing (1810-1884), a Unitarian minister and social reformer, and Theodore Parker (1810-1860), the Unitarian minister of the West Roxbury parish including many Brook Farmers were frequent visitors to the Farm.

—among these is the ability to convey both the outward narrative and the inner truth and spirit of the whole affair, together with the lessons which those years of thought and toil must have elaborated, for the behoof of future experimentalists. Even the brilliant Howadji[9] might find as rich a theme in his youthful reminiscenses of BROOK FARM, and a more novel one—close at hand as it lies—than those which he has since made so distant a pilgrimage to seek, in Syria, and along the current of the Nile.

CONCORD (Mass.), May, 1852.

9) Howadji: The term means 'traveler' and refers to the travel writings of George William Curtis (1824-92), a student at Brook Farm (1842-1843) and author of *Nile Notes of a Howadji* (1851) and *Howadji in Syria* (1852). Curtis sent Hawthorne a copy of *Nile Notes,* and wrote several essays on Hawthorne and his work including "Hawthorne and Brook Farm" for *Harper's New Monthly Magazine.*

I
OLD MOODIE

THE EVENING before my departure for Blithedale, I was returning to my bachelor-apartments, after attending the wonderful exhibition of the Veiled Lady, when an elderly-man of rather shabby appearance met me in an obscure part of the street.

"Mr. Coverdale,"[1] said he, softly, "can I speak with you a moment?"

As I have casually alluded to the Veiled Lady, it may not be amiss to mention, for the benefit of such of my readers as are unacquainted with her now forgotten celebrity, that she was a phenomenon[2] in the mesmeric line;[3] one of the earliest that had indicated the birth of a new science, or the revival of an old humbug. Since those times, her sisterhood have grown too numerous to attract much individual notice; nor, in fact, has any one of them ever come before the public under such skilfully contrived circumstances of stage-effect, as those which at once mystified and illuminated the remarkable performances of the lady in question.

---

1) **Coverdale**: In terms of his experiences on the communal farm, Miles Coverdale is based on Hawthorne himself, though he is in all respects a fictional creation. The historical Miles (or Myles) Coverdale (1488-1569) was a Protestant priest, bishop, reformer, and scholar, whose works include the first complete English Bible with Apocrypha (1535) and the English version of the Psalms in the *Book of Common Prayer*. For a discussion of the novel and the Bible, see Joan Magretta, "The Coverdale Translation: Blithedale and the Bible," Nathaniel Hawthorne Journal (1974), 250-56.

2) **phenomenon**: a remarkable person(名士).

3) **mesmeric line**: The Austrian physician Franz Mesmer (1734-1815) described his theory of 'animal magnetism' in the late eighteenth century. Mesmerism or hypnotism was one of many forms of nineteenth-century spiritualism, a very popular broad trend that included hypnotic experiments and cures, spirit 'rapping' and seances. 호손의 부인 소피아 피버디(Sophia Peabody)와 여동생 엘리자베스(Elizabeth)도 마가렛 풀러(Margaret Fuller)와 함께 최면술에 관심이 많았다.

Now-a-days, in the management of his 'subject,' 'clairvoyant,' or 'medium,' the exhibitor[4] affects the simplicity and openness of scientific experiment; and even if he profess to tread a step or two across the boundaries of the spiritual world, yet carries with him the laws of our actual life and extends them over his preternatural conquests. Twelve or fifteen years ago, on the contrary, all the arts of mysterious arrangement, of picturesque disposition, and artistically contrasted light and shade, were made available in order to set the apparent miracle in the strongest attitude of opposition to ordinary facts. In the case of the Veiled Lady, moreover, the interest of the spectator was further wrought up by the enigma of her identity, and an absurd rumor (probably set afloat by the exhibitor, and at one time very prevalent)[5] that a beautiful young lady, of family and fortune, was enshrouded within the misty drapery of the veil. It was white, with somewhat of a subdued silver sheen, like the sunny side of a cloud;[6] and, falling over the wearer, from head to foot, was supposed to insulate her from the material world, from time and space, and to endow her with many of the privileges of a disembodied spirit.

Her pretensions, however, whether miraculous or otherwise, have little to do with the present narrative; except, indeed, that I had propounded, for the Veiled Lady's prophetic solution, a query as to the success of our Blithedale enterprise.[7] The response, by the by, was of the true Sibylline stamp, nonsensical in its first aspect, yet, on closer study, unfolding a variety of interpretations, one of which has certainly accorded with the event.[8] I was turning

---

4) 'subject,' 'clairvoyant,' or 'medium,' the exhibitor: [최면술] 피시술자; 투시자(透視者) 혹은 점쟁이; 영매(靈媒); [최면술] 시술자 혹은 공연자.

5) an absurd rumor (probably ~ very prevalent): (어쩌면 공연자 자신에 의해 유포되었을지도 모르지만 한때는 아주 멀리까지 퍼졌던) 기이한 소문.

6) white, with ~ side of a cloud: 햇빛이 닿은 쪽의 구름과 같이 잔잔한 은빛 광채를 띤 흰색.

7) except, indeed ~ Blithedale enterprise: [다만 관계가 있다고 한다면] 내가 베일의 여인이 말해준 예언적인 해결책을 믿고, 우리의 블라이드데일 계획의 성공에 관하여 물어본 것이었다.

8) one of which ~ the event: 그 [해석] 가운데 하나는 분명히 사실과 딱 들어맞

over this riddle in my mind, and trying to catch its slippery purport by the tail, when the old man, above mentioned, interrupted me.

"Mr. Coverdale! — Mr. Coverdale!" said he, repeating my name twice, in order to make up for the hesitating and ineffectual way in which he uttered it — "I ask your pardon, sir — but I hear you are going to Blithedale tomorrow?"

I knew the pale, elderly face, with the red-tipt nose, and the patch over one eye,[9] and likewise saw something characteristic in the old fellow's way of standing under the arch of a gate, only revealing enough of himself to make me recognize him as an acquaintance.[10] He was a very shy personage, this Mr. Moodie; and the trait was the more singular, as his mode of getting his bread necessarily brought him into the stir and hubbub of the world, more than the generality of men.[11]

"Yes, Mr. Moodie," I answered, wondering what interest he could take in the fact, "it is my intention to go to Blithedale tomorrow. Can I be of any service to you, before my departure?"

"If you pleased, Mr. Coverdale," said he, "you might do me a very great favor."

"A very great one!" repeated I, in a tone that must have expressed but little alacrity of beneficence, although I was ready to do the old man any amount of kindness involving no special trouble to myself. "A very great favor, do you say? My time is brief, Mr. Moodie, and I have a good many preparations to make. But be good enough to tell me what you wish."

"Ah, sir," replied old Moodie, "I don't quite like to do that; and, on further thoughts, Mr. Coverdale, perhaps I had better apply to some older gentleman, or to some lady, if you would have the kindness to make me known to one, who may happen to be going

---

았다.

9) with the ~ one eye: 코끝이 빨갛고 한 쪽 눈 위에 안대를 한.

10) only revealing ~ an acquaintance: [노인은] 단지 자신이 지인(知人)임을 내가 알아챌 수 있을 만큼만 모습을 드러낸 채.

11) his mode ~ generality of men: 그는 생계를 꾸려가느라 틀림없이 보통 사람 이상으로 이 세상의 세찬 풍파를 겪어 온 듯했다.

to Blithedale. You are a young man, sir!"

"Does that fact lessen my availability for your purpose?" asked I. "However, if an older man will suit you better, there is Mr. Hollingsworth[12], who has three or four years the advantage of me in age, and is a much more solid character, and a philanthropist to boot. I am only a poet, and, so the critics tell me, no great affair at that! But what can this business be, Mr. Moodie? It begins to interest me; especially since your hint that a lady's influence might be found desirable. Come; I am really anxious to be of service to you."

But the old fellow, in his civil and demure manner, was both freakish and obstinate; and he had now taken some notion or other into his head that made him hesitate in his former design.

"I wonder, sir," said he, "whether you know a lady whom they call Zenobia?"[13]

"Not personally," I answered, "although I expect that pleasure tomorrow, as she has got the start of the rest of us, and is already

---

12) **Mr. Hollingsworth**: The reformer Hollingsworth is often identified with George Ripley, the founder of Brook Farm, and Orestes Brownson, a reformer and supporter of Brook Farm whose over-loud zeal irritated Hawthorne. It has also been suggested that his name refers to Thomas Holcroft (1745-1809), who, as an English reformer and supporter of the French Revolution, was indicted for high treason in 1794 and imprisoned for two months before being charged.

13) **Zenobia**: Queen of Palmyra (located in present-day Syria) in the third century. Known for her beauty and intelligence, the historical Zenobia ascended to the throne after her husband's assassination, conquered Egypt, and invaded Asia Minor, but was defeated by the Roman emperor Aurelian. *Lemprière's Classical Dictionary* (1788) describes her as "the mistress of the east" and notes that she was greatly admired for her "literary talents" as well as for her "military abilities." Zenobia's physical description is largely based on the appearance of Almira Barlow, a Brook Farm resident, and her intellectual gifts on the writer and reformer Margaret Fuller, who also supported and visited the commune. See John C. Hirsh, "Zenobia as Queen: The Background Sources to Hawthorne's *The Blithedale Romance*," Nathaniel Hawthorne Journal (1971), 182-90; Richard Stoneman, *Palmyra and Its Enemies: Zenobia's Revolt against Rome* (Ann Arbor: U of Michigan P, 1992).

a resident at Blithedale. But have you a literary turn, Mr. Moodie? —or have you taken up the advocacy of women's rights?—or what else can have interested you in this lady? Zenobia, by-the-bye, as I suppose you know, is merely her public name; a sort of mask in which she comes before the world, retaining all the privileges of privacy—a contrivance, in short, like the white drapery of the Veiled Lady, only a little more transparent. But it is late! Will you tell me what I can do for you?"

"Please to excuse me to-night, Mr. Coverdale," said Moodie. "You are very kind; but I am afraid I have troubled you, when, after all, there may be no need. Perhaps, with your good leave,[14] I will come to your lodgings tomorrow-morning, before you set out for Blithedale. I wish you a good-night, sir, and beg pardon for stopping you."

And so he slipt away; and, as he did not show himself, the next morning, it was only through subsequent events that I ever arrived at a plausible conjecture as to what his business could have been. Arriving at my room, I threw a lump of cannel coal[15] upon the grate, lighted a cigar, and spent an hour in musings of every hue, from the brightest to the most sombre; being, in truth, not so very confident as at some former periods that this final step, which would mix me up irrevocably with the Blithedale affair,[16] was the wisest that could possibly be taken. It was nothing short of midnight when I went to bed, after drinking a glass of particularly fine sherry, on which I used to pride myself, in those days. It was the very last bottle; and I finished it, with a friend, the next forenoon, before setting out for Blithedale.

14) under your good leave: 허락만 해주신다면.

15) cannel coal: a corruption (언어의 轉訛) of "candle-coal." 갈탄(褐炭; 아주 환하게 타지만 연기가 아주 많이 나는 연료).

16) which would ~ Blithedale affair: 나를 걷잡을 수 없게 블라이드데일 사건 속에 휘말리게 할.

II
BLITHEDALE

THERE can hardly remain for me, (who am really getting to be a frosty bachelor, with another white hair, every week or so, in my mustache,) there can hardly flicker up again so cheery a blaze upon the hearth, as that which I remember, the next day, at Blithedale. It was a wood-fire, in the parlor of an old farm-house, on an April afternoon,[1] but with the fitful gusts of a wintry snow-storm roaring in the chimney. Vividly does that fireside re-create itself, as I rake away the ashes from the embers in my memory, and blow them up with a sigh,[2] for lack of more inspiring breath. Vividly, for an instant, but, anon, with the dimmest gleam, and with just as little fervency for my heart as for my finger-ends! The staunch oaken-logs were long ago burnt out. Their genial glow must be represented, if at all, by the merest phosphoric glimmer, like that which exudes, rather than shines, from damp fragments of decayed trees, deluding the benighted wanderer through a forest.[3] Around such chill mockery of a fire,[4] some few of us might sit on the withered leaves, spreading out each a palm towards the imaginary warmth,[5] and talk over our exploded scheme for beginning the life of Paradise anew.

---

1) on an April afternoon: John W. Shroeder parallels the seasonal structure of Blithedale with that of Edmund Spenser's *The Faerie Queene* ("Miles Coverdale's Calendar," *Essex Institute Historical Collections*, 103 [1967], 353-64).

2) as I rake ~ a sigh: 내가 기억 속의 잿불을 부지깽이로 긁어내서 생기 있는 입김 대신에 한숨으로 불어주자.

3) Their genial glow ~ through a forest: 그 온화한 불빛은 설령 남아있다고 해도 날이 저문 뒤에 숲 속을 통과해 가는 여행객을 속이는 그런 빛으로서, 축축한 썩은 나무 조각에서부터 빛난다기보다는 차라리 스며 나오는 것 같은 미세한 형광물질의 반짝임으로 묘사될 수 있다.

4) chill mockery of a fire: 차가운 가짜 불.

5) spreading out ~ imaginary warmth: 상상 속의 온기를 향해 각자의 손바닥을 펴고서.

Paradise, indeed! Nobody else in the world, I am bold to affirm —nobody, at least, in our bleak little world of New England, —had dreamed of Paradise, that day, except as the pole suggests the tropic.[6] Nor, with such materials as were at hand, could the most skilful architect have constructed any better imitation of Eve's bower, than might be seen in the snow-hut of an Esquimaux.[7] But we made a summer of it,[8] in spite of the wild drifts.

It was an April day, as already hinted, and well towards the middle of the month. When morning dawned upon me, in town, its temperature was mild enough to be pronounced even balmy, by a lodger—like myself—in one of the midmost houses of a brick-block; each house partaking of the warmth of all the rest, besides the sultriness of its individual furnace-heat.[9] But, towards noon, there had come snow, driven along the street by a north-easterly blast, and whitening the roofs and sidewalks with a business-like perseverance that would have done credit to our severest January tempest. It set about its task apparently as much in earnest as if it had been guaranteed from a thaw, for months to come.[10] The greater, surely, was my heroism, when, puffing out a final whiff of cigar-smoke, I quitted my cosey pair of bachelor-rooms, —with a good fire burning in the grate, and a closet right at hand, where there was still a bottle or two in the champagne-basket, and a residuum of claret in a box, and somewhat of proof in the concavity of a big demijohn[11]—quitted, I say, these com-

---

6) except as ~ the tropic: 기껏 해봐야 북극에서 열대를 꿈꾸는 정도였겠지.

7) Esquimaux: Eskimo.

8) a summer of it: summer는 [집의] 뼈대나 골격을 가리킴.

9) each house ~ furnace-heat: 이러한 집들은 저마다 설치한 난로에서 나오는 열기뿐 아니라 다른 집들에서 나오는 온기를 빨아들였다.

10) as if ~ to come: 그 눈은 마치 앞으로 몇 달 동안은 녹을 리가 없다는 듯이.

11) somewhat of ~ big demijohn: 움푹한 곳에 알코올 도수가 표기된 목이 긴 큰 술병. demijohn: a narrow-necked large bottle encased in wickerwork, commonly used to contain whiskey. "and somewhat of proof in the concavity of a big demijohn"이란 표현은 『블라이드데일 로맨스』의 원고에는 빠져 있음. 센테너리 판(Centenary Edition)의 편집자들은 이 구절을 복원하기로 결정했는데, 왜냐하면 그 탈자가 거의 십중팔구는 단지 호손 부인의

fortable quarters, and plunged into the heart of the pitiless snow-storm, in quest of a better life.

The better life! Possibly, it would hardly look so, now; it is enough if it looked so then. The greatest obstacle to being heroic is the doubt whether one may not be going to prove one's self a fool;[12] the truest heroism is, to resist the doubt; and the profoundest wisdom, to know when it ought to be resisted, and when to be obeyed.

Yet, after all, let us acknowledge it wiser, if not more sagacious, to follow out one's day-dream to its natural consummation, although, if the vision have been worth the having, it is certain never to be consummated otherwise than by a failure. And what of that! Its airiest fragments, impalpable as they may be, will possess a value that lurks not in the most ponderous realities of any practicable scheme. They are not the rubbish of the mind. Whatever else I may repent of, therefore, let it be reckoned neither among my sins nor follies, that I once had faith and force enough to form generous hopes of the world's destiny — yes! — and to do what in me lay for their accomplishment; even to the extent of quitting a warm fireside, flinging away a freshly lighted cigar,[13] and travelling far beyond the strike of city-clocks, through a drifting snow-storm.

There were four of us who rode together through the storm; and Hollingsworth, who had agreed to be of the number, was accidentally delayed, and set forth at a later hour alone. As we threaded the streets, I remember how the buildings, on either side, seemed to press too closely upon us, insomuch that our mighty hearts found barely room enough to throb between them. The snow-fall, too, looked inexpressibly dreary, (I had almost called it dingy,) coming down through an atmosphere of city-smoke, and alighting

---

철저한 성격(temperance principles and moral squeamishness) 탓이라고 판단했기 때문이다. 이전에 삭제되었던 두 개의 다른 구절, 즉 3장의 성적 암시 부분과 21장의 술(酒)에 대한 장황한 옹호 부분도 같은 이유에서 복원되었다.

12) the doubt ~ a fool: 자기가 바보가 되는 건 아닐까 하는 의구심.

13) flinging away a freshly lighted cigar: 막 피워 문 담배를 내팽개치고.

on the sidewalk, only to be moulded into the impress of somebody's patched boot or over-shoe.[14] Thus the track of an old conventionalism was visible on what was freshest from the sky. But —when we left the pavements, and our muffled hooftramps beat upon a desolate extent of country-road, and were effaced by the unfettered blast, as soon as stamped—then, there was better air to breathe. Air, that had not been breathed, once and again! Air, that had not been spoken into words of falsehood, formality, and error, like all the air of the dusky city!

"How pleasant it is!" remarked I, while the snow-flakes flew into my mouth, the moment it was opened. "How very mild and balmy is this country-air!"

"Ah, Coverdale, don't laugh at what little enthusiasm you have left,"[15] said one of my companions. "I maintain that this nitrous atmosphere[16] is really exhilarating; and, at any rate, we can never call ourselves regenerated men, till a February north-easter shall be as grateful to us as the softest breeze of June."

So we all of us took courage, riding fleetly and merrily along, by stone-fences that were half-buried in the wave-like drifts; and through patches of woodland, where the tree-trunks opposed a snow-incrusted side towards the north-east;[17] and within ken of deserted villas, with no foot-prints in their avenues; and past scattered dwellings, whence puffed the smoke of country fires, strongly impregnated with the pungent aroma of burning peat. Sometimes, encountering a traveller, we shouted a friendly greeting; and he, unmuffling his ears to the bluster and the snow-spray, and listening

---

14) alighting on ~ over-shoe: 보도에 쌓여서 누군가의 헝겊을 댄 구두나 덧신의 발자국이 그 위에 찍히곤 했다.

15) don't laugh ~ have left: 열정이 얼마 남아있지 않다고 해서 그것을 비웃지 말게나.

16) nitrous atmosphere: As it was thought that air was charged with particles of nitre (sodium or potassium nitrate, used in making gunpowder), the phrase is used to describe particularly "invigorating air."

17) the tree-trunks ~ north-east: 나무줄기들은 눈이 쌓인 면을 북동쪽으로 향하여 지탱하고 있었다는 뜻이며 눈보라가 북동쪽에서 불어왔음을 암시한다.

eagerly, appeared to think our courtesy worth less than the trouble which it cost him.[18] The churl! He understood the shrill whistle of the blast, but had no intelligence for our blithe tones of brotherhood. This lack of faith in our cordial sympathy, on the traveller's part, was one among the innumerable tokens how difficult a task we had in hand for the reformation of the world. We rode on, however, with still unflagging spirits, and made such good companionship with the tempest, that, at our journey's end, we professed ourselves almost loth to bid the rude blusterer goodbye. But, to own the truth, I was little better than an icicle, and began to be suspicious that I had caught a fearful cold.

And, now, we were seated by the brisk fireside of the old farm-house; the same fire that glimmers so faintly among my reminiscences, at the beginning of this chapter. There we sat, with the snow melting out of our hair and beards, and our faces all a-blaze, what with the past inclemency and present warmth. It was, indeed, a right good fire that we found awaiting us, built up of great, rough logs, and knotty limbs, and splintered fragments of an oak-tree, such as farmers are wont to keep for their own hearths,[19] since these crooked and unmanageable boughs could never be measured into merchantable cords for the market.[20] A family of the old Pilgrims might have swung their kettle over precisely such a fire as this, only, no doubt, a bigger one; and, contrasting it with my coal-grate, I felt, so much the more, that we had transported ourselves a world-wide distance from the system of society that shackled us at breakfast-time.

---

18) he, unmuffling ~ cost him: 그 자는 사납게 몰아치는 바람과 눈을 막느라 댔던 귀마개를 벗고 귀를 쫑긋 세우고서 우리가 베푸는 친절이 자기에게 성가실 뿐이라고 생각하는 듯했다.

19) such as ~ own hearths: [그 불은 커다란 야생 통나무, 마디가 많은 나무 가지, 쪼개진 오크 나무 조각 등으로 피워졌는데, 이런 것들은] 농부들이 자신들의 난로에 때려고 모아둔 것이었다. wont: "늘 ~ 하는"; "(서술적) 버릇처럼 된"이라는 뜻의 부사.

20) since these ~ the market: 왜냐하면, 이렇게 구부러지고 다루기 힘든 나뭇가지들은 시장에 내놓기 위한 재적(材積) 단위로 측량할 수 없기 때문이었다.

Good, comfortable Mrs. Foster (the wife of stout Silas Foster, who was to manage the farm, at a fair stipend, and be our tutor in the art of husbandry) bade us a hearty welcome. At her back — a back of generous breadth — appeared two young women, smiling most hospitably, but looking rather awkward withal, as not well knowing what was to be their position in our new arrangement of the world. We shook hands affectionately, all round, and congratulated ourselves that the blessed state of brotherhood and sisterhood, at which we aimed, might fairly be dated from this moment. Our greetings were hardly concluded, when the door opened, and Zenobia — whom I had never before seen, important as was her place in our enterprise — Zenobia entered the parlor.

This (as the reader, if at all acquainted with our literary biography, need scarcely be told)[21] was not her real name. She had assumed it, in the first instance, as her magazine signature; and as it accorded well with something imperial which her friends attributed to this lady's figure and deportment, they, half-laughingly, adopted it in their familiar intercourse with her. She took the appellation in good part, and even encouraged its constant use, which, in fact, was thus far appropriate, that our Zenobia — however humble looked her new philosophy — had as much native pride as any queen would have known what to do with.

21) as the reader ~ be told: 우리의 문학전기에 친숙한 독자라면 들을 필요도 없겠지만.

III
A KNOT OF DREAMERS

ZENOBIA bade us welcome, in a fine, frank, mellow voice, and gave each of us her hand, which was very soft and warm. She had something appropriate, I recollect, to say to every individual; and what she said to myself was this: —

"I have long wished to know you, Mr. Coverdale, and to thank you for your beautiful poetry, some of which I have learned by heart; — or, rather, it has stolen into my memory, without my exercising any choice or volition about the matter. Of course — permit me to say — you do not think of relinquishing an occupation in which you have done yourself so much credit. I would almost rather give you up, as an associate, than that the world should lose one of its true poets!"[1)]

"Ah, no; there will not be the slightest danger of that, especially after this inestimable praise from Zenobia!" said I, smiling and blushing, no doubt, with excess of pleasure. "I hope, on the contrary, now, to produce something that shall really deserve to be called poetry — true, strong, natural, and sweet, as is the life which we are going to lead — something that shall have the notes of wild-birds twittering through it, or a strain like the wind-anthems in the woods, as the case may be!"[2)]

"Is it irksome to you to hear your own verses sung?" asked Zenobia, with a gracious smile. "If so, I am very sorry; for you will certainly hear me singing them, sometimes, in the summer evenings."

"Of all things," answered I, "that is what will delight me most."

While this passed, and while she spoke to my companions, I

---

1) I would ~ its true poets!: 이 세상이 진정 한 사람의 시인을 잃어버리는 것보다는 차라리 제가 동료로서 당신을 포기하는 편이 더 나을 테니까요!

2) something that ~ may be: 경우에 따라서는 그 속에 하늘을 나는 새들의 지저귐이 있고, 숲속 바람의 축가와 같은 노래가 들어있는 그런 어떤 것.

was taking note of Zenobia's aspect; and it impressed itself on me so distinctly, that I can now summon her up like a ghost, a little wanner than the life, but otherwise identical with it. She was dressed as simply as possible, in an American print (I think the dry-goods people call it so,)[3] but with a silken kerchief, between which and her gown there was one glimpse of a white shoulder. It struck me as a great piece of good-fortune that there should be just that glimpse. Her hair — which was dark, glossy, and of singular abundance — was put up rather soberly and primly, without curls, or other ornament, except a single flower.[4] It was an exotic, of rare beauty, and as fresh as if the hot-house gardener had just clipt it from the stem. That flower has struck deep root into my memory. I can both see it and smell it, at this moment. So brilliant, so rare, so costly as it must have been, and yet enduring only for a day, it was more indicative of the pride and pomp, which had a luxuriant growth in Zenobia's character, than if a great diamond had sparkled among her hair.

Her hand, though very soft, was larger than most women would like to have — or than they could afford to have — though not a whit too large in proportion with the spacious plan of Zenobia's entire development.[5] It did one good to see a fine intellect (as hers really was, although its natural tendency lay in another direction than towards literature) so fitly cased. She was, indeed, an admirable figure of a woman, just on the hither verge of her richest maturity, with a combination of features which it is safe to call remarkably beautiful, even if some fastidious persons might pro-

---

3) American print, (I ~ call it so): (직물업에 종사하는 사람들이 그렇게 불렀던 것으로 기억되는) 미국식 나염옷. American print: figured or patterned cloth, probably cotton.

4) Her hair ~ single flower: 검고 윤기가 나고 아주 숱이 많은 그녀의 머리칼은 다소 단정하고 보기 좋게 올려 있었고, 머릿결은 곧았는데 거기에는 한 송이 꽃 외에는 어떤 다른 장식도 없었다. 여기에서 처음으로 소개되는 제노비아의 꽃은 그녀를 특징적으로 나타내 주면서 작품 전체에 걸쳐 매우 중요한 상징으로 부각된다.

5) though not ~ entire development: 비록 제노비아의 인생에서 방대한 계획에 비하면 그다지 크지 않았지만.

nounce them a little deficient in softness and delicacy. But we find enough of those attributes, everywhere. Preferable — by way of variety, at least — was Zenobia's bloom, health, and vigor, which she possessed in such overflow that a man might well have fallen in love with her for their sake only. In her quiet moods, she seemed rather indolent; but when really in earnest, particularly if there were a spice of bitter feeling, she grew all alive, to her finger-tips.

"I am the first-comer," Zenobia went on to say, while her smile beamed warmth upon us all; "so I take the part of hostess, for to-day, and welcome you as if to my own fireside. You shall be my guests, too, at supper. Tomorrow, if you please, we will be brethren and sisters, and begin our new life from day-break."

"Have we our various parts assigned?"[6] asked some one.

"Oh, we of the softer sex,"[7] responded Zenobia, with her mellow, almost broad laugh, — most delectable to hear, but not in the least like an ordinary woman's laugh — "we women (there are four of us here, already) will take the domestic and indoor part of the business, as a matter of course. To bake, to boil, to roast, to fry, to stew — to wash, and iron, and scrub, and sweep, and, at our idler intervals, to repose ourselves on knitting and sewing — these, I suppose, must be feminine occupations for the present. By-and-by, perhaps, when our individual adaptations begin to develop themselves, it may be that some of us who wear the petticoat will go afield, and leave the weaker brethren to take our places in the kitchen!"

"What a pity," I remarked, "that the kitchen, and the house-work generally, cannot be left out of our system altogether! It is odd enough, that the kind of labor which falls to the lot of women is just that which chiefly distinguishes artificial life — the life of degenerated mortals — from the life of Paradise. Eve had no dinner-pot, and no clothes to mend, and no washing-day."

---

6) Have we our various parts assigned?: 우리의 여러 역할은 다 배정되었나요?

7) we of the softer sex: '우리 여성들'을 가리킴.

"I am afraid," said Zenobia, with mirth gleaming out of her eyes, "we shall find some difficulty in adopting the Paradisiacal system, for at least a month to come. Look at that snow-drift sweeping past the window! Are there any figs ripe, do you think? Have the pine-apples been gathered, to-day? Would you like a bread-fruit, or a cocoa-nut? Shall I run out and pluck you some roses? No, no, Mr. Coverdale, the only flower hereabouts is the one in my hair, which I got out of a green-house, this morning. As for the garb of Eden,"[8] added she, shivering playfully, "I shall not assume it till after May-day!"

Assuredly, Zenobia could not have intended it — the fault must have been entirely in my imagination — but these last words, together with something in her manner, irresistibly brought up a picture of that fine, perfectly developed figure, in Eve's earliest garment.[9] I almost fancied myself actually beholding it.[10] Her free, careless, generous modes of expression often had this effect of creating images which, though pure, are hardly felt to be quite decorous, when born of a thought that passes between man and woman. I imputed it, at that time, to Zenobia's noble courage, conscious of no harm, and scorning the petty restraints which take the life and color out of other women's conversation. There was another peculiarity about her. We seldom meet with women, now-a-days, and in this country, who impress us as being women at all; their sex fades away and goes for nothing, in ordinary intercourse. Not so with Zenobia. One felt an influence breathing out of her, such as we might suppose to come from Eve, when she was just made, and her Creator brought her to Adam,[11] saying — 'Behold, here is a woman!' Not that I would convey the idea

---

8) garb of Eden: 에덴 동산의 옷차림, 즉 nude 상태를 말함.

9) Eve's earliest garment: 역시 nude를 가리킴.

10) I almost ~ beholding it: 이 문장도 원고에는 빠졌으나 센테너리 판에서 복원되었음.

11) Creator brought her to Adam: See Genesis 2-3; John Milton (1608-1674) *Paradise Lost* 8:452-520. See also Hawthorne's story, "The New Adam and Eve" (1843).

of especial gentleness, grace, modesty, and shyness, but of a certain warm and rich characteristic, which seems, for the most part, to have been refined away out of the feminine system.

"And now," continued Zenobia, "I must go and help get supper. Do you think you can be content — instead of figs, pine-apples, and all the other delicacies of Adam's supper-table — with tea and toast, and a certain modest supply of ham and tongue, which, with the instinct of a housewife, I brought hither in a basket? And there shall be bread-and-milk, too, if the innocence of your taste demands it."

The whole sisterhood now went about their domestic avocations, utterly declining our offers to assist, further than by bringing wood, for the kitchen fire from a huge pile in the back-yard. After heaping up more than a sufficient quantity, we returned to the sitting-room, drew our chairs closer to the hearth, and began to talk over our prospects. Soon, with a tremendous stamping in the entry, appeared Silas Foster, lank, stalwart, uncouth, and grizzly-bearded. He came from foddering the cattle, in the barn, and from the field, where he had been ploughing, until the depth of the snow rendered it impossible to draw a furrow. He greeted us in pretty much the same tone as if he were speaking to his oxen, took a quid[12)] from his iron tobacco-box, pulled off his wet cow-hide boots, and sat down before the fire in his stocking-feet. The steam arose from his soaked garments, so that the stout yeoman looked vaporous and spectre-like.

"Well, folks," remarked Silas, "you'll be wishing yourselves back to town again, if this weather holds!"

And, true enough, there was a look of gloom, as the twilight fell silently and sadly out of the sky, its gray or sable flakes intermingling themselves with the fast descending snow. The storm, in its evening aspect, was decidedly dreary. It seemed to have arisen for our especial behoof; a symbol of the cold, desolate, distrustful phantoms that invariably haunt the mind, on the eve of

---

12) **a quid**: a cut or wad of chewing tobacco.

adventurous enterprises, to warn us back within the boundaries of ordinary life.

But our courage did not quail. We would not allow ourselves to be depressed by the snow-drift, trailing past the window, any more than if it had been the sigh of a summer wind among rustling boughs. There have been few brighter seasons for us, than that. If ever men might lawfully dream awake, and give utterance to their wildest visions, without dread of laughter or scorn on the part of the audience — yes, and speak of earthly happiness, for themselves and mankind, as an object to be hopefully striven for, and probably attained — we, who made that little semi-circle round the blazing fire, were those very men. We had left the rusty iron frame-work of society behind us. We had broken through many hindrances that are powerful enough to keep most people on the weary tread-mill of the established system, even while they feel its irksomeness almost as intolerable as we did. We had stept down from the pulpit; we had flung aside the pen; we had shut up the ledger; we had thrown off that sweet, bewitching, enervating indolence, which is better, after all, than most of the enjoyments within mortal grasp. It was our purpose — a generous one, certainly, and absurd, no doubt, in full proportion with its generosity — to give up whatever we had heretofore attained, for the sake of showing mankind the example of a life governed by other than the false and cruel principles, on which human society has all along been based.

And, first of all, we had divorced ourselves from Pride, and were striving to supply its place with familiar love. We meant to lessen the laboring man's great burden of toil, by performing our due share of it at the cost of our own thews[13] and sinews. We sought our profit by mutual aid, instead of wresting it by the strong hand from an enemy, or filching it craftily from those less shrewd than ourselves, (if, indeed, there were any such, in New England,)[14]

---

13) thews: muscles.

14) if, indeed ~ New England: 행여 뉴잉글랜드에 그런 사람이 있다고 한다면.

or winning it by selfish competition with a neighbor; in one or another of which fashions, every son of woman both perpetrates and suffers his share of the common evil, whether he chooses it or no. And, as the basis of our institution, we purposed to offer up the earnest toil of our bodies, as a prayer no less than an effort for the advancement of our race.

Therefore, if we built splendid castles (phalansteries,[15] perhaps, they might be more fitly called,) and pictured beautiful scenes, among the fervid coals of the hearth around which we were clustering—and if all went to rack with the crumbling embers, and have never since arisen out of the ashes—let us take to ourselves no shame. In my own behalf, I rejoice that I could once think better of the world's improvability than it deserved. It is a mistake into which men seldom fall twice in a lifetime; or, if so, the rarer and higher is the nature that can thus magnanimously persist in error.

Stout Silas Foster mingled little in our conversation; but when he did speak, it was very much to some practical purpose. For instance:—

"Which man among you," quoth he, "is the best judge of swine? Some of us must go to the next Brighton fair, and buy half-a-dozen pigs!"

Pigs! Good heavens, had we come out from among the swinish multitude, for this? And again, in reference to some discussion about raising early vegetables for the market:—

"We shall never make any hand at market-gardening," said Silas Foster, "unless the women-folks will undertake to do all the weeding. We haven't team enough for that and the regular farm-work, reckoning three of your city-folks as worth one common field-hand. No, no, I tell you, we should have to get up a

---

15) **phalansteries**: The word 'phalanstery' which combines *phalanx* and monastery was the large central building divided into living, working, dining, and common rooms in the reform community described by the French utopian Charles Fourier(1772-1837). It was designed to serve the various needs of a phalanx, the name Fourier gave to the basic social unit of some 1600 people in his program. See footnote 9 of chapter 7.

little too early in the morning, to compete with the market-gardeners round Boston."

It struck me as rather odd, that one of the first questions raised, after our separation from the greedy, struggling, self-seeking world, should relate to the possibility of getting the advantage over the outside barbarians, in their own field of labor. But, to own the truth, I very soon became sensible, that, as regarded society at large, we stood in a position of new hostility, rather than new brotherhood. Nor could this fail to be the case, in some degree, until the bigger and better half of society should range itself on our side. Constituting so pitiful a minority as now, we were inevitably estranged from the rest of mankind, in pretty fair proportion with the strictness of our mutual bond among ourselves.

This dawning idea, however, was driven back into my inner consciousness by the entrance of Zenobia. She came with the welcome intelligence that supper was on the table. Looking at herself in the glass, and perceiving that her one magnificent flower had grown rather languid,(probably by being exposed to the fervency of the kitchen -fire,) she flung it on the floor, as unconcernedly as a village-girl would throw away a faded violet. The action seemed proper to her character; although, methought, it would still more have befitted the bounteous nature of this beautiful woman to scatter fresh flowers from her hand, and to revive faded ones by her touch. Nevertheless — it was a singular, but irresistible effect — the presence of Zenobia caused our heroic enterprise to show like an illusion, a masquerade, a pastoral, a counterfeit Arcadia,[16] in which we grown-up men and women were making a play-day of the years that were given us to live in. I tried to analyze this impression, but not with much success.

"It really vexes me," observed Zenobia, as we left the room,

---

16) a counterfeit Arcadia: 의사(擬似) 아르카디아. In classical and Renaissance poetry, Arcadia (originally a mountainous region of ancient Greece known for its rustic simplicity) is a metaphor epitomizing pastoral simplicity and harmony and rustic innocence. See Theocritus (310-250 B.C.), *Idylls;* Virgil (70-19 B.C.), *Eclogues.*

"that Mr. Hollingsworth should be such a laggard. I should not have thought him at all the sort of person to be turned back by a puff of contrary wind, or a few snow-flakes drifting into his face."

"Do you know Hollingsworth personally?" I inquired.

"No; only as an auditor — auditress, I mean — of some of his lectures," said she. "What a voice he has! And what a man he is! Yet not so much an intellectual man, I should say, as a great heart; at least, he moved me more deeply than I think myself capable of being moved, except by the stroke of a true, strong heart against my own. It is a sad pity that he should have devoted his glorious powers to such a grimy, unbeautiful, and positively hopeless object as this reformation of criminals, about which he makes himself and his wretchedly small audiences so very miserable. To tell you a secret, I never could tolerate a philanthropist before. Could you?"

"By no means," I answered; "neither can I now!"

"They are, indeed, an odiously disagreeable set of mortals," continued Zenobia. "I should like Mr. Hollingsworth a great deal better, if the philanthropy had been left out. At all events, as a mere matter of taste, I wish he would let the bad people alone, and try to benefit those who are not already past his help. Do you suppose he will be content to spend his life — or even a few months of it — among tolerably virtuous and comfortable individuals, like ourselves?"

"Upon my word, I doubt it," said I. "If we wish to keep him with us, we must systematically commit at least one crime apiece! Mere peccadillos will not satisfy him."

Zenobia turned, sidelong, a strange kind of a glance upon me; but, before I could make out what it meant, we had entered the kitchen, where, in accordance with the rustic simplicity of our new life, the supper-table was spread.

IV
THE SUPPER-TABLE

THE PLEASANT firelight! I must still keep harping[1] on it.

The kitchen-hearth had an old-fashioned breadth, depth, and spaciousness, far within which[2] lay what seemed the butt of a good-sized oak-tree, with the moisture bubbling merrily out at both ends. It was now half-an-hour beyond dusk. The blaze from an armful of substantial sticks, rendered more combustible by brush-wood and pine, flickered powerfully on the smoke-blackened walls, and so cheered our spirits that we cared not what inclemency might rage and roar, on the other side of our illuminated windows. A yet sultrier warmth was bestowed by a goodly quantity of peat, which was crumbling to white ashes among the burning brands, and incensed the kitchen with its not ungrateful fragrance. The exuberance of this household fire would alone have sufficed to bespeak us no true farmers; for the New England yeoman, if he have the misfortune to dwell within practicable[3] distance of a wood-market, is as niggardly of each stick as if it were a bar of California gold.[4]

But it was fortunate for us, on that wintry eve of our untried life, to enjoy the warm and radiant luxury of a somewhat too abundant fire. If it served no other purpose, it made the men look so full of youth, warm blood, and hope, and the women — such of them, at least, as were anywise convertible by its magic — so very beautiful, that I would cheerfully have spent my last dollar to pro-

---

1) harping: repeating.

2) far within which ~: which의 선행사는 kitchen-hearth임.

3) practicable: close, nearby.

4) bar of California gold: In August 1848, the *New York Herald* reported the discovery of gold at Sutter's Mill, and this report was confirmed by President James Polk a month later. During the next several years, tens of thousands of gold seekers journeyed to California in a quest for riches.

long the blaze. As for Zenobia, there was a glow in her cheeks that made me think of Pandora, fresh from Vulcan's workshop,[5] and full of the celestial warmth by dint of which he had tempered and moulded her.

"Take your places, my dear friends all," cried she; "Seat yourselves without ceremony — and you shall be made happy with such tea as not many of the world's working-people, except yourselves, will find in their cups to-night. After this one supper, you may drink butter-milk, if you please. To-night we will quaff this nectar, which, I assure you, could not be bought with gold."

We all sat down — grizzly Silas Foster, his rotund helpmate, and the two bouncing handmaidens, included — and looked at one another in a friendly, but rather awkward way. It was the first practical trial of our theories of equal brotherhood and sisterhood; and we people of superior cultivation and refinement (for as such, I presume, we unhesitatingly reckoned ourselves) felt as if something were already accomplished towards the millennium of love. The truth is, however, that the laboring oar was with our unpolished companions; it being far easier to condescend, than to accept of condescension.[6] Neither did I refrain from questioning, in secret, whether some of us — and Zenobia among the rest — would so quietly have taken our places among these good people, save for the cherished consciousness that it was not by necessity but choice. Though we saw fit to drink our tea out of earthen cups to-night, and in earthen company, it was at our own option

5) Pandora, fresh from Vulcan's workshop: As Zeus ordered Vulcan, the god of fire, to mold a woman in order to punish man for having gained the gift of fire through the wily god Prometheus, Pandora was the first woman in classical mythology created out of clay. Zeus gave Pandora a beautiful box on her wedding day. By breaking his command not to open it, she let loose the evils and troubles that have afflicted mankind, leaving only Hope behind in the container. See Hesiod, *Theogony*, 570-612; *Works and Days*, 47-105.

6) the laboring ~ of condescension: 힘든 노동의 책임은 우리의 거친 동료들(남성들을 가리킴)에게 맡겨져 있었다. 생색을 내며 일을 스스로 하는 편이 나중에 마지못해 하게 되는 처지에 놓이는 것보다는 속 편한 일이다.

to use pictured porcelain and handle silver forks again, tomorrow. This same salvo,[7] as to the power of regaining our former position, contributed much, I fear, to the equanimity with which we subsequently bore many of the hardships and humiliations of a life of toil. If ever I have deserved—(which has not often been the case, and, I think, never)—but if ever I did deserve to be soundly cuffed by a fellow-mortal, for secretly putting weight upon some imaginary social advantage, it must have been while I was striving to prove myself ostentatiously his equal, and no more. It was while I sat beside him on his cobbler's bench,[8] or clinked my hoe against his own in the cornfield, or broke the same crust of bread, my earth-grimed hand to his, at our noontide lunch. The poor, proud man should look at both sides of sympathy like this.

The silence, which followed upon our sitting down to table, grew rather oppressive; indeed, it was hardly broken by a word, during the first round of Zenobia's fragrant tea.

"I hope," said I, at last, "that our blazing windows will be visible a great way off. There is nothing so pleasant and encouraging to a solitary traveller, on a stormy night, as a flood of firelight seen amid the gloom. These ruddy window-panes cannot fail to cheer the hearts of all that look at them. Are they not warm and bright with the beacon-fire which we have kindled for humanity?"

"The blaze of that brush-wood will only last a minute or two longer," observed Silas Foster; but whether he meant to insinuate that our moral illumination would have as brief a term, I cannot say.

"Meantime," said Zenobia, "it may serve to guide some wayfarer to a shelter."

And, just as she said this, there came a knock at the house-door.

"There is one of the world's wayfarers!" said I.

"Aye, aye, just so!" quoth Silas Foster. "Our firelight will draw

---

7) salvo: an evasion or excuse used to palliate an unpleasant situation.

8) him on his cobbler's bench: 농사일을 하면서 틈틈이 구두 수선을 하는 사일러스 포스터를 가리킴.

stragglers, just as a candle draws dor-bugs,[9] on a summer night."

Whether to enjoy a dramatic suspense, or that we were selfishly contrasting our own comfort with the chill and dreary situation of the unknown person at the threshold — or that some of us city-folk felt a little startled at the knock which came so unseasonably, through night and storm, to the door of the lonely farm-house — so it happened, that nobody, for an instant or two, arose to answer the summons. Pretty soon, there came another knock. The first had been moderately loud; the second was smitten so forcibly that the knuckles of the applicant must have left their mark in the door-panel.

"He knocks as if he had a right to come in," said Zenobia, laughing. "And what are we thinking of? It must be Mr. Hollingsworth!"

Hereupon, I went to the door, unbolted, and flung it wide open. There, sure enough, stood Hollingsworth, his shaggy great-coat all covered with snow; so that he looked quite as much like a polar bear as a modern philanthropist.

"Sluggish hospitality this!" said he, in those deep tones of his, which seemed to come out of a chest as capacious as a barrel. "It would have served you right if I had lain down and spent the night on the door-step, just for the sake of putting you to shame. But here is a guest, who will need a warmer and softer bed."

And stepping back to the wagon, in which he had journeyed hither, Hollingsworth received into his arms, and deposited on the door-step, a figure enveloped in a cloak. It was evidently a woman; or, rather — judging from the ease with which he lifted her, and the little space which she seemed to fill in his arms — a slim and unsubstantial girl. As she showed some hesitation about entering the door, Hollingsworth, with his usual directness and lack of ceremony, urged her forward, not merely within the entry, but into the warm and strongly lighted kitchen.

"Who is this?" whispered I, remaining behind with him, while

---

9) **dor-bugs**: common dung beetles.

he was taking off his great-coat.

"Who? Really, I don't know," answered Hollingsworth, looking at me with some surprise. "It is a young person who belongs here, however; and, no doubt, she had been expected. Zenobia, or some of the women-folks, can tell you all about it."

"I think not," said I, glancing towards the new-comer and the other occupants of the kitchen. "Nobody seems to welcome her. I should hardly judge that she was an expected guest."

"Well, well," said Hollingsworth, quietly, "We'll make it right."

The stranger, or whatever she were, remained standing precisely on that spot of the kitchen-floor, to which Hollingsworth's kindly hand had impelled her. The cloak falling partly off, she was seen to be a very young woman, dressed in a poor, but decent gown, made high in the neck, and without any regard to fashion or smartness. Her brown hair fell down from beneath a hood, not in curls, but with only a slight wave; her face was of a wan, almost sickly hue, betokening habitual seclusion from the sun and free atmosphere, like a flower-shrub that had done its best to blossom in too scanty light. To complete the pitiableness of her aspect, she shivered either with cold, or fear, or nervous excitement, so that you might have beheld her shadow vibrating on the fire-lighted wall. In short, there has seldom been seen so depressed and sad a figure as this young girl's; and it was hardly possible to help being angry with her, from mere despair of doing anything for her comfort.[10] The fantasy occurred to me, that she was some desolate kind of a creature, doomed to wander about in snow-storms, and that, though the ruddiness of our window-panes had tempted her into a human dwelling, she would not remain long enough to melt the icicles out of her hair.[11]

Another conjecture likewise came into my mind. Recollecting

---

10) it was ~ her comfort: 그녀를 위안해 주기 위한 어떤 일도 할 수 없어 화가 날 지경이었다.

11) she would ~ her hair: 그녀는 머리카락에 붙은 얼음이 채 녹기도 전에 떠날는지도 모른다.

Hollingsworth's sphere of philanthropic action, I deemed it possible that he might have brought one of his guilty patients, to be wrought upon, and restored to spiritual health, by the pure influences which our mode of life would create.

As yet, the girl had not stirred. She stood near the door, fixing a pair of large, brown, melancholy eyes upon Zenobia — only upon Zenobia! — she evidently saw nothing else in the room, save that bright, fair, rosy, beautiful woman. It was the strangest look I ever witnessed; long a mystery to me, and forever a memory. Once she seemed about to move forward and greet her — I know not with what warmth or with what words; — but, finally, instead of doing so, she dropped down upon her knees, clasped her hands, and gazed piteously into Zenobia's face. Meeting no kindly reception, her head fell on her bosom.

I never thoroughly forgave Zenobia for her conduct on this occasion. But women are always more cautious, in their casual hospitalities than men.

"What does the girl mean?" cried she, in rather a sharp tone. "Is she crazy? Has she no tongue?"

And here Hollingsworth stepped forward.

"No wonder if the poor child's tongue is frozen in her mouth," said he — and I think he positively frowned at Zenobia — "The very heart will be frozen in her bosom, unless you women can warm it, among you, with the warmth that ought to be in your own!"

Hollingsworth's appearance was very striking, at this moment. He was then about thirty years old, but looked several years older, with his great shaggy head, his heavy brow, his dark complexion, his abundant beard, and the rude strength with which his features seemed to have been hammered out of iron, rather than chiselled or moulded from any finer or softer material. His figure was not tall, but massive and brawny, and well befitting his original occupation, which — as the reader probably knows — was that of a blacksmith. As for external polish, or mere courtesy of manner, he never possessed more than a tolerably educated bear; although, in his gentler moods, there was a tenderness in his voice, eyes, mouth, in his gesture, and in every indescribable manifestation, which few men could resist, and no woman. But he now looked stern and reproachful; and it was with that inauspicious meaning in his glance, that Hollingsworth first met Zenobia's eyes, and began his influence upon her life.

To my surprise, Zenobia — of whose haughty spirit I had been told so many examples — absolutely changed color, and seemed mortified and confused.

"You do not quite do me justice, Mr. Hollingsworth," said she, almost humbly. "I am willing to be kind to the poor girl. Is she a protegee of yours? What can I do for her?"

"Have you anything to ask of this lady?" said Hollingsworth, kindly, to the girl. "I remember you mentioned her name, before we left town."

"Only that she will shelter me," replied the girl, tremulously. "Only that she will let me be always near her!"

"Well, indeed," exclaimed Zenobia, recovering herself, and laughing, "this is an adventure, and well worthy to be the first incident in our life of love and free-heartedness! But I accept it, for the present, without further question — only," added she, "it would be a convenience if we knew your name."

"Priscilla," said the girl; and it appeared to me that she hesitated whether to add anything more, and decided in the negative. "Pray do not ask me my other name — at least, not yet — if you will be so kind to a forlorn creature."

Priscilla! Priscilla! I repeated the name to myself, three or four times; and in that little space, this quaint and prim cognomen had so amalgamated itself with my idea of the girl, that it seemed as if no other name could have adhered to her for a moment. Heretofore, the poor thing had not shed any tears; but now that she found herself received, and at least temporarily established, the big drops began to ooze out from beneath her eyelids, as if she were full of them. Perhaps it showed the iron substance of my heart, that I could not help smiling at this odd scene of unknown and unaccountable calamity, into which our cheerful party had been entrapped, without the liberty of choosing whether to sympathize or no.[12] Hollingsworth's behavior was certainly a great deal more creditable than mine.

"Let us not pry further into her secrets," he said to Zenobia and the rest of us, apart — and his dark, shaggy face looked really beautiful with its expression of thoughtful benevolence. — "Let us conclude that Providence has sent her to us, as the first fruits of the world, which we have undertaken to make happier than we find it. Let us warm her poor, shivering body with this good fire, and her poor, shivering heart with our best kindness. Let us feed her, and make her one of us. As we do by this friendless girl, so shall we prosper! And, in good time, whatever is desirable for us to know will be melted out of her, as inevitably as those tears which we see now."

"At least," remarked I, "you may tell us how and where you met with her."

"An old man brought her to my lodgings," answered Hollingsworth, "and begged me to convey her to Blithedale, where — so I understood him — she had friends. And this is positively all I know about the matter."

Grim Silas Foster,[13] all this while, had been busy at the supper-table, pouring out his own tea, and gulping it down with no more sense of its exquisiteness than if it were a decoction of catnip; helping himself to pieces of dipt toast on the flat of his knife-blade, and dropping half of it on the table-cloth; using the same serviceable implement to cut slice after slice of ham; perpetrating terrible enormities with the butter-plate; and, in all other respects, behaving less like a civilized Christian than the worst kind of an ogre. Being, by this time, fully gorged, he crowned

---

12) I could ~ sympathize or no: 나는 우리의 즐거운 식사 중에 끼어들어 그것에 동정을 해야 하나 그렇지 않나 하는 선택의 자유도 허용하지 않은 채 불쑥 찾아온 알 수 없고 설명할 길 없는 상황을 바라보고 웃지 않을 수 없었다.

13) Grim Silas Foster: 험상궂게 생긴 사일러스 포스터.

his amiable exploits with a draught from the water-pitcher,[14] and then favored us with his opinion about the business in hand. And, certainly, though they proceeded out of an unwiped mouth, his expressions did him honor.[15]

"Give the girl a hot cup of tea and a thick slice of this first-rate bacon," said Silas, like a sensible man as he was. "That's what she wants. Let her stay with us as long as she likes, and help in the kitchen, and take the cow-breath at milking-time; and, in a week or two, she'll begin to look like a creature of this world!"

So we sat down again to supper, and Priscilla along with us.

---

14) he crowned ~ water-pitcher: 그는 큰 물통의 물을 마시는 것으로 식사의 대미를 장식했다.

15) his expressions did him honor: [닦지도 않은 입에서 나온] 그의 말이 그의 체면을 살려주었다.

V
UNTIL BEDTIME

SILAS FOSTER, by the time we concluded our meal, had stript off his coat, and planted himself on a low chair by the kitchen-fire, with a lap-stone,1) a hammer, a piece of sole-leather, and some waxed ends, in order to cobble an old pair of cow-hide boots; he being, in his own phrase, 'something of a dab' (whatever degree of skill that may imply) at the shoemaking-business.2) We heard the tap of his hammer, at intervals, for the rest of the evening. The remainder of the party adjourned to the sitting-room. Good Mrs. Foster took her knitting-work, and soon fell fast asleep, still keeping her needles in brisk movement, and, to the best of my observation, absolutely footing a stocking out of the texture of a dream.3) And a very substantial stocking it seemed to be. One of the two handmaidens hemmed a towel, and the other appeared to be making a ruffle, for her Sunday's wear, out of a little bit of embroidered muslin, which Zenobia had probably given her.

It was curious to observe how trustingly, and yet how timidly, our poor Priscilla betook herself into the shadow of Zenobia's protection. She sat beside her on a stool, looking up, every now and then, with an expression of humble delight at her new friend's beauty. A brilliant woman is often an object of the devoted admiration — it might almost be termed worship, or idolatry — of some young girl, who perhaps beholds the cynosure4) only at an awful distance, and has as little hope of personal intercourse as of climb-

---

1) a lap-stone: a stone that shoemakers lay in their laps to beat their leather upon(무릎돌). a piece of sole-leather: 구두창; some waxed ends: 구두 수선용 실 가닥.

2) 'something of a dab' ~ shoemaking-business: 구두 일에 있어서는~ '일가견이 있는'. dab: an obsolete slang term for a skilled hand.

3) absolutely footing ~ a dream: 꿈의 실타래를 한올한올 풀어 양말 밑바닥을 뜨고 있는 것이 분명했다.

4) cynosure: the center of all attention.

ing among the stars of heaven.[5]We men are too gross to comprehend it. Even a woman, of mature age, despises or laughs at such a passion. There occurred to me no mode of accounting for Priscilla's behavior, except by supposing that she had read some of Zenobia's stories, (as such literature goes everywhere,) or her tracts in defence of the sex, and had come hither with the one purpose of being her slave. There is nothing parallel to this, I believe — nothing so foolishly disinterested, and hardly anything so beautiful — in the masculine nature, at whatever epoch of life; or, if there be, a fine and rare development of character might reasonably be looked for, from the youth who should prove himself capable of such self-forgetful affection.

Zenobia happening to change her seat, I took the opportunity, in an undertone, to suggest some such notion as the above.

"Since you see the young woman in so poetical a light," replied she, in the same tone, "you had better turn the affair into a ballad. It is a grand subject, and worthy of supernatural machinery. The storm, the startling knock at the door, the entrance of the sable knight Hollingsworth and this shadowy snow-maiden, who, precisely at the stroke of midnight, shall melt away at my feet, in a pool of ice-cold water, and give me my death with a pair of wet slippers! And when the verses are written, and polished quite to your mind, I will favor you with my idea as to what the girl really is."

"Pray let me have it now," said I. "It shall be woven into the ballad."

"She is neither more nor less," answered Zenobia, "than a seamstress from the city, and she has probably no more transcendental purpose than to do my miscellaneous sewing; for I suppose she will hardly expect to make my dresses."

"How can you decide upon her so easily?" I inquired.

"Oh, we women judge one another by tokens that escape the

5) has as ~ of heaven: 개인적 친분관계를 맺는다는 것은 하늘의 별따기만큼 이나 가능성 없는 일이라고 여기다.

obtuseness of masculine perceptions," said Zenobia. "There is no proof, which you would be likely to appreciate, except the needle marks on the tip of her forefinger. Then, my supposition perfectly accounts for her paleness, her nervousness, and her wretched fragility. Poor thing! She has been stifled with the heat of a salamander-stove,[6] in a small, close room, and has drunk coffee, and fed upon dough-nuts, raisins, candy, and all such trash, till she is scarcely half-alive; and so, as she has hardly any physique, a poet like Mr. Miles Coverdale, may be allowed to think her spiritual!"

"Look at her now!" whispered I.

Priscilla was gazing towards us, with an inexpressible sorrow in her wan face, and great tears running down her cheeks. It was difficult to resist the impression, that, cautiously as we had lowered our voices, she must have overheard and been wounded by Zenobia's scornful estimate of her character and purposes.

"What ears the girl must have!" whispered Zenobia, with a look of vexation, partly comic and partly real. "I will confess to you that I cannot quite make her out. However, I am positively not an ill-natured person, unless when very grievously provoked; and as you, and especially Mr. Hollingsworth, take so much interest in this odd creature — and as she knocks, with a very slight tap, against my own heart, likewise — why, I mean to let her in! From this moment, I will be reasonably kind to her. There is no pleasure in tormenting a person of one's own sex, even if she do favor one with a little more love than one can conveniently dispose of;[7] — and that, let me say, Mr. Coverdale, is the most troublesome offence you can offer to a woman."

"Thank you!" said I, smiling. "I don't mean to be guilty of it."

She went towards Priscilla, took her hand, and passed her own rosy finger-tips, with a pretty, caressing movement, over the girl's

---

6) salamader-stove: 휴대용 풍로(風爐); small portable stove having no chimney. Salamanders are mythical, lizard-like beings thought to be able to withstand or live in fire.

7) even if ~ dispose of: 비록 저 아가씨는 곤란한 지경에 이를 만큼 사랑으로 호감을 표명해오고 있지만.

hair. The touch had a magical effect. So vivid a look of joy flushed up beneath those fingers, that it seemed as if the sad and wan Priscilla had been snatched away, and another kind of creature substituted in her place. This one caress, bestowed voluntarily by Zenobia, was evidently received as a pledge of all that the stranger sought from her, whatever the unuttered boon might be. From that instant, too, she melted in quietly amongst us, and was no longer a foreign element. Though always an object of peculiar interest, a riddle, and a theme of frequent discussion, her tenure at Blithedale was thenceforth fixed; We no more thought of questioning it, than if Priscilla had been recognized as a domestic sprite, who had haunted the rustic fireside, of old, before we had ever been warmed by its blaze.[8)]

She now produced, out of a work-bag that she had with her, some little wooden instruments, (what they are called, I never knew,) and proceeded to knit, or net, an article which ultimately took the shape of a silk purse. As the work went on, I remembered to have seen just such purses, before. Indeed, I was the possessor of one. Their peculiar excellence, besides the great delicacy and beauty of the manufacture, lay in the almost impossibility that any uninitiated person should discover the aperture; although, to a practised touch, they would open as wide as charity or prodigality might wish.[9)] I wondered if it were not a symbol of Priscilla's own mystery.

Notwithstanding the new confidence with which Zenobia had inspired her, our guest showed herself disquieted by the storm. When the strong puffs of wind spattered the snow against the windows, and made the oaken frame of the farm-house creak, she looked at us apprehensively, as if to inquire whether these tempestuous outbreaks did not betoken some unusual mischief in the

---

8) we no ~ its blaze: 우리는 난롯불에 몸이 녹기도 전에, 프리실라를 아주 옛날 이 시골의 난롯가를 떠돌아다닌 요정이라고 생각한다 해도 더 이상 그녀의 존재를 문제 삼지 않게 되었다.

9) to a practised ~ might wish: 숙련된 손길이 닿으면 후하게 자선을 할 때나 마구 탕진을 할 때처럼 활짝 열린다.

shrieking blast. She had been bred up, no doubt, in some close nook, some inauspiciously sheltered court of the city, where the uttermost rage of a tempest, though it might scatter down the slates of the roof into the bricked area,[10] could not shake the casement of her little room. The sense of vast, undefined space, pressing from the outside against the black panes of our uncurtained windows, was fearful to the poor girl, heretofore accustomed to the narrowness of human limits, with the lamps of neighboring tenements glimmering across the street.[11] The house probably seemed to her adrift on the great ocean of the night. A little parallelogram of sky was all that she had hitherto known of nature;[12] so that she felt the awfulness that really exists in its limitless extent. Once, while the blast was bellowing, she caught hold of Zenobia's robe, with precisely the air of one who hears her own name spoken at a distance, but is unutterably reluctant to obey the call.

We spent rather an incommunicative evening. Hollingsworth hardly said a word, unless when repeatedly and pertinaciously addressed. Then, indeed, he would glare upon us from the thick shrubbery of his meditations, like a tiger out of a jungle, make the briefest reply possible, and betake himself back into the solitude of his heart and mind. The poor fellow had contracted this ungracious habit from the intensity with which he contemplated his own ideas, and the infrequent sympathy which they met with from his auditors; a circumstance that seemed only to strengthen the implicit confidence that he awarded to them. His heart, I imagine, was never really interested in our socialist scheme, but was forever busy with his strange, and, as most people thought it, impracticable plan for the reformation of criminals, through an appeal to their higher

---

10) bricked area: the yard attached to or surrounding a house, paved with bricks.

11) the narrowness ~ the street: 길 건너 이웃집에서 등불만이 깜빡거리는 좁은 생활공간.

12) A little parallelogram ~ of nature: 작은 평행사변형의 하늘이 지금껏 그녀가 알고 있는 자연의 전부였다. 아주 작은 집안에만 처박혀 살아왔음을 강조하는 표현임.

instincts. Much as I liked Hollingsworth, it cost me many a groan to tolerate him on this point. He ought to have commenced his investigation of the subject by perpetrating some huge sin, in his proper person, and examining the condition of his higher instincts, afterwards.

The rest of us formed ourselves into a committee for providing our infant community with an appropriate name; a matter of greatly more difficulty than the uninitiated reader would suppose. Blithedale was neither good nor bad. We should have resumed the old Indian name of the premises, had it possessed the oil-and-honey flow which the aborigines were so often happy in communicating to their local appellations; but it chanced to be a harsh, ill-connected, and interminable word, which seemed to fill the mouth with a mixture of very stiff clay and very crumbly pebbles.[13] Zenobia suggested 'Sunny Glimpse,' as expressive of a vista into a better system of society. This we turned over and over, for a while, acknowledging its prettiness, but concluded it to be rather too fine and sentimental a name (a fault inevitable by literary ladies, in such attempts) for sun-burnt men to work under. I ventured to whisper 'Utopia,'[14] which, however, was unanimously scouted down,[15] and the proposer very harshly maltreated, as if he had intended a latent satire. Some were for calling our institution 'The Oasis,' in view of its being the one green spot in the moral

---

13) but it ~ crumbly pebbles: (이곳의 인디언 이름은) 공교롭게도 거칠고 잘 연결도 안되고 너무 길어서 그 이름을 부르려면 입안 가득히 딱딱하게 굳어진 진흙과 부서지기 쉬운 조약돌을 채워 넣은 것 같은 느낌이 들었다. 록스베리(Roxbury) 지역에 대한 인디언 지명은 알려진 바 없으나 호손은 여기에서 록스베리를 포함하는 더 큰 지역을 부르는 세 가지 이름, 즉 아코몬티커스(Accomonticus), 아만간셋(Amaganset), 마셔멋(Mashawmut) 가운데 하나를 생각한 듯함.

14) Utopia: Literally means 'no place' or 'nowhere'; more generally, with a pun on "eutopia"(good place), imaginary [is]land of ideal laws and social conditions. Derives from Thomas More (1478-1535), *Utopia* (1516), a speculative work on the best form of government.

15) scouted down: derided or scoffed at. Etymologically, a 'scout' is someone who 'listens.' In this context, heard and then overruled, dismissed.

sand-waste of the world; but others insisted on a proviso for reconsidering the matter, at a twelvemonth's end; when a final decision might be had, whether to name it 'The Oasis' or 'Sahara.' So, at last, finding it impracticable to hammer out anything better, we resolved that the spot should still be Blithedale, as being of good augury enough.

The evening wore on, and the outer solitude looked in upon us through the windows, gloomy, wild, and vague, like another state of existence, close beside the littler sphere of warmth and light in which we were the prattlers and bustlers of a moment. By-and-by, the door was opened by Silas Foster, with a cotton handkerchief about his head, and a tallow candle in his hand.

"Take my advice, brother farmers," said he, with a great, broad, bottomless yawn, "and get to bed as soon as you can. I shall sound the horn at day-break; and we've got the cattle to fodder, and nine cows to milk, and a dozen other things to do, before breakfast."

Thus ended the first evening at Blithedale. I went shivering to my fireless chamber, with the miserable consciousness (which had been growing upon me for several hours past) that I had caught a tremendous cold, and should probably awaken, at the blast of the horn, a fit subject for a hospital. The night proved a feverish one. During the greater part of it, I was in that vilest of states when a fixed idea remains in the mind, like the nail in Sisera's brain,[16) while innumerable other ideas go and come, and flutter to-and-fro, combining constant transition with intolerable sameness. Had I made a record of that night's half-waking dreams, it is my belief that it would have anticipated several of the chief incidents of this narrative, including a dim shadow of its catastrophe. Starting up in bed, at length, I saw that the storm was past, and the moon was shining on the snowy landscape, which looked like

16) **nail in Sisera's brain**: After being defeated by the Israelites in battle, Sisera, the commander of the Canaanite armies and oppressor of the Israelites took refuge in the tent of Heber's wife, Jael, who drove a tent stake into his head as he slept (Judges 4). See also Hawthorne's *The Marble Faun* (1860), chapter 5.

a lifeless copy of the world in marble.

From the bank of the distant river, which was shimmering in the moonlight, came the black shadow of the only cloud in heaven, driven swiftly by the wind, and passing over meadow and hillock —vanishing amid tufts of leafless trees, but reappearing on the hither side—until it swept across our doorstep.

How cold an Arcadia was this!

VI
COVERDALE'S SICK-CHAMBER

THE HORN sounded at day-break, as Silas Foster had forewarned us, harsh, uproarious, inexorably drawn out, and as sleep-dispelling as if this hard-hearted old yeoman had got hold of the trump of doom.

On all sides, I could hear the creaking of the bedsteads, as the brethren of Blithedale started from slumber, and thrust themselves into their habiliments, all awry, no doubt, in their haste to begin the reformation of the world. Zenobia put her head into the entry, and besought Silas Foster to cease his clamor, and to be kind enough to leave an armful of firewood and a pail of water at her chamber-door. Of the whole household — unless, indeed, it were Priscilla, for whose habits, in this particular, I cannot vouch — of all our apostolic[1] society, whose mission was to bless mankind, Hollingsworth, I apprehend, was the only one who began the enterprise with prayer. My sleeping-room being but thinly partitioned from his, the solemn murmur of his voice made its way to my ears, compelling me to be an auditor of his awful privacy with the Creator. It affected me with a deep reverence for Hollingsworth, which no familiarity then existing, or that afterwards grew more intimate between us — no, nor my subsequent perception of his own great errors — ever quite effaced.[2] It is so rare, in these times, to meet with a man of prayerful habits, (except, of course, in the pulpit,) that such an one is decidedly marked out by the light of transfiguration, shed upon him in the divine interview from which he passes into his daily life.

As for me, I lay abed, and, if I said my prayers, it was backward,[3]

---

1) apostolic: pertaining to a great moral reform.

2) no familiarity ~ quite effaced: 그 이후 한층 더 친숙해진 우리 사이의 우정도, 나중에 홀링스워스의 크나큰 실수를 알게 된 것도 [그 존경심을] 깎아 내리지는 못했다.

cursing my day as bitterly as patient Job[4] himself. The truth was, the hot-house warmth of a town-residence, and the luxurious life in which I indulged myself, had taken much of the pith[5] out of my physical system; and the wintry blast of the preceding day, together with the general chill of our airy old farm-house, had got fairly into my heart and the marrow of my bones. In this predicament, I seriously wished — selfish as it may appear — that the reformation of society had been postponed about half-a-century, or at all events, to such a date as should have put my intermeddling with it entirely out of the question.[6]

What, in the name of common-sense, had I to do with any better society than I had always lived in! It had satisfied me well enough. My pleasant bachelor-parlor, sunny and shadowy, curtained and carpeted, with the bed-chamber adjoining; my centre-table, strewn with books and periodicals; my writing-desk, with a half-finished poem in a stanza of my own contrivance; my morning lounge at the reading-room or picture gallery; my noontide walk along the cheery pavement, with the suggestive succession of human faces,[7] and the brisk throb of human life, in which I shared; my dinner at the Albion, where I had a hundred dishes at command, and could banquet as delicately as the wizard Michael Scott, when the devil fed him from the king of France's kitchen;[8] my evening

---

3) if I ~ was backward: 내가 기도를 했다면 그건 거꾸로 하는 거였다 (역효과라는 뜻).

4) Job: In an Old Testament parable, Job is a righteous man who patiently suffers the great tragedies and troubles set on him so that God might to prove to Satan that man could be deprived of all comforts and still be true to his faith.

5) pith: strength, force, or vigor.

6) to such ~ of the question: 내가 이 일에 관여하는 것이 아무런 문제가 안 될 그 날까지.

7) my noontide ~ human faces: 경쾌한 인도를 따라 걷다 아는 얼굴들을 연이어 만나는 정오의 산책.

8) the wizard ~ France's kitchen: 악마가 프랑스 왕의 주방에서 가져온 음식을 제공하는 마법사 마이클 스콧. Michael Scott(c. 1175-1235) was a medieval alchemist, astronomer, and reputed wizard who was said to entertain his dinner guests with dishes brought by spirits and devils from the courts

at the billiard-club, the concert, the theatre, or at somebody's party, if I pleased: — what could be better than all this? Was it better to hoe, to mow, to toil and moil amidst the accumulations of a barn-yard,[9] to be the chambermaid of two yoke of oxen and a dozen cows; to eat salt-beef, and earn it with the sweat of my brow, and thereby take the tough morsel out of some wretch's mouth, into whose vocation I had thrust myself? Above all, was it better to have a fever, and die blaspheming, as I was like to do?

In this wretched plight, with a furnace in my heart, and another in my head, by the heat of which I was kept constantly at the boiling point — yet shivering at the bare idea of extruding so much as a finger into the icy atmosphere of the room — I kept my bed until breakfast-time, when Hollingsworth knocked at the door, and entered.

"Well, Coverdale," cried he, "you bid fair to make an admirable farmer! Don't you mean to get up to-day?"

"Neither to-day nor tomorrow," said I, hopelessly. "I doubt if I ever rise again!"

"What is the matter now?" he asked.

I told him my piteous case, and besought him to send me back to town, in a close carriage.

"No, no!" said Hollingsworth, with kindly seriousness. "If you are really sick, we must take care of you."

Accordingly, he built a fire in my chamber, and, having little else to do while the snow lay on the ground, established himself as my nurse. A doctor was sent for, who, being homeopathic, gave me as much medicine, in the course of a fortnight's attendance, as would have lain on the point of a needle.[10] They fed me on

---

across Europe.

9) the accumulations of a barn-yard: 헛간 앞뜰의 거름더미.

10) homeopathic ~ of a needle: Homeopathic doctors prescribe minute doses of drugs that produce, in a healthy person, symptoms similar to those of the disease from which the patient suffers. as much medicine ~ as would have lain on the point of a needle: 주사바늘 위에 간신히 올려놓을 수

water-gruel,[11] and I speedily became a skeleton above ground. But, after all, I have many precious recollections connected with that fit of sickness.

Hollingsworth's more than brotherly attendance gave me inexpressible comfort. Most men — and, certainly, I could not always claim to be one of the exceptions — have a natural indifference, if not an absolutely hostile feeling, towards those whom disease, or weakness, or calamity of any kind, causes to faulter and faint amid the rude jostle of our selfish existence. The education of Christianity, it is true, the sympathy of a like experience,[12] and the example of women, may soften, and possibly, subvert, this ugly characteristic of our sex. But it is originally there, and has likewise its analogy in the practice of our brute brethren, who hunt the sick or disabled member of the herd from among them, as an enemy. It is for this reason that the stricken deer goes apart, and the sick lion grimly withdraws himself into his den. Except in love, or the attachments of kindred, or other very long and habitual affection, we really have no tenderness. But there was something of the woman moulded into the great, stalwart frame of Hollingsworth; nor was he ashamed of it, as men often are of what is best in them, nor seemed ever to know that there was such a soft place in his heart. I knew it well, however, at that time; although, afterwards, it came nigh to be forgotten. Methought there could not be two such men alive, as Hollingsworth. There never was any blaze of a fireside that warmed and cheered me, in the down-sinkings and shiverings of my spirit, so effectually as did the light out of those eyes, which lay so deep and dark under his shaggy brows.

Happy the man that has such a friend beside him, when he comes to die! And unless a friend like Hollingsworth be at hand,

---

있을 정도로 적은 분량의 약.

11) **water-gruel**: a thin cereal or porridge made chiefly with water.

12) **the sympathy of a like experience**: 비슷한 재난을 경험한 데서 나오는 동정심.

as most probably there will not, he had better make up his mind to die alone. How many men, I wonder, does one meet with in a lifetime, whom he would choose for his death-bed companions! At the crisis of my fever, I besought Hollingsworth to let nobody else enter the room, but continually to make me sensible of his own presence by a grasp of the hand, a word — a prayer, if he thought good to utter it — and that then he should be the witness how courageously I would encounter the worst. It still impresses me as almost a matter of regret, that I did not die, then, when I had tolerably made up my mind to it; for Hollingsworth would have gone with me to the hither verge of life, and have sent his friendly and hopeful accents far over on the other side, while I should be treading the unknown path. Now, were I to send for him, he would hardly come to my bedside; nor should I depart the easier, for his presence.

"You are not going to die, this time," said he, gravely smiling. "You know nothing about sickness, and think your case a great deal more desperate than it is."

"Death should take me while I am in the mood," replied I, with a little of my customary levity.

"Have you nothing to do in life," asked Hollingsworth, "that you fancy yourself so ready to leave it?"

"Nothing," answered I — "nothing, that I know of, unless to make pretty verses, and play a part, with Zenobia and the rest of the amateurs, in our pastoral. It seems but an unsubstantial sort of business, as viewed through a mist of fever. But, dear Hollingsworth, your own vocation is evidently to be a priest, and to spend your days and nights in helping your fellow-creatures to draw peaceful dying breaths."

"And by which of my qualities," inquired he, "can you suppose me fitted for this awful ministry?"

"By your tenderness," I said. "It seems to me the reflection of God's own love."

"And you call me tender!" repeated Hollingsworth, thoughtfully. "I should rather say, that the most marked trait in my character is an inflexible severity of purpose. Mortal man has no right to be so inflexible, as it is my nature and necessity to be!"

"I do not believe it," I replied.

But, in due time, I remembered what he said.

Probably, as Hollingsworth suggested, my disorder was never so serious as, in my ignorance of such matters, I was inclined to consider it. After so much tragical preparation, it was positively rather mortifying to find myself on the mending hand.

All the other members of the Community showed me kindness, according to the full measure of their capacity. Zenobia brought me my gruel, every day, made by her own hands, (not very skilfully, if the truth must be told,) and, whenever I seemed inclined to converse, would sit by my bedside, and talk with so much vivacity as to add several gratuitous throbs to my pulse. Her poor little stories and tracts never half did justice to her intellect; It was only the lack of a fitter avenue that drove her to seek development in literature.[13]She was made (among a thousand other things that she might have been) for a stump-oratress.[14] I recognized no severe culture in Zenobia; her mind was full of weeds. It startled me, sometimes, in my state of moral, as well as bodily faint-heartedness, to observe the hardihood of her philosophy; She made no scruple of oversetting all human institutions, and scattering them as with a breeze from her fan. A female reformer, in her attacks upon society, has an instinctive sense of where the life lies, and is inclined to aim directly at that spot. Especially, the relation between the sexes is naturally among the earliest to attract her notice.

Zenobia was truly a magnificent woman. The homely simplicity of her dress could not conceal, nor scarcely diminish, the queenliness of her presence. The image of her form and face should have been multiplied all over the earth. It was wronging the rest

---

13) **it was only ~ in literature**: 그녀가 문학 분야에서 발전을 모색하게 된 것은 단지 그보다 더 적합한 길이 없었기 때문이다.

14) **stump-oratress**: a woman who travels from place to place giving campaign speeches for political or other causes.

of mankind, to retain her as the spectacle of only a few. The stage would have been her proper sphere. She should have made it a point of duty, moreover, to sit endlessly to painters and sculptors, and preferably to the latter; because the cold decorum of the marble would consist with the utmost scantiness of drapery, so that the eye might chastely be gladdened with her material perfection, in its entireness. I know not well how to express, that the native glow of coloring in her cheeks, and even the flesh-warmth over her round arms, and what was visible of her full bust — in a word, her womanliness incarnated — compelled me sometimes to close my eyes, as if it were not quite the privilege of modesty to gaze at her. Illness and exhaustion, no doubt, had made me morbidly sensitive.

I noticed — and wondered how Zenobia contrived it — that she had always a new flower in her hair. And still it was a hot-house flower — an outlandish flower — a flower of the tropics, such as appeared to have sprung passionately out of a soil the very weeds of which would be fervid and spicy. Unlike as was the flower of each successive day to the preceding one, it yet so assimilated its richness to the rich beauty of the woman, that I thought it the only flower fit to be worn; so fit, indeed, that Nature had evidently created this floral gem, in a happy exuberance, for the one purpose of worthily adorning Zenobia's head. It might be, that my feverish fantasies clustered themselves about this peculiarity, and caused it to look more gorgeous and wonderful than if beheld with temperate eyes. In the height of my illness, as I well recollect, I went so far as to pronounce it preternatural.

"Zenobia is an enchantress!" whispered I once to Hollingsworth. "She is a sister of the Veiled Lady! That flower in her hair is a talisman. If you were to snatch it away, she would vanish, or be transformed into something else!"

"What does he say?" asked Zenobia.

"Nothing that has an atom of sense in it," answered Hollingsworth. "He is a little beside himself, I believe, and talks about your being a witch, and of some magical property in the flower that you wear in your hair."

"It is an idea worthy of a feverish poet," said she, laughing, rather compassionately, and taking out the flower. "I scorn to owe anything to magic. Here, Mr. Hollingsworth: — you may keep the spell, while it has any virtue in it; but I cannot promise you not to appear with a new one, tomorrow. It is the one relic of my more brilliant, my happier days!"

The most curious part of the matter was, that, long after my slight delirium had passed away — as long, indeed, as I continued to know this remarkable woman — her daily flower affected my imagination, though more slightly, yet in very much the same way. The reason must have been, that, whether intentionally on her part, or not, this favorite ornament was actually a subtile expression of Zenobia's character.

One subject, about which — very impertinently, moreover — I perplexed myself with a great many conjectures, was, whether Zenobia had ever been married. The idea, it must be understood, was unauthorized by any circumstance or suggestion that had made its way to my ears.[15] So young as I beheld her, and the freshest and rosiest woman of a thousand, there was certainly no need of imputing to her a destiny already accomplished; the probability was far greater, that her coming years had all life's richest gifts to bring. If the great event[16] of a woman's existence had been consummated, the world knew nothing of it, although the world seemed to know Zenobia well. It was a ridiculous piece of romance, undoubtedly, to imagine that this beautiful personage, wealthy as she was, and holding a position that might fairly enough be called distinguished, could have given herself away so privately, but that some whisper and suspicion, and, by degrees, a full understanding of the fact, would eventually be blown abroad. But, then, as I failed not to consider, her original home was at a distance

15) The idea ~ my ears: 그런 생각은 내가 직접 들은 어떤 상황이나 암시적인 말로 내린 결론이 아님을 알아야 한다.

16) the great event: 대사(大事)란 뜻으로 결혼을 가리킴.

of many hundred miles. Rumors might fill the social atmosphere, or might once have filled it, there, which would travel but slowly, against the wind, towards our North-eastern metropolis, and perhaps melt into thin air before reaching it.[17)]

There was not, and I distinctly repeat it, the slightest foundation in my knowledge for any surmise of the kind. But there is a species of intuition — either a spiritual lie, or the subtile recognition of a fact — which comes to us in a reduced state of the corporeal system. The soul gets the better of the body, after wasting illness, or when a vegetable diet may have mingled too much ether in the blood.[18)] Vapors then rise up to the brain, and take shapes that often image falsehood, but sometimes truth. The spheres of our companions have, at such periods, a vastly greater influence upon our own, than when robust health gives us a repellent and self-defensive energy. Zenobia's sphere, I imagine, impressed itself powerfully on mine, and transformed me, during this period of my weakness, into something like a mesmerical clairvoyant.[19)]

Then, also, as anybody could observe, the freedom of her deportment (though, to some tastes, it might commend itself as the utmost perfection of manner, in a youthful widow or a blooming matron) was not exactly maidenlike. What girl had ever laughed as Zenobia did! What girl had ever spoken in her mellow tones! Her unconstrained and inevitable manifestation, I said often to myself, was that of a woman to whom wedlock had thrown wide the gates of mystery. Yet, sometimes, I strove to be ashamed of

---

17) Rumors might fill ~ reaching it: 그 사회 안에서는 제노비아의 소문이 한창 무성하거나 아니면 한때 가득 퍼졌었는지 모르지만, 거기서부터 느린 속도로 바람을 거슬러 우리가 사는 북동쪽 도시를 향해 꾸준히 올라오다가 도착하기도 전에 대기 속으로 녹아 없어졌을 수도 있다.

18) when a vegetable ~ in the blood: 야채를 많이 먹어서 피속에 에테르의 양이 너무 많이 증가했을 때. In Hawthorne's day, meatless diets were said to generate ether in the body that made one more spiritual and ethereal, less earthly and carnal. ether: the substance believed to occupy all space and to be responsible for the production of electromagnetic radiation.

19) mesmerical clairvoyant: an individual supernaturally capable of seeing objects at a great distance or on the spiritual plane.

these conjectures. I acknowledged it as a masculine grossness — a sin of wicked interpretation, of which man is often guilty towards the other sex — thus to mistake the sweet, liberal, but womanly frankness of a noble and generous disposition. Still, it was of no avail to reason with myself, nor to upbraid myself. Pertinaciously the thought — 'Zenobia is a wife! Zenobia has lived, and loved! There is no folded petal, no latent dew-drop, in this perfectly developed rose!' — irresistibly that thought drove out all other conclusions, as often as my mind reverted to the subject.

Zenobia was conscious of my observation, though not, I presume, of the point to which it led me.

"Mr. Coverdale," said she, one day, as she saw me watching her, while she arranged my gruel on the table, "I have been exposed to a great deal of eye-shot in the few years of my mixing in the world, but never, I think, to precisely such glances as you are in the habit of favoring me with. I seem to interest you very much; and yet — or else a woman's instinct is for once deceived — I cannot reckon you as an admirer. What are you seeking to discover in me?"

"The mystery of your life," answered I, surprised into the truth by the unexpectedness of her attack. "And you will never tell me."

She bent her head towards me, and let me look into her eyes, as if challenging me to drop a plummet-line[20] down into the depths of her consciousness.

"I see nothing now," said I, closing my own eyes, "unless it be the face of a sprite, laughing at me from the bottom of a deep well."

A bachelor always feels himself defrauded, when he knows, or suspects, that any woman of his acquaintance has given herself away. Otherwise, the matter could have been no concern of mine. It was purely speculative; for I should not, under any circumstances, have fallen in love with Zenobia. The riddle made me

20) plummet-line: also plumb-line. A cord with a metal weight attached used for determining depth or perpendicularity.

so nervous, however, in my sensitive condition of mind and body, that I most ungratefully began to wish that she would let me alone. Then, too, her gruel was very wretched stuff, with almost invariably the smell of pine-smoke upon it, like the evil taste that is said to mix itself up with a witch's best concocted dainties. Why could not she have allowed one of the other women to take the gruel in charge? Whatever else might be her gifts, Nature certainly never intended Zenobia for a cook. Or, if so, she should have meddled only with the richest and spiciest dishes, and such as are to be tasted at banquets, between draughts of intoxicating wine.

VII
THE CONVALESCENT

AS SOON as my incommodities allowed me to think of past occurrences, I failed not to inquire what had become of the odd little guest, whom Hollingsworth had been the medium of introducing among us. It now appeared, that poor Priscilla had not so literally fallen out of the clouds, as we were at first inclined to suppose. A letter, which should have introduced her, had since been received from one of the city-missionaries,[1] containing a certificate of character, and an allusion to circumstances which, in the writer's judgment, made it especially desirable that she should find shelter in our Community. There was a hint, not very intelligible, implying either that Priscilla had recently escaped from some particular peril, or irksomeness of position, or else that she was still liable to this danger or difficulty, whatever it might be. We should ill have deserved the reputation of a benevolent fraternity, had we hesitated to entertain a petitioner in such need, and so strongly recommended to our kindness; not to mention, moreover, that the strange maiden had set herself diligently to work, and was doing good service with her needle. But a slight mist of uncertainty still floated about Priscilla, and kept her, as yet, from taking a very decided place among creatures of flesh and blood.

The mysterious attraction, which, from her first entrance on our scene, she evinced for Zenobia, had lost nothing of its force. I often heard her footsteps, soft and low, accompanying the light but decided tread of the latter, up the staircase, stealing along the passage-way by her new friend's side, and pausing while Zenobia entered my chamber. Occasionally, Zenobia would be a little an-

---

1) city-missionaries: a precursor of the modern-day social worker, usually a reformer attached to a private or religious organization aimed at relieving poverty and combating immorality in the increasingly crowded cities of the industrial Northeast.

noyed by Priscilla's too close attendance. In an authoritative and not very kindly tone, she would advise her to breathe the pleasant air in a walk, or to go with her work into the barn, holding out half a promise to come and sit on the hay with her, when at leisure. Evidently, Priscilla found but scanty requital for her love. Hollingsworth was likewise a great favorite with her. For several minutes together, sometimes, while my auditory nerves retained the susceptibility of delicate health, I used to hear a low, pleasant murmur ascending from the room below, and at last ascertained it to be Priscilla's voice, babbling like a little brook to Hollingsworth. She talked more largely and freely with him than with Zenobia, towards whom, indeed, her feelings seemed not so much to be confidence, as involuntary affection. I should have thought all the better of my own qualities, had Priscilla marked me out for the third place in her regards. But, though she appeared to like me tolerably well, I could never flatter myself with being distinguished by her, as Hollingsworth and Zenobia were.[2)]

One forenoon, during my convalescence, there came a gentle tap at my chamber-door. I immediately said — "Come in, Priscilla!" with an acute sense of the applicant's identity. Nor was I deceived. It was really Priscilla, a pale, large-eyed little woman, (for she had gone far enough into her teens to be, at least, on the outer limit of girlhood,) but much less wan than at my previous view of her, and far better conditioned both as to health and spirits. As I first saw her, she had reminded me of plants that one sometimes observes doing their best to vegetate among the bricks of an enclosed court, where there is scanty soil and never any sunshine. At present, though with no approach to bloom, there were indications that the girl had human blood in her veins.

Priscilla came softly to my bedside, and held out an article of snow-white linen, very carefully and smoothly ironed. She did not

---

2) though she ~ Zenobia were: 사실 난 그저 프리실라가 싫어하지는 않을 정도의 대상이였지, 홀링스워스나 제노비아처럼 각별히 나를 생각한다고 자만할 수는 없었다.

seem bashful, nor anywise embarrassed. My weakly condition, I suppose, supplied a medium in which she could approach me.

"Do not you need this?" asked she. "I have made it for you."

It was a nightcap!

"My dear Priscilla," said I, smiling, "I never had on a night-cap in my life! But perhaps it will be better for me to wear one, now that I am a miserable invalid. How admirably you have done it! No, no; I never can think of wearing such an exquisitely wrought night-cap as this, unless it be in the day-time, when I sit up to receive company."

"It is for use, not beauty," answered Priscilla. "I could have embroidered it and made it much prettier, if I pleased."

While holding up the night-cap, and admiring the fine needle-work, I perceived that Priscilla had a sealed letter which she was waiting for me to take. It had arrived from the village post-office, that morning. As I did not immediately offer to receive the letter, she drew it back, and held it against her bosom, with both hands clasped over it, in a way that had probably grown habitual to her. Now, on turning my eyes from the night-cap to Priscilla, it forcibly struck me that her air, though not her figure, and the expression of her face, but not its features, had a resemblance to what I had often seen in a friend of mine, one of the most gifted women of the age.[3] I cannot describe it. The points, easiest to convey to the reader, were, a certain curve of the shoulders, and a partial closing of the eyes, which seemed to look more penetratingly into my own eyes, through the narrowed apertures, than if they had been open at full width. It was a singular anomaly of likeness co-existing with perfect dissimilitude.

"Will you give me the letter, Priscilla?" said I.

She started, put the letter into my hand, and quite lost the look that had drawn my notice.

"Priscilla," I inquired, "did you ever see Miss Margaret Fuller

3) one of ~ the age: 당대 여성 재원 중 한 사람이란 뜻인데, 잠시 후에 밝혀지듯이 호손은 여기에서 마가렛 풀러(Margaret Fuller)를 염두에 둔 듯하다.

?"4)

"No," she answered.

"Because," said I, "you reminded me of her, just now, and it happens, strangely enough, that this very letter is from her."

Priscilla, for whatever reason, looked very much discomposed. "I wish people would not fancy such odd things in me!" she said, rather petulantly. "How could I possibly make myself resemble this lady, merely by holding her letter in my hand?"

"Certainly, Priscilla, it would puzzle me to explain it," I replied. "Nor do I suppose that the letter had anything to do with it. It was just a coincidence — nothing more."

She hastened out of the room; and this was the last that I saw of Priscilla, until I ceased to be an invalid.

Being much alone, during my recovery, I read interminably in Mr. Emerson's *Essays*,5) *the Dial*,6) Carlyle's works,7) George Sand's romances,8) (lent me by Zenobia,) and other books which one or another of the brethren or sisterhood had brought with

---

4) Miss Margaret Fuller: An important transcendentalist writer, editor, literary critic, and reformer (1810-1850) who visited Brook Farm often but was never a member of the community. The opinions expressed in her most important work, *Woman in the Nineteenth Century* (1845), would indicate that she was more likely a model for Zenobia than Priscilla, though physically Fuller tended to hunch her shoulders like Priscilla and squinted due to nearsightedness.

5) Mr. Emerson's Essays: Ralph Waldo Emerson(1803-1882), the leading proponent of Transcendentalism, discussed the basic tenets of the philosophy in his *Essays*(1841, 1844).

6) Dial: the magazine of the Transcendental Club (1840-1844), first edited by Margaret Fuller and later by Emerson.

7) Carlyle's works: Thomas Carlyle (1795-1881), a Scottish historian and writer who decried industrialism and materialism as well as established religion.

8) George Sand's romances: 조르주 상드의 로맨스. Amandine Aurore Lucile Dupin Dudevant (1804-1876), a French novelist and woman's rights advocate who wrote under the masculine pseudonym George Sand and whose works expressed rather socialistic view. Emerson's *Essays*, *The Dial*, Carlyle's works, and Sand's novels taken together represent the currents of liberal and progressive thought of the time.

them. Agreeing in little else, most of these utterances were like the cry of some solitary sentinel, whose station was on the outposts of the advance-guard of human progression; or, sometimes, the voice came sadly from among the shattered ruins of the past, but yet had a hopeful echo in the future. They were well adapted (better, at least, than any other intellectual products, the volatile essence of which had heretofore tinctured a printed page) to pilgrims like ourselves, whose present bivouac was considerably farther into the waste of chaos than any mortal army of crusaders had ever marched before. Fourier's works, also, in a series of horribly tedious volumes,[9] attracted a good deal of my attention, from the analogy which I could not but recognize between his system and our own. There was far less resemblance, it is true, than the world chose to imagine; inasmuch as the two theories differed, as widely as the zenith from the nadir, in their main principles.

I talked about Fourier to Hollingsworth, and translated, for his benefit, some of the passages that chiefly impressed me.

"When, as a consequence of human improvement," said I, "the globe shall arrive at its final perfection, the great ocean is to be converted into a particular kind of lemonade, such as was fashionable at Paris in Fourier's time. He calls it *limonade à cèdre*.[10]

---

9) Fourier's works ~ tedious volumes: 지루하기 짝이 없는 연작으로 이루어진 푸리에의 작품들. 푸리에(François Marie Charles Fourier, 1772-1837)는 당대 세계의 상황을 비판하고 세계를 개혁하기 위한 계획을 제안하는 여섯 권의 책을 출간했다. 기본적으로 푸리에는 농업적, 산업적, 사회적 욕구를 채워주고 개인들의 기본적인 감정을 충족시켜 주기 위해 개성의 형태에 따라 충분히 크고 과학적으로 구성된 협동적 편성 단위(phalanx)를 주장했다. Fourier was a French socialist and reformer who proposed a social system under which society would be divided into self-sufficient phalanxes, or associations responsible for the social welfare of the individual. In a phalanx, all labor would be divided according to ability, and roles within the community would shift according to the needs of the individuals. Each person would be rewarded based on the production of the phalanx. Brook Farm turned to Fourier's ideas during its last two years, 1845-1847. See footnote 15 of chapter 3 above.

10) limonade à cèdre: '시드르의 레몬.' 부정확하게 쓰인 것이고 정확한 불어는 *aigre de cèdre*임. In his *The Social Destiny of Man; or Theory of the*

It is positively a fact! Just imagine the city-docks filled, every day, with a flood-tide of this delectable beverage!"

"Why did not the Frenchman make punch of it, at once?" asked Hollingsworth. "The jack-tars would be delighted to go down in ships, and do business in such an element."[11)]

I further proceeded to explain, as well as I modestly could, several points of Fourier's system, illustrating them with here and there a page or two, and asking Hollingsworth's opinion as to the expediency of introducing these beautiful peculiarities into our own practice.

"Let me hear no more of it!" cried he, in utter disgust. "I never will forgive this fellow! He has committed the Unpardonable Sin! For what more monstrous iniquity could the Devil himself contrive, than to choose the selfish principle — the principle of all human wrong, the very blackness of man's heart, the portion of ourselves which we shudder at, and which it is the whole aim of spiritual discipline to eradicate — to choose it as the master-workman of his system? To seize upon and foster whatever vile, petty, sordid, filthy, bestial, and abominable corruptions have cankered into our nature, to be the efficient instruments of his infernal regeneration! And his consummated Paradise, as he pictures it, would be worthy of the agency which he counts upon for establishing it. The nauseous villain!"

"Nevertheless," remarked I, "in consideration of the promised delights of his system — so very proper, as they certainly are, to be appreciated by Fourier's countrymen — I cannot but wonder that universal France did not adopt his theory at a moment's

---

Four Movements, Fourier wrote, "*Ce fluide[un acide citrique boréal] combiné avec le sel donnera a l'eau de mer le goût d'une sorte de limonade que nous nommons aigre 'de cedre'*." (This fluid [a borealic citric acid] combined with salt will give sea-water the taste of a kind of lemonade known to us as aigre 'de cèdre' [a tart citrus drink made from the lemon-flavored fruit of the citron tree]). (*Théorie des quatre Mouvements et des Destiées Générales* [Paris, 1946], p. 45n).

11) **The jack-tars would ~ such an element**: 선원들은 배를 타고 다니면서 그걸 소재로 신나게 사업을 할 터인데. jack-tars: sailors.

warning. But is there not something very characteristic of his nation in Fourier's manner of putting forth his views? He makes no claim to inspiration. He has not persuaded himself — as Swedenborg[12] did, and as any other than a Frenchman would, with a mission of like importance to communicate — that he speaks with authority from above. He promulgates his system, so far as I can perceive, entirely on his own responsibility. He has searched out and discovered the whole counsel of the Almighty, in respect to mankind, past, present, and for exactly seventy thousand years to come, by the mere force and cunning of his individual intellect!"

"Take the book out of my sight!" said Hollingsworth, with great virulence of expression, "or, I tell you fairly, I shall fling it in the fire! And as for Fourier, let him make a Paradise, if he can, of Gehenna,[13] where, as I conscientiously believe, he is floundering at this moment!"

"And bellowing, I suppose," said I — not that I felt any ill-will towards Fourier, but merely wanted to give the finishing touch to Hollingsworth's image — "bellowing for the least drop of his beloved *limonade à cèdre*!"

There is but little profit to be expected in attempting to argue with a man who allows himself to declaim in this manner; so I dropt the subject, and never took it up again.

But had the system, at which he was so enraged, combined almost any amount of human wisdom, spiritual insight, and imaginative beauty, I question whether Hollingsworth's mind was in a fit condition to receive it. I began to discern that he had come among us, actuated by no real sympathy with our feelings and

---

12) **Swedenborg**: Emanuel Swedenborg (1688-1772), a Swedish scientist and theologian whose belief that every material object is but a form and effect of the spiritual plane influenced Transcendentalism. He abandoned his scientific career for one as a religious philosopher after a series of what he interpreted as divine revelations convinced him he was an instrument of God.

13) **Gehenna**: a place of torment (Hell); more generally the realm of death.

our hopes, but chiefly because we were estranging ourselves from the world, with which his lonely and exclusive object in life had already put him at odds. Hollingsworth must have been originally endowed with a great spirit of benevolence, deep enough, and warm enough to be the source of as much disinterested good, as Providence often allows a human being the privilege of conferring upon his fellows. This native instinct yet lived within him. I myself had profited by it, in my necessity. It was seen, too, in his treatment of Priscilla. Such casual circumstances, as were here involved, would quicken his divine power of sympathy, and make him seem, while their influence lasted, the tenderest man and the truest friend on earth. But, by-and-by, you missed the tenderness of yesterday, and grew drearily conscious that Hollingsworth had a closer friend than ever you could be. And this friend was the cold, spectral monster which he had himself conjured up, and on which he was wasting all the warmth of his heart, and of which, at last — as these men of a mighty purpose so invariably do — he had grown to be the bond-slave. It was his philanthropic theory!

This was a result exceedingly sad to contemplate, considering that it had been mainly brought about by the very ardor and exuberance of his philanthropy. Sad, indeed, but by no means unusual. He had taught his benevolence to pour its warm tide exclusively through one channel; so that there was nothing to spare for other great manifestations of love to man, nor scarcely for the nutriment of individual attachments, unless they could minister, in some way, to the terrible egotism which he mistook for an angel of God. Had Hollingsworth's education been more enlarged, he might not so inevitably have stumbled into this pit-fall. But this identical pursuit had educated him. He knew absolutely nothing, except in a single direction, where he had thought so energetically, and felt to such a depth, that, no doubt, the entire reason and justice of the universe appeared to be concentrated thitherward.

It is my private opinion, that, at this period of his life, Hollingsworth was fast going mad; and, as with other crazy people, (among whom I include humorists of every degree,) it required all the constancy of friendship to restrain his associates from pronouncing him an intolerable bore. Such prolonged fiddling upon one string; such multiform presentation of one idea! His specific object (of which he made the public more than sufficiently aware, through the medium of lectures and pamphlets) was to obtain funds for the construction of an edifice, with a sort of collegiate endowment. On this foundation, he purposed to devote himself and a few disciples to the reform and mental culture of our criminal brethren. His visionary edifice was Hollingsworth's one castle in the air;[14] it was the material type, in which his philanthropic dream strove to embody itself; and he made the scheme more definite, and caught hold of it the more strongly, and kept his clutch the more pertinaciously, by rendering it visible to the bodily eye. I have seen him, a hundred times, with a pencil and sheet of paper, sketching the facade, the side-view, or the rear of the structure, or planning the internal arrangements, as lovingly as another man might plan those of the projected home, where he meant to be happy with his wife and children. I have known him to begin a model of the building with little stones, gathered at the brookside, whither we had gone to cool ourselves in the sultry noon of haying-time. Unlike all other ghosts, his spirit haunted an edifice, which, instead of being time-worn,[15] and full of storied love, and joy, and sorrow, had never yet come into existence.

"Dear friend," said I, once, to Hollingsworth, before leaving my sick-chamber, "I heartily wish that I could make your schemes my schemes, because it would be so great a happiness to find myself treading the same path with you. But I am afraid there is not stuff in me stern enough for a philanthropist — or not in this peculiar direction — or, at all events, not solely in this. Can you bear with me, if such should prove to be the case?"

"I will, at least, wait awhile," answered Hollingsworth, gazing at me sternly and gloomily. "But how can you be my life-long

---

14) castle in the air: 공중누각.

15) instead of being time-worn: 시간의 경과에도 낡아지는 일이 없이.

friend, except you strive with me towards the great object of my life?"

Heaven forgive me! A horrible suspicion crept into my heart, and stung the very core of it as with the fangs of an adder. I wondered whether it were possible that Hollingsworth could have watched by my bedside, with all that devoted care, only for the ulterior purpose of making me a proselyte to his views!

VIII
A MODERN ARCADIA

MAY-DAY[1] — I forget whether by Zenobia's sole decree, or by the unanimous vote of our community[2] — had been declared a movable festival.[3] It was deferred until the sun should have had a reasonable time to clear away the snow-drifts, along the lee of the stone-walls, and bring out a few of the readiest wild-flowers. On the forenoon of the substituted day, after admitting some of the balmy air into my chamber, I decided that it was nonsense and effeminacy to keep myself a prisoner any longer. So I descended to the sitting-room, and finding nobody there, proceeded to the barn, whence I had already heard Zenobia's voice, and along with it a girlish laugh, which was not so certainly recognizable. Arriving at the spot, it a little surprised me to discover that these merry outbreaks came from Priscilla.

The two had been a-maying together. They had found anemones in abundance, houstonias[4] by the handful, some columbines, a few long-stalked violets, and a quantity of white everlasting-flowers, and had filled up their basket with the delicate spray of shrubs and trees. None were prettier than the maple-twigs, the leaf of which looks like a scarlet-bud, in May, and like a plate of vegetable gold in October. Zenobia — who showed no conscience in such matters — had also rifled a cherry-tree of one of its blossomed boughs; and, with all this variety of sylvan ornament, had been decking out Priscilla. Being done with a good deal of

---

1) May-day: First day of the month. The celebration marking the beginning of spring, from the pagan festival for Maia, mother of Mercury. The festival is characterized by dancing around a Maypole, the gathering of flowers, and the crowning of a May queen.

2) whether by Zenobia's ~ of our Community: 제노비아 혼자서 결정한 것인지 아니면 공동체 전원의 의견이 일치한 것인지.

3) movable festival: 해마다 날짜가 고정되지 않고 바뀌는 이동축제일.

4) houstonias: North American herb with blue, lilac, or white flowers.

taste, it made her look more charming than I should have thought possible, with my recollection of the wan, frost-nipt girl, as heretofore described. Nevertheless, among those fragrant blossoms, and conspicuously, too, had been stuck a weed of evil odor and ugly aspect, which, as soon as I detected it, destroyed the effect of all the rest. There was a gleam of latent mischief — not to call it deviltry — in Zenobia's eye, which seemed to indicate a slightly malicious purpose in the arrangement.

As for herself, she scorned the rural buds and leaflets, and wore nothing but her invariable flower of the tropics.

"What do you think of Priscilla now, Mr. Coverdale?" asked she, surveying her as a child does its doll. "Is not she worth a verse or two?"

"There is only one thing amiss," answered I.

Zenobia laughed, and flung the malignant weed away.

"Yes; she deserves some verses now," said I, "and from a better poet than myself. She is the very picture of the New England spring, subdued in tint, and rather cool, but with a capacity of sunshine, and bringing us a few alpine blossoms, as earnest of something richer, though hardly more beautiful, hereafter. The best type of her is one of those anemones."

"What I find most singular in Priscilla, as her health improves," observed Zenobia, "is her wildness. Such a quiet little body as she seemed, one would not have expected that! Why, as we strolled the woods together, I could hardly keep her from scrambling up the trees like a squirrel! She has never before known what it is to live in the free air, and so it intoxicates her as if she were sipping wine. And she thinks it such a paradise here, and all of us, particularly Mr. Hollingsworth and myself, such angels! It is quite ridiculous, and provokes one's malice, almost, to see a creature so happy — especially a feminine creature."

"They are always happier than male creatures," said I.

"You must correct that opinion, Mr. Coverdale," replied Zenobia, contemptuously, "or I shall think you lack the poetic insight. Did you ever see a happy woman in your life? Of course,

I do not mean a girl — like Priscilla, and a thousand others, for they are all alike, while on the sunny side of experience — but a grown woman. How can she be happy, after discovering that fate has assigned her but one single event,[5]which she must contrive to make the substance of her whole life? A man has his choice of innumerable events."

"A woman, I suppose," answered I, "by constant repetition of her one event, may compensate for the lack of variety."

"Indeed!" said Zenobia.

While we were talking, Priscilla caught sight of Hollingsworth, at a distance, in a blue frock,[6] and with a hoe over his shoulder, returning from the field. She immediately set out to meet him, running and skipping, with spirits as light as the breeze of the May-morning, but with limbs too little exercised to be quite responsive; she clapt her hands, too, with great exuberance of gesture, as is the custom of young girls, when their electricity overcharges them. But, all at once, midway to Hollingsworth, she paused, looked round about her, towards the river, the road, the woods, and back towards us, appearing to listen, as if she heard some one calling her name, and knew not precisely in what direction.

"Have you bewitched her?" I exclaimed.

"It is no sorcery of mine," said Zenobia. "But I have seen the girl do that identical thing, once or twice before. Can you imagine what is the matter with her?"

"No; unless," said I, "she has the gift of hearing those 'airy tongues that syllable men's names' — which Milton tells about."[7]

---

5) fate has assigned her but one single event: 운명은 그런 여성에게 딱 한번밖에 기회를 주지 않는다.

6) blue frock: the coarse outer shirt or smock of a workman.

7) those "airy tongues ~" — which Milton tells about: 밀턴이 말하듯, "분명하게 사람의 이름을 부르는 환상적인 말." In John Milton's *Comus* (1634), a Lady withstands the temptations of Comus, the Roman god of drinking and revelry, by the power of her virtue. The "airy tongues" she hears are those of Comus's crew, busy merrymaking (I.207). Note the reference

From whatever cause, Priscilla's animation seemed entirely to have deserted her. She seated herself on a rock, and remained there until Hollingsworth came up; and when he took her hand and led her back to us, she rather resembled my original image of the wan and spiritless Priscilla, than the flowery May Queen of a few moments ago. These sudden transformations, only to be accounted for by an extreme nervous susceptibility, always continued to characterize the girl, though with diminished frequency, as her health progressively grew more robust.

I was now on my legs again. My fit of illness had been an avenue between two existences; the low-arched and darksome doorway, through which I crept out of a life of old conventionalisms, on my hands and knees, as it were, and gained admittance into the freer region that lay beyond. In this respect, it was like death. And, as with death, too, it was good to have gone through it. No otherwise could I have rid myself of a thousand follies, fripperies, prejudices, habits, and other such worldly dust as inevitably settles upon the crowd along the broad highway, giving them all one sordid aspect, before noontime, however freshly they may have begun their pilgrimage, in the dewy morning. The very substance upon my bones had not been fit to live with, in any better, truer, or more energetic mode than that to which I was accustomed. So it was taken off me and flung aside, like any other worn out or unseasonable garment; and, after shivering a little while in my skeleton, I began to be clothed anew, and much more satisfactorily than in my previous suit. In literal and physical truth, I was quite another man. I had a lively sense of the exultation with which the spirit will enter on the next stage of its eternal progress, after leaving the heavy burden of its mortality in an early grave, with as little concern for what may become of it, as now affected me for the flesh which I had lost.[8)]

---

to "the crew of Comus" in Hawthorne's "The May-Pole of Merry Mount." See also *The House of the Seven Gables*, chapter 18.

8) I was now on my legs again ~ I had lost: This paragraph echoes John

Emerging into the genial sunshine, I half fancied that the labors of the brotherhood had already realized some of Fourier's predictions. Their enlightened culture of the soil, and the virtues with which they sanctified their life, had begun to produce an effect upon the material world and its climate. In my new enthusiasm, man looked strong and stately! — and woman, oh, how beautiful! — and the earth, a green garden, blossoming with many-colored delights. Thus Nature, whose laws I had broken in various artificial ways, comported herself towards me as a strict, but loving mother, who uses the rod upon her little boy for his naughtiness, and then gives him a smile, a kiss, and some pretty playthings, to console the urchin for her severity.

In the interval of my seclusion, there had been a number of recruits to our little army of saints and martyrs. They were mostly individuals who had gone through such an experience as to disgust them with ordinary pursuits, but who were not yet so old, nor had suffered so deeply, as to lose their faith in the better time to come. On comparing their minds, one with another, they often discovered that this idea of a Community had been growing up, in silent and unknown sympathy, for years. Thoughtful, strongly-lined faces were among them, sombre brows, but eyes that did not require spectacles, unless prematurely dimmed by the student's lamplight, and hair that seldom showed a thread of silver. Age, wedded to the past, incrusted over with a stony layer of habits, and retaining nothing fluid in its possibilities, would have been absurdly out of place in an enterprise like this. Youth, too, in its early dawn, was hardly more adapted to our purpose; for it would behold the morning radiance of its own spirit beaming over the very same spots of withered grass and barren sand whence most of us had seen it vanish. We had very young people with us, it is true — downy lads, rosy girls in their first teens, and children

---

Bunyan's *Pilgrim's Progress* (1678) in its vocabulary and in its use of clothing and loss-of-mortality images. See Robert Stanton, "Hawthorne, Bunyan, and the American Romances," *PMLA*, 71 [1956], 155-65).

of all heights above one's knee; — but these had chiefly been sent hither for education, which it was one of the objects and methods of our institution to supply. Then we had boarders, from town and elsewhere, who lived with us in a familiar way, sympathized more or less in our theories, and sometimes shared in our labors.

On the whole, it was a society such as has seldom met together; nor, perhaps, could it reasonably be expected to hold together long. Persons of marked individuality — crooked sticks, as some of us might be called — are not exactly the easiest to bind up into a faggot.[9] But, so long as our union should subsist, a man of intellect and feeling, with a free nature in him, might have sought far and near, without finding so many points of attraction as would allure him hitherward. We were of all creeds and opinions, and generally tolerant of all, on every imaginable subject. Our bond, it seems to me, was not affirmative, but negative. We had individually found one thing or another to quarrel with, in our past life, and were pretty well agreed as to the inexpediency of lumbering along with the old system any further. As to what should be substituted, there was much less unanimity. We did not greatly care — at least, I never did — for the written constitution under which our millennium had commenced. My hope was, that, between theory and practice, a true and available mode of life might be struck out, and that, even should we ultimately fail, the months or years spent in the trial would not have been wasted, either as regarded passing enjoyment, or the experience which makes men wise.

Arcadians though we were, our costume bore no resemblance to the be-ribboned doublets, silk breeches and stockings, and slippers fastened with artificial roses, that distinguish the pastoral people of poetry and the stage. In outward show, I humbly conceive, we looked rather like a gang of beggars, or banditti,[10] than either a company of honest laboring men or a conclave of philosophers. Whatever might be our points of difference, we all of us seemed

---

9) **faggot**: a bundle of sticks or branches, usually meant for fuel.
10) **banditti**: bandits or robbers.

to have come to Blithedale with the one thrifty and laudable idea of wearing out our old clothes. Such garments as had an airing, whenever we strode afield! Coats with high collars, and with no collars, broad-skirted or swallow-tailed, and with the waist at every point between the hip and armpit; pantaloons of a dozen successive epochs, and greatly defaced at the knees by the humiliations of the wearer before his lady-love; — in short, we were a living epitome of defunct fashions, and the very raggedest presentment of men who had seen better days. It was gentility in tatters. Often retaining a scholarlike or clerical air, you might have taken us for the denizens of Grub Street,[11] intent on getting a comfortable livelihood by agricultural labor; or Coleridge's projected Pantisocracy[12] in full experiment; or Candide and his motley associates, at work in their cabbage-garden;[13] or anything else that was miserably out at elbows, and most clumsily patched in the rear. We might have been sworn comrades to Falstaff's ragged regiment.[14] Little skill as we boasted in other points of husbandry, every mother's son of us would have served admirably to stick up for a scarecrow. And the worst of the matter was, that the first energetic movement, essential to one downright stroke of real labor, was sure to put a finish to these poor habiliments. So we gradually flung them all aside, and took to honest homespun and

---

11) **denizens of Grub-street**: literary hacks or minor writers who famously inhabited London's Grub-street in great number.

12) **Coleridge's projected Pantisocracy**: a utopian community in which all are equal and all rule, designed by British poets Samuel Taylor Coleridge (1772-1834) and Robert Southy (1774-1843), who intended to establish such a community along the Susquehanna River in Pennsylvania. The term derives from Greek word meaning "all to rule equally."

13) **Candide ~ cabbage-garden**: In Voltaire's *Candide* (1759), after traveling about the world and experiencing all its troubles and evils, the main characters finally settle on their own isolated small farm where they cultivate their garden.

14) **Falstaff's ragged regiment**: In Shakespeare's *Henry IV, Part I*, Falstaff, charged with impressing soldiers for the King's army, enriches his pockets by taking bribes, thereby recruiting only the dregs of society — "ragged" and "tattered" men with hardly a shirt among them (IV.ii.11-49).

linsey-woolsey,[15] as preferable, on the whole, to the plan recommended, I think, by Virgil — *'Ara nudus; sere nudus,'*[16] — which, as Silas Foster remarked when I translated the maxim, would be apt to astonish the women-folks.

After a reasonable training, the yeoman-life throve well with us. Our faces took the sunburn kindly; our chests gained in compass, and our shoulders in breadth and squareness; our great brown fists looked as if they had never been capable of kid gloves. The plough, the hoe, the scythe, and the hayfork grew familiar to our grasp. The oxen responded to our voices. We could do almost as fair a day's work as Silas Foster himself, sleep dreamlessly after it, and awake at daybreak with only a little stiffness of the joints, which was usually quite gone by breakfast-time.

To be sure, our next neighbors pretended to be incredulous as to our real proficiency in the business which we had taken in hand. They told slanderous fables about our inability to yoke our own oxen, or to drive them afield, when yoked, or to release the poor brutes from their conjugal bond at nightfall. They had the face to say, too, that the cows laughed at our awkwardness at milking-time, and invariably kicked over the pails; partly in consequence of our putting the stool on the wrong side, and partly because, taking offence at the whisking of their tails, we were in the habit of holding these natural flyflappers with one hand, and milking with the other. They further averred, that we hoed up whole acres of Indian corn and other crops, and drew the earth carefully about the weeds; and that we raised five hundred tufts of burdock,[17] mistaking them for cabbages; and that by dint of unskilful planting, few of our seeds ever came up at all, or if they did come up, it was stern foremos, and that we spent the better part of the month of June in reversing a field of beans, which

---

15) linsey-woolsey: a rough, coarse-woven fabric of linen and wool.

16) "Ara nudus; sere nudus": "Strip to plow, strip to sow," from Virgil's Georgics(37-30), trans. L.P. Wilkinson(New York: Penguin, 1982), I: 299.

17) burdock: a coarse weed with prickly burrs.

had thrust themselves out of the ground in this unseemly way. They quoted it as nothing more than an ordinary occurrence for one or other of us to crop off two or three fingers, of a morning, by our clumsy use of the hay-cutter. Finally, and as an ultimate catastrophe, these mendacious rogues circulated a report that we Communitarians[18] were exterminated, to the last man, by severing ourselves asunder with the sweep of our own scythes! — and that the world had lost nothing by this little accident.

But this was pure envy and malice on the part of the neighboring farmers. The peril of our new way of life was not lest we should fail in becoming practical agriculturists, but that we should probably cease to be anything else. While our enterprise lay all in theory, we had pleased ourselves with delectable visions of the spiritualization of labor. It was to be our form of prayer, and ceremonial of worship. Each stroke of the hoe was to uncover some aromatic root of wisdom, heretofore hidden from the sun. Pausing in the field, to let the wind exhale the moisture from our foreheads, we were to look upward, and catch glimpses into the far-off soul of truth. In this point of view, matters did not turn out quite so well as we anticipated. It is very true, that, sometimes, gazing casually around me, out of the midst of my toil, I used to discern a richer picturesqueness in the visible scene of earth and sky. There was, at such moments, a novelty, an unwonted aspect on the face of Nature, as if she had been taken by surprise and seen at unawares, with no opportunity to put off her real look, and assume the mask with which she mysteriously hides herself from mortals. But this was all. The clods of earth, which we so constantly belabored and turned over and over, were never etherealized into thought. Our thoughts, on the contrary, were fast becoming cloddish. Our labor symbolized nothing, and left us mentally sluggish in the dusk of the evening. Intellectual activity is incompatible with any large amount of bodily exercise. The yeoman and the scholar — the yeoman and the man of finest moral culture, though not the man

---

18) Communitarians: members of a small cooperative community.

of sturdiest sense and integrity — are two distinct individuals, and can never be melted or welded into one substance.

Zenobia soon saw this truth, and gibed me about it, one evening, as Hollingsworth and I lay on the grass, after a hard day's work.

"I am afraid you did not make a song, today, while loading the hay-cart," said she, "as Burns[19] did, when he was reaping barley."

"Burns never made a song in haying-time," I answered, very positively. "He was no poet while a farmer, and no farmer while a poet."

"And, on the whole, which of the two characters do you like best?" asked Zenobia. "For I have an idea that you cannot combine them, any better than Burns did. Ah, I see, in my mind's eye, what sort of an individual you are to be, two or three years hence! Grim Silas Foster is your prototype, with his palm of sole-leather, and his joints of rusty iron.(which, all through summer, keep the stiffness of what he calls his winter's rheumatize,) and his brain of — I don't know what his brain is made of, unless it be a Savoy cabbag;[20] but yours may be cauliflower, as a rather more delicate variety. Your physical man will be transmuted into salt-beef and fried pork, at the rate, I should imagine, of a pound and a half a day; that being about the average which we find necessary in the kitchen. You will make your toilet for the day (still like this delightful Silas Foster) by rinsing your fingers and the front part of your face in a little tin-pan of water, at the door-step, and teasing your hair with a wooden pocket-comb, before a seven-by-nine-inch looking-glass. Your only pastime will be, to smoke some very vile tobacco in the black stump of a pipe!"

"Pray spare me!" cried I. "But the pipe is not Silas's only mode of solacing himself with the weed."

---

19) Burns: The Scottish poet Robert Burns (1759-1796) was born of peasant stock and worked as a farmer for much of his life, a fact both he and his public liked to emphasize.

20) Savoy cabbage: a form of cabbage or spinach with wrinkled leaves, grown for winter use and named for the Savoy region of France.

"Your literature," continued Zenobia, apparently delighted with her description, "will be the 'Farmer's Almanac;[21] for, I observe, our friend Foster never gets so far as the newspaper. When you happen to sit down, at odd moments, you will fall asleep, and make nasal proclamation of the fact, as he does; and invariably you must be jogged out of a nap, after supper, by the future Mrs. Coverdale, and persuaded to go regularly to bed. And on Sundays; when you put on a blue coat with brass buttons, you will think of nothing else to do, but to go and lounge over the stone-walls and rail-fences, and stare at the corn growing. And you will look with a knowing eye at oxen, and will have a tendency to clamber over into pig-sties, and feel of the hogs, and give a guess how much they will weigh, after you shall have stuck and dressed them. Already, I have noticed, you begin to speak through your nose, and with a drawl. Pray, if you really did make any poetry to-day, let us hear it in that kind of utterance!"

"Coverdale has given up making verses, now," said Hollingsworth, who never had the slightest appreciation of my poetry. "Just think of him penning a sonnet, with a fist like that! There is at least this good in a life of toil, that it takes the nonsense and fancy-work out of a man, and leaves nothing but what truly belongs to him. If a farmer can make poetry at the plough-tail, it must be because his nature insists on it; and if that be the case, let him make it, in Heaven's name!"

"And how is it with you?" asked Zenobia, in a different voice; for she never laughed at Hollingsworth, as she often did at me. "You, I think, cannot have ceased to live a life of thought and feeling."

"I have always been in earnest," answered Hollingsworth. "I have hammered thought out of iron, after heating the iron in my heart! It matters little what my outward toil may be. Were I a

---

21) Farmer's Almanac: an almanac containing weather predictions, planting schedules, astronomical tables, recipes, anecdotes, etc., begun in Massachusetts in 1793 by Robert Bailey Thomas and still published today.

slave at the bottom of a mine, I should keep the same purpose —the same faith in its ultimate accomplishment—that I do now. Miles Coverdale is not in earnest, either as a poet or a laborer."

"You give me hard measure, Hollingsworth," said I, a little hurt. "I have kept pace with you in the field; and my bones feel as if I had been in earnest, whatever may be the case with my brain!"

"I cannot conceive," observed Zenobia, with great emphasis— and, no doubt, she spoke fairly the feeling of the moment—"I cannot conceive of being, so continually as Mr. Coverdale is, within the sphere of a strong and noble nature, without being strengthened and ennobled by its influence!"

This amiable remark of the fair Zenobia confirmed me in what I had already begun to suspect—that Hollingsworth, like many other illustrious prophets, reformers, and philanthropists, was likely to make at least two proselytes, among the women, to one among the men. Zenobia and Priscilla! These, I believe, (unless my unworthy self might be reckoned for a third,) were the only disciples of his mission; and I spent a great deal of time, uselessly, in trying to conjecture what Hollingsworth meant to do with them—and they with him!

IX
HOLLINGSWORTH, ZENOBIA, PRISCILLA

IT IS not, I apprehend, a healthy kind of mental occupation, to devote ourselves too exclusively to the study of individual men and women. If the person under examination be one's self, the result is pretty certain to be diseased action of the heart, almost before we can snatch a second glance. Or, if we take the freedom to put a friend under our microscope, we thereby insulate him from many of his true relations, magnify his peculiarities, inevitably tear him into parts, and, of course, patch him very clumsily together again. What wonder, then, should we be frightened by the aspect of a monster, which, after all — though we can point to every feature of his deformity in the real personage — may be said to have been created mainly by ourselves!

Thus, as my conscience has often whispered me, I did Hollingsworth a great wrong by prying into his character, and am perhaps doing him as great a one, at this moment, by putting faith in the discoveries which I seemed to make. But I could not help it. Had I loved him less, I might have used him better. He — and Zenobia and Priscilla, both for their own sakes and as connected with him — were separated from the rest of the Community, to my imagination, and stood forth as the indices of a problem which it was my business to solve. Other associates had a portion of my time; other matters amused me; passing occurrences carried me along with them, while they lasted. But here was the vortex of my meditations around which they revolved, and whitherward they too continually tended. In the midst of cheerful society, I had often a feeling of loneliness.[1] For it was impossible not to be sensible, that, while these three characters

1) In the midst ~ of loneliness: 유쾌한 공동체 한 가운데서 나는 자주 고독을 느꼈다. 이 말은 오늘날 유행하는 문구인 '군중 속의 고독'과 마찬가지로 역설적 표현임.

figured so largely on my private theatre, I — though probably reckoned as a friend by all — was at best but a secondary or tertiary personage with either of them.[2)]

I loved Hollingsworth, as has already been enough expressed. But it impressed me, more and more, that there was a stern and dreadful peculiarity in this man, such as could not prove otherwise than pernicious to the happiness of those who should be drawn into too intimate a connection with him. He was not altogether human. There was something else in Hollingsworth, besides flesh and blood, and sympathies and affections, and celestial spirit.

This is always true of those men who have surrendered themselves to an over-ruling purpose. It does not so much impel them from without, nor even operate as a motive power within, but grows incorporate with all that they think and feel, and finally converts them into little else save that one principle. When such begins to be the predicament, it is not cowardice, but wisdom, to avoid these victims. They have no heart, no sympathy, no reason, no conscience. They will keep no friend, unless he make himself the mirror of their purpose; they will smite and slay you, and trample your dead corpse under foot, all the more readily, if you take the first step with them, and cannot take the second, and the third, and every other step of their terribly strait path. They have an idol, to which they consecrate themselves high-priest, and deem it holy work to offer sacrifices of whatever is most precious, and never once seem to suspect — so cunning has the Devil been with them — that this false deity, in whose iron features, immitigable to all the rest of mankind, they see only benignity and love, is but a spectrum of the very priest himself, projected upon the surrounding darkness. And the higher and purer the original object, and the more unselfishly it may have been taken up, the slighter

---

2) while these three ~ either of them: 이들 세 사람이 나의 사적인 극장에서 아주 큰 역할을 하는 동안 모두의 친구라고 간주되는 나는 기껏해야 그들에게 두 번째 혹은 세 번째 인물에 불과했기 때문이다. 커버데일은 블라이드데일 사건을 자신이 연출가가 되어서 만들어내는 일종의 연극으로 간주하고 있음.

is the probability that they can be led to recognize the process, by which godlike benevolence has been debased into all-devouring egotism.

Of course, I am perfectly aware that the above statement is exaggerated, in the attempt to make it adequate. Professed philanthropists have gone far; but no originally good man, I presume, ever went quite so far as this. Let the reader abate whatever he deems fit. The paragraph may remain, however, both for its truth and its exaggeration, as strongly expressive of the tendencies which were really operative in Hollingsworth, and as exemplifying the kind of error into which my mode of observation was calculated to lead me. The issue was, that, in solitude, I often shuddered at my friend. In my recollection of his dark and impressive countenance, the features grew more sternly prominent than the reality, duskier in their depth and shadow, and more lurid in their light; the frown, that had merely flitted across his brow, seemed to have contorted it with an adamantine wrinkle. On meeting him again, I was often filled with remorse, when his deep eyes beamed kindly upon me, as with the glow of a household fire that was burning in a cave. — "He is a man, after all!" thought I — "his Maker's own truest image, a philanthropic man! — not that steel engine of the Devil's contrivance, a philanthropist!" — But, in my wood-walks, and in my silent chamber, the dark face frowned at me again.

When a young girl comes within the sphere of such a man, she is as perilously situated as the maiden whom, in the old classical myths, the people used to expose to a dragon. If I had any duty whatever, in reference to Hollingsworth, it was to endeavor to save Priscilla from that kind of personal worship which her sex is generally prone to lavish upon saints and heroes. It often requires but one smile, out of the hero's eyes into the girl's or woman's heart, to transform this devotion, from a sentiment of the highest approval and confidence, into passionate love. Now, Hollingsworth smiled much upon Priscilla; more than upon any other person. If she thought him beautiful, it was no wonder. I often thought him so, with the expression of tender, human care and gentlest sympathy, which she alone seemed to have power to call out upon his features. Zenobia, I suspect, would have given her eyes, bright as they were, for such a look; it was the least that our poor Priscilla could do, to give her heart for a great many of them. There was the more danger of this, inasmuch as the footing, on which we all associated at Blithedale, was widely different from that of conventional society. While inclining us to the soft affections of the Golden Age,[3] it seemed to authorize any individual, of either sex, to fall in love with any other, regardless of what would elsewhere be judged suitable and prudent. Accordingly, the tender passion was very rife among us, in various degrees of mildness or virulence, but mostly passing away with the state of things that had given it origin. This was all well enough; but, for a girl like Priscilla, and a woman like Zenobia, to jostle one another in their love of a man like Hollingsworth, was likely to be no child's play.

Had I been as cold-hearted as I sometimes thought myself, nothing would have interested me more than to witness the play of passions that must thus have been evolved. But, in honest truth, I would really have gone far to save Priscilla, at least, from the catastrophe in which such a drama would be apt to terminate.

Priscilla had now grown to be a very pretty girl, and still kept budding and blossoming, and daily putting on some new charm, which you no sooner became sensible of, than you thought it worth all that she had previously possessed. So unformed, vague, and without substance, as she had come to us, it seemed as if we could see Nature shaping out a woman before our very eyes, and yet

---

3) Golden Age: According to classical mythology, an idyllic state of nature that existed when men (women had not yet been created) alone lived on earth in complete harmony and ease, with no labor or discord to disturb their peace with one another and nature. Also used to describe the ideal state of perfection that mankind would eventually achieve. See Hesiod, Works and Days; Virgil, Eclogue 4; Ovid, Metamorphoses 1:89-150. See also Harry Levin, *The Myth of the Golden Age in the Renaissance* (Bloomington: Indiana UP, 1969).

had only a more reverential sense of the mystery of a woman's soul and frame. Yesterday, her cheek was pale; to-day, it had a bloom. Priscilla's smile, like a baby's first one, was a wondrous novelty. Her imperfections and short-comings affected me with a kind of playful pathos, which was as absolutely bewitching a sensation as ever I experienced. After she had been a month or two at Blithedale, her animal spirits waxed high, and kept her pretty constantly in a state of bubble and ferment, impelling her to far more bodily activity than she had yet strength to endure. She was very fond of playing with the other girls, out-of-doors. There is hardly another sight in the world so pretty, as that of a company of young girls, almost women grown, at play, and so giving themselves up to their airy impulse that their tiptoes barely touch the ground.

Girls are incomparably wilder and more effervescent than boys, more untameable, and regardless of rule and limit, with an ever-shifting variety, breaking continually into new modes of fun, yet with a harmonious propriety through all. Their steps, their voices, appear free as the wind, but keep consonance with a strain of music, inaudible to us. Young men and boys, on the other hand, play according to recognized law, old, traditionary games, permitting no capriolesᅟ[4] of fancy, but with scope enough for the outbreak of savage instincts. For, young or old, in play or in earnest, man is prone to be a brute.

Especially is it delightful to see a vigorous young girl run a race, with her head thrown back, her limbs moving more friskily than they need,[5] and an air between that of a bird and a young colt.[6] But Priscilla's peculiar charm, in a foot-race, was the weakness and irregularity with which she ran. Growing up without exercise, except to her poor little fingers, she had never yet acquired the

4) caprioles: literally, a vertical leap with a backward kick of the legs; leap or flight.

5) her limbs ~ they need: 팔다리는 필요 이상으로 활발하게 움직이면서.

6) an air ~ young colt: 마치 우아한 새와 거친 망아지를 합친 모습으로. 맨 앞에 'with'를 넣어서 생각할 것.

perfect use of her legs. Setting buoyantly forth, therefore, as if no rival less swift than Atalanta[7] could compete with her, she ran falteringly, and often tumbled on the grass. Such an incident — though it seems too slight to think of — was a thing to laugh at, but which brought the water into one's eyes, and lingered in the memory after far greater joys and sorrows were wept out of it, as antiquated trash. Priscilla's life, as I beheld it, was full of trifles that affected me in just this way.

When she had come to be quite at home among us, I used to fancy that Priscilla played more pranks, and perpetrated more mischief, than any other girl in the Community. For example, I once heard Silas Foster, in a very gruff voice, threatening to rivet three horse-shoes round Priscilla's neck and chain her to a post, because she, with some other young people, had clambered upon a load of hay and caused it to slide off the cart. How she made her peace, I never knew; but very soon afterwards, I saw old Silas, with his brawny hands round Priscilla's waist, swinging her to-and-fro and finally depositing her on one of the oxen, to take her first lessons in riding. She met with terrible mishaps in her efforts to milk a cow; she let the poultry into the garden; she generally spoilt whatever part of the dinner she took in charge; she broke crockery; she dropt our biggest water pitcher into the well; and — except with her needle, and those little wooden instruments for purse-making — was as unserviceable a member of society as any young lady in the land. There was no other sort of efficiency about her. Yet everybody was kind to Priscilla; everybody loved her, and laughed at her, to her face, and did not laugh, behind her back; everybody would have given her half of his last crust, or the bigger share of his plum-cake. These were pretty certain indications that we were all conscious of a pleasant weakness in the girl, and considered her not quite able to look after her own interests, or fight

---

7) Atalanta: In Greek legend, the beautiful maiden who defeats all of her suitors in races, until Melanion slows her by dropping three golden apples in her path and thus wins her as his wife. See Ovid, *Metamorphoses*, 10:560-704.

her battle with the world. And Hollingsworth — perhaps because he had been the means of introducing Priscilla to her new abode — appeared to recognize her as his own especial charge.

Her simple, careless, childish flow of spirits often made me sad. She seemed to me like a butterfly, at play in a flickering bit of sunshine, and mistaking it for a broad and eternal summer. We sometimes hold mirth to a stricter accountability than sorrow; it must show good cause, or the echo of its laughter comes back drearily. Priscilla's gaiety, moreover, was of a nature that showed me how delicate an instrument she was, and what fragile harp-strings were her nerves. As they made sweet music at the airiest touch, it would require but a stronger one to burst them all asunder. Absurd as it might be, I tried to reason with her, and persuade her not to be so joyous, thinking that, if she would draw less lavishly upon her fund of happiness, it would last the longer. I remember doing so, one summer evening, when we tired laborers sat looking on, like Goldsmith's old folks under the village thorn-tree,[8] while the young people were at their sports.

"What is the use or sense of being so very gay?" I said to Priscilla, while she was taking breath after a great frolic. "I love to see a sufficient cause for everything; and I can see none for this. Pray tell me, now, what kind of a world you imagine this to be, which you are so merry in?"

"I never think about it at all," answered Priscilla, laughing. "But this I am sure of — that it is a world where everybody is kind to me, and where I love everybody. My heart keeps dancing within me; and all the foolish things, which you see me do, are only the motions of my heart. How can I be dismal, if my heart will not let me?"

---

8) Goldsmith's ~ thorn-tree: Oliver Goldsmith's poem "The Deserted Village" (1770) mourns the demise of an idealized rural life in Britain due to the practice of consolidating small farms into larger farms or private parks. Hawthorne substitutes "thorn-tree" for the "hawthorn bush, with seats beneath the shade / For talking age and whispering lovers made" in the poem (11. 13-14).

"Have you nothing dismal to remember?" I suggested. "If not, then, indeed, you are very fortunate!"

"Ah!" said Priscilla, slowly.

And then came that unintelligible gesture, when she seemed to be listening to a distant voice.

"For my part" I continued, beneficently seeking to overshadow her with my own sombre humor, "my past life has been a tiresome one enough; yet I would rather look backward ten times, than forward once. For, little as we know of our life to come, we may be very sure, for one thing, that the good we aim at will not be attained. People never do get just the good they seek. If it come at all, it is something else, which they never dreamed of, and did not particularly want. Then, again, we may rest certain that our friends of to-day will not be our friends of a few years hence; but, if we keep one of them, it will be at the expense of the others —and, most probably, we shall keep none. To be sure, there are more to be had! But who cares about making a new set of friends, even should they be better than those around us?"

"Not I!" said Priscilla. "I will live and die with these!"

"Well; but let the future go!" resumed I. "As for the present moment, if we could look into the hearts where we wish to be most valued, what should you expect to see? One's own likeness, in the innermost, holiest niche? Ah, I don't know! It may not be there at all. It may be a dusty image, thrust aside into a corner, and by-and-by to be flung out-of-doors, where any foot may trample upon it. If not to-day, then tomorrow! And so, Priscilla, I do not see much wisdom in being so very merry in this kind of a world."

It had taken me nearly seven years of worldly life, to hive up the bitter honey[9] which I here offered to Priscilla. And she rejected it!

"I don't believe one word of what you say!" she replied, laughing

---

9) bitter honey: 역설적이고 모순형용적인 표현(oxymoron)으로 많은 비평가들이 관심을 표명해온 구절임.

anew. "You made me sad, for a minute, by talking about the past. But the past never comes back again. Do we dream the same dream twice?[10] There is nothing else that I am afraid of."

So away she ran, and fell down on the green grass, as it was often her luck to do, but got up again without any harm.

"Priscilla, Priscilla!" cried Hollingsworth, who was sitting on the door-step. "you had better not run any more to-night. You will weary yourself too much. And do not sit down out of doors; for there is a heavy dew beginning to fall."

At his first word, she went and sat down under the porch, at Hollingsworth's feet, entirely contented and happy. What charm was there, in his rude massiveness, that so attracted and soothed this shadowlike girl? It appeared to me — who have always been curious in such matters — that Priscilla's vague and seemingly causeless flow of felicitous feeling was that with which love blesses inexperienced hearts, before they begin to suspect what is going on within them. It transports them to the seventh heaven;[11] and if you ask what brought them thither, they neither can tell nor care to learn, but cherish an ecstatic faith that there they shall abide forever.

Zenobia was in the door-way, not far from Hollingsworth. She gazed at Priscilla, in a very singular way. Indeed, it was a sight worth gazing at, and a beautiful sight too, as the fair girl sat at the feet of that dark, powerful figure. Her air, while perfectly modest, delicate, and virginlike, denoted her as swayed by Hollingsworth, attracted to him, and unconsciously seeking to rest upon his strength. I could not turn away my own eyes, but hoped that nobody, save Zenobia and myself, was witnessing this picture. It is before me now, with the evening twilight a little deepened

---

10) But the past ~ dream twice?: 과거는 결코 다시 돌아오지 않아요. 같은 꿈을 두 번 꿀 수 있나요? 프리실라가 내뱉는 이 말은 호손 자신의 역사관하고는 다른데, 호손은 과거의 재현을 통한 역사의 순환을 확신했다.

11) seventh heaven: the highest heaven wherein God and the angels dwell according to Islam and the Jewish cabala; or, any place of perfect happiness.

by the dusk of memory.

"Come hither, Priscilla!" said Zenobia. "I have something to say to you."

She spoke in little more than a whisper. But it is strange how expressive of moods a whisper may often be. Priscilla felt at once that something had gone wrong.

"Are you angry with me?" she asked, rising slowly, and standing before Zenobia in a drooping attitude. "What have I done? I hope you are not angry!"

"No, no, Priscilla!" said Hollingsworth, smiling. "I will answer for it, she is not. You are the one little person in the world, with whom nobody can be angry!"

"Angry with you, child? What a silly idea!" exclaimed Zenobia, laughing. "No, indeed! But, my dear Priscilla, you are getting to be so very pretty that you absolutely need a duenna;[12] and, as I am older than you, and have had my own little experience of life, and think myself exceedingly sage, I intend to fill the place of a maiden-aunt. Every day, I shall give you a lecture, a quarter-of-an-hour in length, on the morals, manners, and proprieties of social life. When our pastoral shall be quite played out, Priscilla, my worldly wisdom may stand you in good stead."

"I am afraid you are angry with me," repeated Priscilla, sadly; for, while she seemed as impressible as wax, the girl often showed a persistency in her own ideas, as stubborn as it was gentle.

"Dear me, what can I say to the child!" cried Zenobia, in a tone of humorous vexation. "Well, well; since you insist on my being angry, come to my room, this moment, and let me beat you!"

Zenobia bade Hollingsworth good night very sweetly, and nodded to me with a smile. But, just as she turned aside with Priscilla into the dimness of the porch, I caught another glance at her countenance. It would have made the fortune of a tragic actress,

---

12) duenna: an older woman serving as a companion or chaperone for a young, unmarried girl.

could she have borrowed it for the moment when she fumbles in her bosom for the concealed dagger, or the exceedingly sharp bodkin, or mingles the ratsbane in her lover's bowl of wine, or her rival's cup of tea.[13)] Not that I in the least anticipated any such catastrophe; it being a remarkable truth, that custom has in no one point a greater sway than over our modes of wreaking our wild passions. And, besides, had we been in Italy, instead of New England, it was hardly yet a crisis for the dagger or the bowl.

It often amazed me, however, that Hollingsworth should show himself so recklessly tender towards Priscilla, and never once seem to think of the effect which it might have upon her heart. But the man, as I have endeavored to explain, was thrown completely off his moral balance, and quite bewildered as to his personal relations, by his great excrescence[14)] of a philanthropic scheme. I used to see, or fancy, indications that he was not altogether obtuse to Zenobia's influence as a woman. No doubt, however, he had a still more exquisite enjoyment of Priscilla's silent sympathy with his purposes, so unalloyed with criticism, and therefore more grateful than any intellectual approbation, which always involves a possible reserve of latent censure. A man — poet, prophet, or whatever he may be — readily persuades himself of his right to all the worship that is voluntarily tendered. In requital of so rich benefits as he was to confer upon mankind, it would have been hard to deny Hollingsworth the simple solace of a young girl's heart, which he held in his hand, and smelled to, like a rosebud.[15)] But what if, while pressing out its fragrance, he should crush the tender rosebud

---

13) when she fumbles ~ cup of tea: 가슴에 숨긴 단도 혹은 아주 날카로운 송곳을 더듬어 꺼내 들거나 연인의 포도주 잔이나 연적의 찻잔에 쥐약을 섞을 때. bodkin: a small pointed instrument for making holes in leather. ratsbane: rat poison, usually arsenic.

14) excrescence: an abnormal growth.

15) a young girl's ~ a rosebud: To "smell to" the "young girl's heart" is an intransitive usage of the verb *smell*, meaning to make use of the sense of smell in relation to a specific object. Possible prepositions are at, of (especially U.S.), or to. 여기에서 홀링스워스는 프리실라의 가슴을 마치 장미 꽃봉오리인 듯이 냄새를 맡고 있다.

in his grasp![16]

As for Zenobia, I saw no occasion to give myself any trouble. With her native strength, and her experience of the world, she could not be supposed to need any help of mine. Nevertheless, I was really generous enough to feel some little interest likewise for Zenobia. With all her faults,(which might have been a great many, besides the abundance that I knew of,) she possessed noble traits, and a heart which must at least have been valuable while new. And she seemed ready to fling it away, as uncalculatingly as Priscilla herself. I could not but suspect, that, if merely at play with Hollingsworth, she was sporting with a power which she did not fully estimate. Or, if in earnest, it might chance, between Zenobia's passionate force and his dark, self-delusive egotism, to turn out such earnest as would develop itself in some sufficiently tragic catastrophe, though the dagger and the bowl should go for nothing in it.

Meantime, the gossip of the Community set them down as a pair of lovers. They took walks together, and were not seldom encountered in the wood-paths: Hollingsworth deeply discoursing, in tones solemn and sternly pathetic. Zenobia, with a rich glow on her cheeks, and her eyes softened from their ordinary brightness, looked so beautiful, that had her companion been ten times a philanthropist, it seemed impossible but that one glance should melt him back into a man. Oftener than anywhere else, they went to a certain point on the slope of a pasture, commanding nearly the whole of our own domain, besides a view of the river and an airy prospect of many distant hills. The bond of our Community was such, that the members had the privilege of building cottages for their own residence, within our precincts, thus laying a hearthstone and fencing in a home, private and peculiar, to all desirable extent; while yet the inhabitants should continue to share the advantages of an associated life. It was inferred, that Hollingsworth

---

16) But what ~ his grasp!: 하지만 그 향기를 더 맡고 싶은 나머지 그 연약한 꽃봉오리를 잡아서 부숴 버리면 어쩌나!

and Zenobia intended to rear their dwelling on this favorite spot.

I mentioned those rumors to Hollingsworth in a playful way. "Had you consulted me," I went on to observe, "I should have recommended a site farther to the left, just a little withdrawn into the wood, with two or three peeps at the prospect, among the trees. You will be in the shady vale of years, long before you can raise any better kind of shade around your cottage, if you build it on this bare slope."

"But I offer my edifice as a spectacle to the world," said Hollingsworth, "that it may take example and build many another like it. Therefore I mean to set it on the open hillside."

Twist these words how I might, they offered no very satisfactory import. It seemed hardly probable that Hollingsworth should care about educating the public taste in the department of cottage architecture, desirable as such improvement certainly was.

X
A VISITOR FROM TOWN

HOLLINGSWORTH and I — we had been hoeing potatoes, that forenoon, while the rest of the fraternity were engaged in a distant quarter of the farm — sat under a clump of maples, eating our eleven o'clock lunch, when we saw a stranger approaching along the edge of the field. He had admitted himself from the road-side, through a turnstile, and seemed to have a purpose of speaking with us.

And, by-the-by, we were favored with many visits at Blithedale; especially from people who sympathized with our theories, and perhaps held themselves ready to unite in our actual experiment, as soon as there should appear a reliable promise of its success. It was rather ludicrous, indeed,(to me, at least, whose enthusiasm had insensibly been exhaled, together with the perspiration of many a hard day's toil,) it was absolutely funny, therefore, to observe what a glory was shed about our life and labors, in the imaginations of these longing proselytes. In their view, we were as poetical as Arcadians, besides being as practical as the hardest-fisted husbandmen in Massachusetts. We did not, it is true, spend much time in piping to our sheep, or warbling our innocent loves to the sisterhood. But they gave us credit for imbuing the ordinary rustic occupations with a kind of religious poetry, insomuch that our very cow-yards and pig-sties were as delightfully fragrant as a flower-garden. Nothing used to please me more than to see one of these lay enthusiasts snatch up a hoe, as they were very prone to do, and set to work with a vigor that perhaps carried him through about a dozen ill-directed strokes. Men are wonderfully soon satisfied, in this day of shameful bodily enervation, when, from one end of life to the other, such multitudes never taste the sweet weariness that follows accustomed toil. I seldom saw the new enthusiasm that did not grow as flimsy and flaccid as the proselyte's moistened shirtcollar, with a quarter-of-an-hour's active labor, under a July sun.

But the person, now at hand, had not at all the air of one of these amiable visionaries. He was an elderly man, dressed rather shabbily, yet decently enough, in a gray frock-coat, faded towards a brown hue, and wore a broad-brimmed white hat, of the fashion of several years gone by. His hair was perfect silver, without a dark thread in the whole of it; his nose, though it had a scarlet tip, by no means indicated the jollity of which a red nose is the generally admitted symbol. He was a subdued, undemonstrative old man, who would doubtless drink a glass of liquor, now and then, and probably more than was good for him; not, however, with a purpose of undue exhilaration, but in the hope of bringing his spirits up to the ordinary level of the world's cheerfulness. Drawing nearer, there was a shy look about him, as if he were ashamed of his poverty, or, at any rate, for some reason or other, would rather have us glance at him sidelong than take a full-front view. He had a queer appearance of hiding himself behind the patch on his left eye.[1)]

"I know this old gentleman," said I to Hollingsworth, as we sat observing him — "that is, I have met him a hundred times, in town, and have often amused my fancy with wondering what he was before he came to be what he is. He haunts restaurants and such places, and has an odd way of lurking in corners or getting behind a door, whenever practicable, and holding out his hand, with some little article in it, which he wishes you to buy. The eye of the world seems to trouble him, although he necessarily lives so much in it. I never expected to see him in an open field."

"Have you learned anything of his history?" asked Hollingsworth.

"Not a circumstance," I answered. "But there must be something curious in it. I take him to be a harmless sort of a person, and

1) patch on his left eye: Note that, on page 227, that patch is over his right eye. See footnote 16 of chapter 21.

a tolerably honest one; but his manners, being so furtive, remind me of those of a rat — a rat without the mischief, the fierce eye, the teeth to bite with, or the desire to bite. See, now! He means to skulk along that fringe of bushes, and approach us on the other side of our clump of maples."

We soon heard the old man's velvet tread on the grass, indicating that he had arrived within a few feet of where we sat.

"Good morning, Mr. Moodie," said Hollingsworth, addressing the stranger as an acquaintance. "You must have had a hot and tiresome walk from the city. Sit down, and take a morsel of our bread and cheese!"

The visitor made a grateful little murmur of acquiescence, and sat down in a spot somewhat removed; so that, glancing round, I could see his gray pantaloons and dusty shoes, while his upper part was mostly hidden behind the shrubbery. Nor did he come forth from this retirement during the whole of the interview that followed. We handed him such food as we had, together with a brown jug of molasses-and-water,(would that it had been brandy, or something better, for the sake of his chill old heart!) like priests offering dainty sacrifice to an enshrined and invisible idol. I have no idea that he really lacked sustenance; but it was quite touching, nevertheless, to hear him nibbling away at our crusts.

"Mr. Moodie," said I, "do you remember selling me one of those very pretty little silk purses, of which you seem to have a monopoly in the market? I keep it, to this day, I can assure you."

"Ah, thank you!" said our guest. "Yes, Mr. Coverdale, I used to sell a good many of those little purses."

He spoke languidly, and only those few words, like a watch with an inelastic spring, that just ticks, a moment or two, and stops again. He seemed a very forlorn old man. In the wantonness of youth, strength, and comfortable condition — making my prey of people's individualities, as my custom was — I tried to identify my mind with the old fellow's, and take his view of the world, as if looking through a smoke-blackened glass at the sun. It robbed the landscape of all its life. Those pleasantly swelling slopes of our farm, descending towards the wide meadows, through which sluggishly circled the brimful tide of the Charles,[2] bathing the long sedges on its hither and farther shores; the broad, sunny gleam over the winding water; that peculiar picturesqueness of the scene, where capes and headlands put themselves boldly forth upon the perfect level of the meadow, as into a green lake, with inlets between the promontories; the shadowy woodland, with twinkling showers of light falling into its depths; the sultry heat-vapor, which rose everywhere like incense, and in which my soul delighted, as indicating so rich a fervor in the passionate day, and in the earth that was burning with its love: — I beheld all these things as through old Moodie's eyes. When my eyes are dimmer than they have yet come to be, I will go thither again, and see if I did not catch the tone of his mind aright, and if the cold and lifeless tint of his perceptions be not then repeated in my own.

Yet it was unaccountable to myself, the interest that I felt in him.

"Have you any objection," said I, "to telling me who made those little purses?"

"Gentlemen have often asked me that," said Moodie, slowly; "but I shake my head, and say little or nothing, and creep out of the way, as well as I can. I am a man of few words; and if gentlemen were to be told one thing, they would be very apt, I suppose, to ask me another. But it happens, just now, Mr. Coverdale, that you can tell me more about the maker of those little purses, than I can tell you."

"Why do you trouble him with needless questions, Coverdale?" interrupted Hollingsworth. "You must have known, long ago, that it was Priscilla. And so, my good friend, you have come to see her? Well, I am glad of it. You will find her altered very much for the better, since that wintry evening when you put her into my charge. Why, Priscilla has a bloom[3] in her cheeks, now!"

2) **Charles**: the river in east Massachusetts flowing from Boston and Cambridge to the Atlantic.

"Has my pale little girl a bloom?" repeated Moodie, with a kind of slow wonder. "Priscilla with a bloom in her cheeks! Ah, I am afraid I shall not know my little girl. And is she happy?"

"Just as happy as a bird," answered Hollingsworth.

"Then, gentlemen," said our guest, apprehensively, "I don't think it well for me to go any farther. I crept hitherward only to ask about Priscilla; and now that you have told me such good news, perhaps I can do no better than to creep back again. If she were to see this old face of mine, the child would remember some very sad times which we have spent together. Some very sad times indeed! She has forgotten them, I know—them and me—else she could not be so happy, nor have a bloom in her cheeks. Yes—yes—yes," continued he, still with the same torpid utterance; "with many thanks to you, Mr. Hollingsworth, I will creep back to town again."

"You shall do no such thing, Mr. Moodie," said Hollingsworth, bluffly. "Priscilla often speaks of you; and if there lacks anything to make her cheeks bloom like two damask[4] roses, I'll venture to say it is just the sight of your face. Come; we will go and find her."

"Mr. Hollingsworth!" said the old man, in his hesitating way.

"Well," answered Hollingsworth.

"Has there been any call[5] for Priscilla?" asked Moodie; and though his face was hidden from us, his tone gave a sure indication of the mysterious nod and wink with which he put the question. "You know, I think, sir, what I mean."

"I have not the remotest suspicion what you mean, Mr. Moodie," replied Hollingsworth. "Nobody, to my knowledge, has called for Priscilla, except yourself. But, come; we are losing time, and I have several things to say to you, by the way."

"And, Mr. Hollingsworth!" repeated Moodie.

---

3) bloom: glow; flush.
4) damask: grayish red; pink.
5) call: visitor.

"Well, again!" cried my friend, rather impatiently. "What now?"

"There is a lady here," said the old man; and his voice lost some of its wearisome hesitation. "You will account it a very strange matter for me to talk about; but I chanced to know this lady, when she was but a little child. If I am rightly informed, she has grown to be a very fine woman, and makes a brilliant figure in the world, with her beauty, and her talents, and her noble way of spending her riches. I should recognize this lady, so people tell me, by a magnificent flower in her hair!"

"What a rich tinge it gives to his colorless ideas, when he speaks of Zenobia!"[6] I whispered to Hollingsworth. "But how can there possibly be any interest or connecting link between him and her?"

"The old man, for years past," whispered Hollingsworth, "has been a little out of his right mind, as you probably see."

"What I would inquire," resumed Moodie, "is, whether this beautiful lady is kind to my poor Priscilla."

"Very kind," said Hollingsworth.

"Does she love her?" asked Moodie.

"It should seem so," answered my friend. "They are always together."

"Like a gentlewoman and her maid servant, I fancy?" suggested the old man.

There was something so singular in his way of saying this, that I could not resist the impulse to turn quite round, so as to catch a glimpse of his face; almost imagining that I should see another person than old Moodie. But there he sat, with the patched side of his face towards me.

"Like an elder and younger sister, rather," replied Hollingsworth.

"Ah!" said Moodie, more complaisantly[7] — for his latter tones

---

6) **What a rich ~ of Zenobia!**: 제노비아 얘기를 할 때는 그의 재미없는 생각도 매우 화려한 색조를 띠네!

7) **complaisantly**: The first edition had "complacently," but this was changed in the Centenary edition to "complaisantly."

had harshness and acidity in them — "it would gladden my old heart to witness that. If one thing would make me happier than another, Mr. Hollingsworth, it would be, to see that beautiful lady holding my little girl by the hand."

"Come along," said Hollingsworth, "and perhaps you may."

After a little more delay on the part of our freakish visitor, they set forth together; old Moodie keeping a step or two behind Hollingsworth, so that the latter could not very conveniently look him in the face. I remained under the tuft of maples, doing my utmost to draw an inference from the scene that had just passed. In spite of Hollingsworth's offhand explanation, it did not strike me that our strange guest was really beside himself, but only that his mind needed screwing up, like an instrument long out of tune, the strings of which have ceased to vibrate smartly and sharply. Methought it would be profitable for us, projectors of a happy life, to welcome this old gray shadow, and cherish him as one of us, and let him creep about our domain, in order that he might be a little merrier for our sakes, and we, sometimes, a little sadder for his. Human destinies look ominous, without some perceptible intermixture of the sable or the gray.[8] And then, too, should any of our fraternity grow feverish with an over-exulting sense of prosperity,[9] it would be a sort of cooling regimen to slink off into the woods, and spend an hour, or a day, or as many days as might be requisite to the cure, in uninterrupted communion with this deplorable old Moodie!

Going homeward to dinner, I had a glimpse of him, behind the trunk of a tree, gazing earnestly towards a particular window of the farm-house. And by-and-by, Priscilla appeared at this window, playfully drawing along Zenobia, who looked as bright as the very day that was blazing down upon us, only not, by many

---

8) Human destinies ~ or the gray: 인간의 운명이란, 검은 색 또는 회색의 요소가 어느 정도 섞여 있지 않으면, 불길하게 보인다. 세상사는 지나치게 검거나 하얀 색깔을 띠기보다는 흑백이 적당히 조화를 이루어야 한다는 뜻.

9) should any ~ of prosperity: 우리 동료 중 누군가가 이곳의 번영에 열광이라도 하게 된다면 (가정법).

degrees,[10] so well advanced towards her noon. I was convinced that this pretty sight must have been purposely arranged by Priscilla for the old man to see. But either the girl held her too long, or her fondness was resented as too great a freedom;[11] for Zenobia suddenly put Priscilla decidedly away, and gave her a haughty look, as from a mistress to a dependant. Old Moodie shook his head; and again and again I saw him shake it, as he withdrew along the road; and at the last point whence the farmhouse was visible, he turned and shook his uplifted staff.

---

10) by many degrees: 아직 [태양의] 각도가 많이 기울어진 것으로 보아.

11) either the girl ~ a freedom: 프리실라가 너무 오래 제노비아를 잡고 있었거나 아니면 프리실라의 애정이 지나치게 자유분방해서 노여움의 대상이 되었다.

XI
THE WOOD-PATH

NOT LONG after the preceding incident, in order to get the ache of too constant labor out of my bones, and to relieve my spirit of the irksomeness of a settled routine, I took a holiday. It was my purpose to spend it, all alone, from breakfast-time till twilight, in the deepest wood-seclusion that lay anywhere around us. Though fond of society, I was so constituted as to need these occasional retirements, even in a life like that of Blithedale, which was itself characterized by a remoteness from the world. Unless renewed by a yet further withdrawal towards the inner circle of self-communion, I lost the better part of my individuality. My thoughts became of little worth, and my sensibilities grew as arid as a tuft of moss, (a thing whose life is in the shade, the rain, or the noontide dew,) crumbling in the sunshine, after long expectance of a shower. So, with my heart full of a drowsy pleasure, and cautious not to dissipate my mood by previous intercourse with any one, I hurried away, and was soon pacing a wood-path, arched overhead with boughs, and dusky brown beneath my feet.

At first, I walked very swiftly, as if the heavy floodtide of social life were roaring at my heels, and would outstrip and overwhelm me, without all the better diligence in my escape. But, threading the more distant windings of the track, I abated my pace and looked about me for some side-aisle, that should admit me into the innermost sanctuary of this green cathedral,[1]just as, in human acquaintanceship, a casual opening sometimes lets us, all of a sudden, into the long-sought intimacy of a mysterious heart. So much was I absorbed in my reflections — or rather, in my mood, the substance of which was as yet too shapeless to be called thought

1) the innermost sanctuary of this green cathedral: 다음 장의 제목으로 나오는 커버데일의 은신처를 가리킴.

— that footsteps rustled on the leaves, and a figure passed me by, almost without impressing either the sound or sight upon my consciousness.

A moment afterwards, I heard a voice at a little distance behind me, speaking so sharply and impertinently that it made a complete discord with my spiritual state, and caused the latter to vanish, as abruptly as when you thrust a finger into a soap-bubble.

"Halloo, friend!" cried this most unseasonable voice. "Stop a moment, I say! I must have a word with you!"

I turned about, in a humor ludicrously irate. In the first place, the interruption, at any rate, was a grievous injury; then, the tone displeased me. And, finally, unless there be real affection in his heart, a man cannot — such is the bad state to which the world has brought itself — cannot more effectually show his contempt for a brother-mortal, nor more gallingly assume a position of superiority, than by addressing him as 'friend.' Especially does the misapplication of this phrase[2)] bring out that latent hostility, which is sure to animate peculiar sects, and those who, with however generous a purpose, have sequestered themselves from the crowd; a feeling, it is true, which may be hidden in some dog-kennel of the heart, grumbling there in the darkness, but is never quite extinct, until the dissenting party have gained power and scope enough to treat the world generously. For my part, I should have taken it as far less an insult to be styled 'fellow,' 'clown,' or 'bumpkin.' To either of these appellations, my rustic garb (it was a linen blouse, with checked shirt and striped pantaloons, a chip-hat[3)] on my head, and a rough hickory-stick in my hand) very fairly entitled me. As the case stood, my temper darted at once to the opposite pole; not friend, but enemy!

"What do you want with me?" said I, facing about.

"Come a little nearer, friend," said the stranger, beckoning.

"No," answered I. "If I can do anything for you, without too

---

2) **the misapplication of this phrase**: 이 [친구라는] 말을 남용하게 되면.

3) **chip-hat**: a hat made of thin strips of woody fiber.

much trouble to myself, say so.[4] But recollect, if you please, that you are not speaking to an acquaintance, much less a friend!"

"Upon my word, I believe not!" retorted he, looking at me with some curiosity; and lifting his hat, he made me a salute, which had enough of sarcasm to be offensive, and just enough of doubtful courtesy to render any resentment of it absurd.— "But I ask your pardon! I recognize a little mistake. If I may take the liberty to suppose it, you, sir, are probably one of the Aesthetic—or shall I rather say ecstatic?—laborers, who have planted themselves hereabouts. This is your forest of Arden; and you are either the banished Duke, in person, or one of the chief nobles in his train. The melancholy Jacques,[5] perhaps? Be it so! In that case, you can probably do me a favor."

I never, in my life, felt less inclined to confer a favor on any man.

"I am busy!" said I.

So unexpectedly had the stranger made me sensible of his presence, that he had almost the effect of an apparition, and certainly a less appropriate one (taking into view the dim woodland solitude about us) than if the salvage man of antiquity, hirsute and cinctured with a leafy girdle, had started out of a thicket.[6] He was still young, seemingly a little under thirty, of a tall and well-developed figure, and as handsome a man as ever I beheld. The style of his beauty, however, though a masculine style, did not at all commend itself to my taste. His countenance—I hardly know how to de-

---

4) **If I can ~ myself, say so**: 커버데일이 내뱉는 이 말은 1장에서 무디와의 대화에서와 같이 그의 소극적이고 이기적인 성격을 잘 규정해 준다.

5) **forest of Arden ~ melancholy Jacques**: In Shakespeare's *As You Like It*, a duke and his courtiers, including the gloomy Jacques, are banished to the Forest of Arden, a world of pastoral harmony and romantic love.

6) **if the salvage ~ of a thicket**: 차라리 털이 덥수룩하고 나뭇잎으로 만든 허리띠를 두른 고대의 야만인이 덤불에서 불쑥 튀어나온다면. salvage: an obsolete form of savage. cinctured: wearing a belt; girdled or bound. 셰익스피어의 『뜻대로 하세요』(*As You Like It*)에서 아덴(Arden)의 숲이 추방당한 공작, 그의 귀족들, 그리고 궁정인 자크(Jacques)와 같은 우울한 사실주의자들에게 낭만적인 목가적 존재를 제시해주는 것과 흡사한 상황이다.

scribe the peculiarity — had an indecorum in it, a kind of rudeness, a hard, coarse, forth-putting freedom of expression, which no degree of external polish could have abated, one single jot. Not that it was vulgar. But he had no fineness of nature; there was in his eyes (although they might have artifice enough of another sort) the naked exposure of something that ought not to be left prominent. With these vague allusions to what I have seen in other faces, as well as his, I leave the quality to be comprehended best — because with an intuitive repugnance — by those who possess least of it.

His hair, as well as his beard and mustache, was coal-black; his eyes, too, were black and sparkling, and his teeth remarkably brilliant. He was rather carelessly but well and fashionably dressed, in a summer-morning costume. There was a gold chain, exquisitely wrought, across his vest. I never saw a smoother or whiter gloss than that upon his shirt-bosom, which had a pin in it, set with a gem that glimmered, in the leafy shadow where he stood, like a living tip of fire. He carried a stick with a wooden head, carved in vivid imitation of that of a serpent. I hated him, partly, I do believe, from a comparison of my own homely garb with his well-ordered foppishness.

"Well, sir," said I, a little ashamed of my first irritation, but still with no waste of civility, "be pleased to speak at once, as I have my own business in hand."

"I regret that my mode of addressing you was a little unfortunate" said the stranger, smiling; for he seemed a very acute sort of person, and saw, in some degree, how I stood affected towards him. "I intended no offence, and shall certainly comport myself with due ceremony hereafter. I merely wish to make a few inquiries respecting a lady, formerly of my acquaintance, who is now resident in your Community, and, I believe, largely concerned in your social enterprise. You call her, I think, Zenobia."

"That is her name in literature," observed I — "a name, too, which possibly she may permit her private friends to know and address her by; — but not one which they feel at liberty to recognize, when used of her personally, by a stranger or casual acquaintance."

"Indeed!" answered this disagreeable person; and he turned aside his face, for an instant, with a brief laugh, which struck me as a noteworthy expression of his character. "Perhaps I might put forward a claim, on your own grounds, to call the lady by a name so appropriate to her splendid qualities. But I am willing to know her by any cognomen that you may suggest."

Heartily wishing that he would be either a little more offensive, or a good deal less so, or break off our intercourse altogether, I mentioned Zenobia's real name.[7]

"True," said he; "and, in general society, I have never heard her called otherwise. And, after all, our discussion of the point has been gratuitous. My object is only to inquire when, where, and how, this lady may most conveniently be seen?"

"At her present residence, of course," I replied. "You have but to go thither and ask for her. This very path will lead you within sight of the house; — so I wish you good morning."

"One moment, if you please," said the stranger. "The course you indicate would certainly be the proper one, in an ordinary morning-call. But my business is private, personal, and somewhat peculiar. Now, in a community like this, I should judge that any little occurrence is likely to be discussed rather more minutely than would quite suit my views. I refer solely to myself, you understand, and without intimating that it would be other than a matter of entire indifference to the lady. In short, I especially desire to see her in private. If her habits are such as I have known them, she is probably often to be met with in the woods, or by the river-side; and I think you could do me the favor to point out some favorite walk, where, about this hour, I might be fortunate enough to gain an interview."

I reflected, that it would be quite a super-erogatory[8] piece of

---

7) **I mentioned Zenobia's real name**: 여기에서 말하는 제노비아의 본명이 무언지는 작품 전체에 걸쳐서 밝혀지지 않음.

8) **super-erogatory**: superfluous; greater than necessary.

quixotism,[9] in me, to undertake the guardianship of Zenobia, who, for my pains, would only make me the butt of endless ridicule, should the fact ever come to her knowledge. I therefore described a spot which, as often as any other, was Zenobia's resort, at this period of the day; nor was it so remote from the farm-house as to leave her in much peril, whatever might be the stranger's character.

"A single word more!" said he; and his black eyes sparkled at me, whether with fun or malice I knew not, but certainly as if the Devil were peeping out of them. "Among your fraternity, I understand, there is a certain holy and benevolent blacksmith; a man of iron, in more senses than one; a rough, cross-grained, well-meaning individual, rather boorish in his manners — as might be expected — and by no means of the highest intellectual cultivation. He is a philanthropical lecturer, with two or three disciples, and a scheme of his own, the preliminary step in which involves a large purchase of land, and the erection of a spacious edifice, at an expense considerably beyond his means; inasmuch as these are to be reckoned in copper or old iron, much more conveniently than in gold or silver. He hammers away upon his one topic, as lustily as ever he did upon a horse-shoe! Do you know such a person?"

I shook my head, and was turning away.

"Our friend," he continued, "is described to me as a brawny, shaggy, grim, and ill-favored personage, not particularly well-calculated, one would say, to insinuate himself with the softer sex. Yet, so far has this honest fellow succeeded with one lady, whom we wot[10] of, that he anticipates, from her abundant resources, the necessary funds for realizing his plan in brick and mortar!"

Here the stranger seemed to be so much amused with his sketch

---

9) Quixotism: lofty romantic or chivalric idea, doomed to fail; from the satirical romance *Don Quixote* (1605, 1615), by Miguel de Cervantes (1547-1616).

10) wot: know.

of Hollingsworth's character and purposes, that he burst into a fit of merriment, of the same nature as the brief, metallic laugh already alluded to, but immensely prolonged and enlarged. In the excess of his delight, he opened his mouth wide, and disclosed a gold band around the upper part of his teeth; thereby making it apparent that every one of his brilliant grinders and incisors was a sham.[11] This discovery affected me very oddly.

I felt as if the whole man were a moral and physical humbug; his wonderful beauty of face, for aught I knew, might be removable like a mask; and, tall and comely as his figure looked, he was perhaps but a wizened little elf, gray and decrepit, with nothing genuine about him save the wicked expression of his grin. The fantasy of his spectral character so wrought upon me, together with the contagion of his strange mirth on my sympathies, that I soon began to laugh as loudly as himself.

By-and-by, he paused, all at once; so suddenly, indeed, that my own cachinnation[12] lasted a moment longer.

"Ah, excuse me!" said he. "Our interview seems to proceed more merrily than it began."

"It ends here," answered I. "And I take shame to myself, that my folly has lost me the right of resenting your ridicule of a friend."

"Pray allow me," said the stranger, approaching a step nearer, and laying his gloved hand on my sleeve. "One other favor I must ask of you. You have a young person, here at Blithedale, of whom I have heard — whom, perhaps, I have known — and in whom, at all events, I take a peculiar interest. She is one of those delicate, nervous young creatures, not uncommon in New England, and whom I suppose to have become what we find them by the gradual refining away of the physical system, among your women. Some philosophers choose to glorify this habit of body by terming it spiritual; but, in my opinion, it is rather the effect of unwholesome food,

---

11) **he opened ~ was a sham**: 여기에서 웨스터벨트(Westervelt)의 이(齒)가 모두 가짜라는 사실은 그의 기만적인 성격을 잘 보여줌.

12) **cachinnation**: loud, convulsive laughter.

bad air, lack of out-door exercise, and neglect of bathing, on the part of these damsels and their female progenitors, all resulting in a kind of hereditary dyspepsia. Zenobia, even with her uncomfortable surplus of vitality, is far the better model of womanhood. But — to revert again to this young person — she goes among you by the name of Priscilla. Could you possibly afford me the means of speaking with her?"

"You have made so many inquiries of me," I observed, "that I may at least trouble you with one. What is your name?"

He offered me a card, with 'Professor Westervelt' engraved on it. At the same time, as if to vindicate his claim to the professorial dignity, so often assumed on very questionable grounds, he put on a pair of spectacles, which so altered the character of his face that I hardly knew him again. But I liked the present aspect no better than the former one.[13)]

"I must decline any further connection with your affairs," said I, drawing back. "I have told you where to find Zenobia. As for Priscilla, she has closer friends than myself, through whom, if they see fit, you can gain access to her."

"In that case," returned the Professor, ceremoniously raising his hat, "good morning to you."

He took his departure, and was soon out of sight among the windings of the wood-path. But after a little reflection, I could not help regretting that I had so peremptorily broken off the interview, while the stranger seemed inclined to continue it. His evident knowledge of matters, affecting my three friends, might have led to disclosures, or inferences, that would perhaps have been serviceable. I was particularly struck with the fact, that, ever since the appearance of Priscilla, it had been the tendency of events to suggest and establish a connection between Zenobia and her. She had come, in the first instance, as if with the sole purpose of claiming Zenobia's protection. Old Moodie's visit, it appeared, was

---

13) I like ~ former one: 내 맘에 들지 않는다는 점에서는 저번 모습이나 현재의 모습이나 매 한 가지였다.

chiefly to ascertain whether this object had been accomplished. And here, to-day, was the questionable Professor, linking one with the other in his inquiries, and seeking communication with both.

Meanwhile, my inclination for a ramble having been balked, I lingered in the vicinity of the farm, with perhaps a vague idea that some new event would grow out of Westervelt's proposed interview with Zenobia. My own part, in these transactions, was singularly subordinate. It resembled that of the Chorus in a classic play,[14] which seems to be set aloof from the possibility of personal concernment, and bestows the whole measure of its hope or fear, its exultation or sorrow, on the fortunes of others, between whom and itself this sympathy is the only bond. Destiny, it may be — the most skilful of stage-managers — seldom chooses to arrange its scenes, and carry forward its drama, without securing the presence of at least one calm observer. It is his office to give applause, when due, and sometimes an inevitable tear, to detect the final fitness of incident to character, and distil, in his long-brooding thought, the whole morality of the performance.

Not to be out of the way, in case there were need of me in my vocation, and, at the same time, to avoid thrusting myself where neither Destiny nor mortals might desire my presence, I remained pretty near the verge of the woodlands.[15] My position was off the track of Zenobia's customary walk, yet not so remote but that a recognized occasion might speedily have brought me thither.

---

14) **Chorus in a classic play**: In Greek drama, the chorus is a group of interested spectators who sympathize with the fortunes of the characters and give voice between acts to the moral and religious implications of the action.

15) **I remained ~ the woodlands**: 이 말은 커버데일이 당시에 실제로 있었던 곳을 가리키면서 동시에 이 이야기에서 그가 맡고 있는 보조적 역할을 상징적으로 암시해줌.

XII
COVERDALE'S HERMITAGE

LONG since, in this part of our circumjacent wood, I had found out for myself a little hermitage. It was a kind of leafy cave, high upward into the air, among the midmost branches of a white-pine tree. A wild grapevine, of unusual size and luxuriance, had twined and twisted itself up into the tree, and, after wreathing the entanglement of its tendrils around almost every bough, had caught hold of three or four neighboring trees, and married the whole clump with a perfectly inextricable knot of polygamy. Once, while sheltering myself from a summer shower, the fancy had taken me to clamber up into this seemingly impervious mass of foliage. The branches yielded me a passage, and closed again, beneath, as if only a squirrel or a bird had passed. Far aloft, around the stem of the central pine, behold, a perfect nest for Robinson Crusoe[1] or King Charles![2] A hollow chamber, of rare seclusion, had been formed by the decay of some of the pine-branches, which the vine had lovingly strangled with its embrace, burying them from the light of day in an aerial sepulchre of its own leaves. It cost me but little ingenuity to enlarge the interior, and open loop-holes through the verdant walls. Had it ever been my fortune to spend a honey-moon,[3] I should have thought seriously of inviting my bride up thither, where our next neighbors would have been two orioles in another part of the clump.

It was an admirable place to make verses, tuning the rhythm

---

1) Robinson Crusoe: In Daniel Defoe's *Robinson Crusoe*(1719), the shipwrecked, title character watches for passing ships from a platform in a tree on his desert island.

2) King Charles: Charles Ⅱ(1630-1685), king of England, after losing the Battle of Worcester (September 3, 1651), escaped Oliver Cromwell's troops by hiding in an oak tree.

3) Had it ~ a honey-moon: 일찍이 신혼여행을 갈 수 있는 행운이 내게 있었다면 (가정법).

to the breezy symphony that so often stirred among the vine-leaves; or to meditate an essay for the Dial, in which the many tongues of Nature whispered mysteries, and seemed to ask only a little stronger puff of wind, to speak out the solution of its riddle. Being so pervious to air-currents, it was just the nook, too, for the enjoyment of a cigar. This hermitage was my one exclusive possession, while I counted myself a brother of the socialists. It symbolized my individuality, and aided me in keeping it inviolate. None ever found me out in it, except, once, a squirrel. I brought thither no guest, because, after Hollingsworth failed me, there was no longer the man alive with whom I could think of sharing all. So there I used to sit, owl-like, yet not without liberal and hospitable thoughts. I counted the innumerable clusters of my vine, and fore-reckoned the abundance of my vintage. It gladdened me to anticipate the surprise of the Community, when, like an allegorical figure of rich October, I should make my appearance, with shoulders bent beneath the burthen of ripe grapes, and some of the crushed ones crimsoning my brow as with a blood-stain.[4]

Ascending into this natural turret, I peeped, in turn, out of several of its small windows. The pine-tree, being ancient, rose high above the rest of the wood, which was of comparatively recent growth. Even where I sat, about midway between the root and the topmost bough, my position was lofty enough to serve as an observatory, not for starry investigations, but for those sublunary matters in which lay a lore as infinite as that of the planets. Through one loop-hole, I saw the river lapsing calmly onward, while, in the meadow near its brink, a few of the brethren were digging peat for our winter's fuel. On the interior cart-road of our farm, I discerned Hollingsworth, with a yoke of oxen hitched to a drag of stones, that were to be piled into a fence, on which

---

4) when, like ~ with a blood-stain: 풍요로운 10월의 우화적 인물처럼 잘 익은 포도송이들을 잔뜩 어깨에 둘러메고 일부 뭉개진 포도송이들로 이마가 핏자국같이 붉게 되어 나타날 때. allegorical figure: Alludes to the figure of October who is presented as gleeful and carrying a plowshare in Edmund Spenser's *The Faerie Queen*(1590, 1596) Ⅶ, vii, 39.

we employed ourselves at the odd intervals of other labor. The harsh tones of his voice, shouting to the sluggish steers, made me sensible, even at such a distance, that he was ill at ease, and that the balked philanthropist had the battle-spirit in his heart.

"Haw, Buck!" quoth he. "Come along there, ye lazy ones! What are ye about, now? Gee!"[5)]

"Mankind, in Hollingsworth's opinion," thought I, "is but another yoke of oxen, as stubborn, stupid, and sluggish, as our old Brown and Bright.[6)] He vituperates us aloud, and curses us in his heart, and will begin to prick us with the goad stick, by-and-by. But, are we his oxen? And what right has he to be the driver? And why, when there is enough else to do, should we waste our strength in dragging home the ponderous load of his philanthropic absurdities? At my height above the earth, the whole matter looks ridiculous!"

Turning towards the farm-house, I saw Priscilla (for, though a great way off, the eye of faith assured me that it was she[7)]) sitting at Zenobia's window, and making little purses, I suppose, or, perhaps mending the Community's old linen. A bird flew past my tree; and, as it clove its way onward into the sunny atmosphere, I flung it a message for Priscilla.

"Tell her," said I, "that her fragile thread of life has inextricably knotted itself with other and tougher threads, and most likely it will be broken. Tell her that Zenobia will not be long her friend. Say that Hollingsworth's heart is on fire with his own purpose, but icy for all human affection, and that, if she has given him her love, it is like casting a flower into a sepulchre. And say, that, if any mortal really cares for her, it is myself,[8)] and not even I,

---

5) "Haw Buck ~ Gee!": commands to oxen or draft animals to move to the left (haw) or right (gee).

6) Brown and Bright: names of oxen.

7) though a ~ it was she: 대단히 멀리 떨어져 있음에도 내가 보기에 그녀가 분명했다.

8) if any mortal ~ is myself: 이 문구는 소설 끝에서 커버데일이 하는 고백을 미리 암시해 준다.

for her realities — poor little seamstress, as Zenobia rightly called her! — but for the fancywork with which I have idly decked her out!"

The pleasant scent of the wood, evolved by the hot sun, stole up to my nostrils, as if I had been an idol in its niche. Many trees mingled their fragrance into a thousand-fold odor. Possibly, there was a sensual influence in the broad light of noon that lay beneath me. It may have been the cause, in part, that I suddenly found myself possessed by a mood of disbelief in moral beauty or heroism, and a conviction of the folly of attempting to benefit the world. Our especial scheme of reform, which, from my observatory, I could take in with the bodily eye, looked so ridiculous that it was impossible not to laugh aloud.

"But the joke is a little too heavy," thought I. "If I were wise, I should get out of the scrape, with all diligence, and then laugh at my companions for remaining in it."

While thus musing, I heard, with perfect distinctness, somewhere in the wood beneath, the peculiar laugh, which I have described as one of the disagreeable characteristics of Professor Westervelt. It brought my thoughts back to our recent interview. I recognized, as chiefly due to this man's influence, the sceptical and sneering view which, just now, had filled my mental vision in regard to all life's better purposes. And it was through his eyes, more than my own, that I was looking at Hollingsworth, with his glorious, if impracticable dream, and at the noble earthliness of Zenobia's character, and even at Priscilla, whose impalpable grace lay so singularly between disease and beauty. The essential charm of each had vanished. There are some spheres, the contact with which inevitably degrades the high, debases the pure, deforms the beautiful. It must be a mind of uncommon strength, and little impressibility, that can permit itself the habit of such intercourse, and not be permanently deteriorated; and yet the Professor's tone represented that of worldly society at large, where a cold scepticism smothers what it can of our spiritual aspirations, and makes the rest ridiculous. I detested this kind of man, and all the more, because a part of my own nature showed itself responsive to him.

Voices were now approaching, through the region of the wood which lay in the vicinity of my tree. Soon, I caught glimpses of two figures — a woman and a man — Zenobia and the stranger — earnestly talking together as they advanced.

Zenobia had a rich, though varying color. It was, most of the while, a flame, and anon a sudden paleness. Her eyes glowed, so that their light sometimes flashed upward to me, as when the sun throws a dazzle from some bright object on the ground. Her gestures were free, and strikingly impressive. The whole woman was alive with a passionate intensity, which I now perceived to be the phase in which her beauty culminated. Any passion would have become her well, and passionate love, perhaps, the best of all. This was not love, but anger, largely intermixed with scorn. Yet the idea strangely forced itself upon me, that there was a sort of familiarity between these two companions, necessarily the result of an intimate love — on Zenobia's part, at least — in days gone by, but which had prolonged itself into as intimate a hatred, for all futurity. As they passed among the trees, reckless as her movement was, she took good heed that even the hem of her garment should not brush against the stranger's person. I wondered whether there had always been a chasm, guarded so religiously, betwixt these two.

As for Westervelt, he was not a whit more warmed by Zenobia's passion, than a salamander by the heat of its native furnace.[9] He would have been absolutely statuesque, save for a look of slight perplexity tinctured strongly with derision. It was a crisis in which his intellectual perceptions could not altogether help him out. He failed to comprehend, and cared but little for comprehending, why Zenobia should put herself into such a fume; but satisfied his mind that it was all folly, and only another shape of a woman's manifold

9) a salamander by the heat of its native furnace: A common folk belief was that the salamander was so cold-blooded that it could survive exposure to fire.

absurdity, which men can never understand. How many a woman's evil fate has yoked her with a man like this! Nature thrusts some of us into the world miserably incomplete, on the emotional side, with hardly any sensibilities except what pertain to us as animals. No passion, save of[10] the senses; no holy tenderness, nor the delicacy that results from this. Externally, they bear a close resemblance to other men, and have perhaps all save the finest grace; but when a woman wrecks herself on such a being, she ultimately finds that the real womanhood, within her, has no corresponding part in him. Her deepest voice lacks a response; the deeper her cry, the more dead his silence. The fault may be none of his; he cannot give her what never lived within his soul. But the wretchedness, on her side, and the moral deterioration attendant on a false and shallow life, without strength enough to keep itself sweet, are among the most pitiable wrongs that mortals suffer.

Now, as I looked down from my upper region at this man and woman — outwardly so fair a sight, and wandering like two lovers in the wood — I imagined that Zenobia, at an earlier period of youth, might have fallen into the misfortune above indicated. And when her passionate womanhood, as was inevitable, had discovered its mistake, there had ensued the character of eccentricity and defiance, which distinguished the more public portion of her life.

Seeing how aptly matters had chanced, thus far, I began to think it the design of fate to let me into all Zenobia's secrets, and that therefore the couple would sit down beneath my tree, and carry on a conversation which would leave me nothing to inquire. No doubt, however, had it so happened, I should have deemed myself honorably bound to warn them of a listener's presence by flinging down a handful of unripe grapes; or by sending an unearthly groan out of my hiding-place, as if this were one of the trees of Dante's ghostly forest.[11] But real life never arranges itself exactly like a

---

10) save of: except.

11) Dante's ghostly forest: At the beginning of Dante Alighieri's *Inferno* (the

romance. In the first place, they did not sit down at all. Secondly, even while they passed beneath the tree, Zenobia's utterance was so hasty and broken, and Westervelt's so cool and low, that I hardly could make out an intelligible sentence, on either side. What I seem to remember, I yet suspect may have been patched together by my fancy, in brooding over the matter, afterwards.

"Why not fling the girl off," said Westervelt, "and let her go?"

"She clung to me from the first," replied Zenobia. "I neither know nor care what it is in me that so attaches her. But she loves me, and I will not fail her."

"She will plague you, then," said he, "in more ways than one."

"The poor child!" exclaimed Zenobia. "She can do me neither good nor harm. How should she?"

I know not what reply Westervelt whispered; nor did Zenobia's subsequent exclamation give me any clue, except that it evidently inspired her with horror and disgust.

"With what kind of a being am I linked!" cried she. "If my Creator cares aught for my soul, let him release me from this miserable bond!"

"I did not think it weighed so heavily," said her companion..

"Nevertheless," answered Zenobia, "it will strangle me at last!"

And then I heard her utter a helpless sort of moan; a sound which, struggling out of the heart of a person of her pride and strength, affected me more than if she had made the wood dolorously vocal with a thousand shrieks and wails.

Other mysterious words, besides what are above-written,[12] they spoke together; but I understood no more, and even question whether I fairly understood so much as this. By long brooding over our recollections, we subtilize[13] them into something akin to imaginary stuff, and hardly capable of being distinguished from

---

first section of *The Divine Comedy* [1307-1321]), Dante (1265-1321) describes himself wandering through a dark wood before descending into hell.

12) Other mysterious ~ above-written: 이상의 내용 외에도 알 수 없는 말들.

13) subtilize: to elevate in character; refine.

it. In a few moments, they were completely beyond ear-shot. A breeze stirred after them, and awoke the leafy tongues of the surrounding trees, which forthwith began to babble, as if innumerable gossips had all at once got wind of Zenobia's secret. But, as the breeze grew stronger, its voice among the branches was as if it said— 'Hush! Hush!'—and I resolved that to no mortal would I disclose what I had heard. And, though there might be room for casuistry,[14] such,[15] I conceive, is the most equitable rule in all similar conjunctures.

---

14) though there might be room for casuistry: 이상하게 들릴지 모르겠지만. casuistry: 궤변(詭辯).

15) such: 입을 다무는 것.

XIII
ZENOBIA'S LEGEND

THE ILLUSTRIOUS Society of Blithedale, though it toiled in downright earnest for the good of mankind, yet not unfrequently illuminated its laborious life with an afternoon or evening of pastime. Pic-nics under the trees were considerably in vogue; and, within doors, fragmentary bits of theatrical performance, such as single acts of tragedy or comedy, or dramatic proverbs and charades. Zenobia, besides, was fond of giving us readings from Shakespeare, and often with a depth of tragic power, or breadth of comic effect, that made one feel it an intolerable wrong to the world, that she did not at once go upon the stage. *Tableaux vivants*[1] were another of our occasional modes of amusement, in which scarlet shawls, old silken robes, ruffs, velvets, furs, and all kinds of miscellaneous trumpery, converted our familiar companions into the people of a pictorial world. We had been thus engaged, on the evening after the incident narrated in the last chapter. Several splendid works of art — either arranged after engravings from the Old Masters,[2] or original illustrations of scenes in history or romance — had been presented, and we were earnestly entreating Zenobia for more.

She stood, with a meditative air, holding a large piece of gauze, or some such ethereal stuff, as if considering what picture should next occupy the frame; while at her feet lay a heap of many-colored garments, which her quick fancy and magic skill could so easily convert into gorgeous draperies for heroes and princesses.

"I am getting weary of this," said she, after a moment's thought.

---

1) Tableaux vivants: French meaning literally "living pictures"; a static depiction on a stage of a literary, historical, or cultural event in which the participants appear in costume.

2) Old Masters: influential European artists from the fifteenth to the eighteenth centuries.

"Our own features, and our own figures and airs, show a little too intrusively through all the characters we assume. We have so much familiarity with one another's realities, that we cannot remove ourselves, at pleasure, into an imaginary sphere. Let us have no more pictures, to-night; but, to make you what poor amends I can, how would you like to have me trump up a wild, spectral legend, on the spur of the moment?"

Zenobia had the gift of telling a fanciful little story, off hand, in a way that made it greatly more effective, than it was usually found to be, when she afterwards elaborated the same production with her pen. Her proposal, therefore, was greeted with acclamation.

"Oh, a story, a story, by all means!" cried the young girls. "No matter how marvellous, we will believe it, every word! And let it be a ghost-story, if you please!"

"No; not exactly a ghost story," answered Zenobia; "but something so nearly like it that you shall hardly tell the difference. And, Priscilla, stand you before me, where I may look at you, and get my inspiration out of your eyes. They are very deep and dreamy, to-night!"

I know not whether the following version of her story will retain any portion of its pristine character. But, as Zenobia told it, wildly and rapidly, hesitating at no extravagance, and dashing at absurdities which I am too timorous to repeat — giving it the varied emphasis of her inimitable voice, and the pictorial illustration of her mobile face, while, through it all, we caught the freshest aroma of the thoughts, as they came bubbling out of her mind — thus narrated, and thus heard, the legend seemed quite a remarkable affair. I scarcely knew, at the time, whether she intended us to laugh, or be more seriously impressed. From beginning to end it was undeniable nonsense, but not necessarily the worse for that.[3)]

---

3) From the beginning ~ worse for that: 처음부터 끝까지 그것은 영락없이 터무니없는 얘기였지만 그렇다고 반드시 형편없는 것은 아니었다.

THE SILVERY VEIL

You have heard, my dear friends, of the Veiled Lady, who grew suddenly so very famous, a few months ago. And have you never thought how remarkable it was, that this marvellous creature should vanish, all at once, while her renown was on the increase, before the public had grown weary of her, and when the enigma of her character, instead of being solved, presented itself more mystically at every exhibition? Her last appearance, as you know, was before a crowded audience. The next evening — although the bills had announced her, at the corner of every street, in red letters of a gigantic size — there was no Veiled Lady to be seen! Now, listen to my simple little tale; and you shall hear the very latest incident in the known life — (if life it may be called, which seemed to have no more reality than the candlelight image of one's self, which peeps at us outside of a dark window-pane) — the life of this shadowy phenomenon.

A party of young gentlemen, you are to understand, were enjoying themselves, one afternoon, as young gentlemen are sometimes fond of doing, over a bottle or two of champagne; and — among other ladies less mysterious — the subject of the Veiled Lady, as was very natural, happened to come up before them for discussion. She rose, as it were, with the sparkling effervescence of their wine,[4] and appeared in a more airy and fantastic light, on account of the medium through which they saw her. They repeated to one another, between jest and earnest,[5] all the wild stories that were in vogue; nor, I presume, did they hesitate to add any small circumstance that the inventive whim of the moment might suggest, to heighten the marvellousness of their theme.

"But what an audacious report was that," observed one, "which

---

4) She rose ~ of their wine: 말하자면, 그녀는 그들이 마시는 와인의 거품이 올라오는 것과 같이 떠올랐다.

5) between jest and earnest: 농담반 진담반으로.

pretended to assert the identity of this strange creature with a young lady," — and here he mentioned her name, — "the daughter of one of our most distinguished families!"

"Ah, there is more in that story than can well be accounted for!" remarked another. "I have it on good authority, that the young lady in question is invariably out of sight, and not to be traced, even by her own family, at the hours when the Veiled Lady is before the public; nor can any satisfactory explanation be given of her disappearance. And just look at the thing! Her brother is a young fellow of spirit. He cannot but be aware of these rumors in reference to his sister. Why, then, does he not come forward to defend her character, unless he is conscious that an investigation would only make the matter worse?"

It is essential to the purposes of my legend to distinguish one of these young gentlemen from his companions; so, for the sake of a soft and pretty name, (such as we, of the literary sisterhood, invariably bestow upon our heroes,) I deem it fit to call him 'Theodore.'

"Pshaw!" exclaimed Theodore. "Her brother is no such fool! Nobody, unless his brain be as full of bubbles as this wine, can seriously think of crediting that ridiculous rumor. Why, if my senses did not play me false, (which never was the case yet,) I affirm that I saw that very lady, last evening, at the exhibition, while this veiled phenomenon was playing off her juggling tricks! What can you say to that?"

"Oh, it was a spectral illusion that you saw!" replied his friends, with a general laugh. "The Veiled Lady is quite up to such a thing."

However, as the above-mentioned fable could not hold its ground against Theodore's downright refutation, they went on to speak of other stories, which the wild babble of the town had set afloat. Some upheld, that the veil covered the most beautiful countenance in the world; others — and certainly with more reason, considering the sex of the Veiled Lady — that the face was the most hideous and horrible, and that this was her sole motive for hiding it. It was the face of a corpse; it was the head of a skeleton; it was a monstrous visage, with snaky locks, like Medusa's,[6] and one great red eye in the centre of the forehead. Again, it was affirmed, that there was no single and unchangeable set of features, beneath the veil, but that whosoever should be bold enough to lift it would behold the features of that person, in all the world, who was destined to be his fate; perhaps he would be greeted by the tender smile of the woman whom he loved; or, quite as probably, the deadly scowl of his bitterest enemy would throw a blight over his life. They quoted, moreover, this startling explanation of the whole affair: — that the Magician (who exhibited the Veiled Lady, and who, by-the-by, was the handsomest man in the whole world) had bartered his own soul for seven years possession of a familiar fiend, and that the last year of the contract was wearing towards its close.

If it were worth our while, I could keep you till an hour beyond midnight, listening to a thousand such absurdities as these. But, finally, our friend Theodore, who prided himself upon his common-sense, found the matter getting quite beyond his patience.

"I offer any wager you like," cried he, setting down his glass so forcibly as to break the stem of it, "that, this very evening, I find out the mystery of the Veiled Lady!"

Young men, I am told, boggle at nothing, over their wine;[7] So, after a little more talk, a wager of considerable amount was actually laid, the money staked, and Theodore left to choose his own method of settling the dispute.

How he managed it, I know not, nor is it of any great importance to this veracious legend. The most natural way, to be sure, was by bribing the door-keeper, or, possibly, he preferred clambering in at the window. But, at any rate, that very evening, while the exhibition was going forward in the hall, Theodore contrived to gain admittance into the private withdrawing-room, whither the

---

6) **Medusa**: In Greek mythology, Medusa was a female monster, with snakes for hair, whose gaze turned men into stone. See Ovid, *Metamorphoses,* 4:614-20, 770-803.

7) **Young men ~ their wine**: 내가 듣기에 젊은이들은 와인을 마시면서 전혀 무서운 게 없었다. boggle: hesitate or waver.

Veiled Lady was accustomed to retire, at the close of her performances. There he waited, listening, I suppose, to the stifled hum of the great audience; and, no doubt, he could distinguish the deep tones of the Magician, causing the wonders that he wrought to appear more dark and intricate, by his mystic pretence of an explanation. Perhaps, too, in the intervals of the wild, breezy music which accompanied the exhibition, he might hear the low voice of the Veiled Lady, conveying her sibylline responses. Firm as Theodore's nerves might be, and much as he prided himself on his sturdy perception of realities, I should not be surprised if his heart throbbed at a little more than its ordinary rate!

Theodore concealed himself behind a screen. In due time, the performance was brought to a close; and whether the door was softly opened, or whether her bodiless presence came through the wall, is more than I can say;[8] but, all at once, without the young man's knowing how it happened, a veiled figure stood in the centre of the room. It was one thing to be in presence of this mystery, in the hall of exhibition, where the warm, dense life of hundreds of other mortals kept up the beholder's courage, and distributed her influence among so many; it was another thing to be quite alone with her, and that, too, with a hostile, or, at least, an unauthorized and unjustifiable purpose. I rather imagine that Theodore now began to be sensible of something more serious in his enterprise than he had been quite aware of, while he sat with his boon-companions over their sparkling wine.

Very strange, it must be confessed, was the movement with which the figure floated to-and-fro over the carpet, with the silvery veil covering her from head to foot; so impalpable, so ethereal, so without substance, as the texture seemed, yet hiding her every outline in an impenetrability like that of midnight. Surely, she did not walk! She floated, and flitted, and hovered about the room; —no sound of a footstep, no perceptible motion of a limb;—

---

8) whether the door ~ can say: 문이 스르르 열렸는지 아니면 그녀의 실체 없는 영혼이 벽을 통해 들어온 것인지 나로선 알 수 없다.

it was as if a wandering breeze wafted her before it, at its own wild and gentle pleasure. But, by-and-by, a purpose began to be discernible, throughout the seeming vagueness of her unrest. She was in quest of something! Could it be, that a subtile presentiment had informed her of the young man's presence? And, if so, did the Veiled Lady seek, or did she shun him? The doubt in Theodore's mind was speedily resolved; for, after a moment or two of these erratic flutterings, she advanced, more decidedly, and stood motionless before the screen.

"Thou art here!" said a soft, low voice. "Come forth, Theodore!"

Thus summoned by his name, Theodore, as a man of courage, had no choice. He emerged from his concealment, and presented himself before the Veiled Lady, with the wine-flush, it may be, quite gone out of his cheeks.

"What wouldst thou with me?" she inquired, with the same gentle composure that was in her former utterance.

"Mysterious creature," replied Theodore, "I would know who and what you are!"

"My lips are forbidden to betray the secret!" said the Veiled Lady.

"At whatever risk, I must discover it!" rejoined Theodore.

"Then," said the Mystery, "there is no way, save to lift my veil!"

And Theodore, partly recovering his audacity, stept forward, on the instant, to do as the Veiled Lady had suggested. But she floated backward to the opposite side of the room, as if the young man's breath had possessed power enough to waft her away.

"Pause, one little instant," said the soft, low voice, "and learn the conditions of what thou art so bold to undertake! Thou canst go hence, and think of me no more; or, at thy option, thou canst lift this mysterious veil, beneath which I am a sad and lonely prisoner, in a bondage which is worse to me than death. But, before raising it, I entreat thee, in all maiden modesty, to bend forward, and impress a kiss, where my breath stirs the veil; and my virgin lips shall come forward to meet thy lips; and from that instant, Theodore, thou shalt be mine, and I thine, with never more a veil between us! And all the felicity of earth and of the future world shall be thine and mine together. So much may a maiden say behind the veil! If thou shrinkest from this, there is yet another way."

"And what is that?" asked Theodore.

"Dost thou hesitate," said the Veiled Lady, "to pledge thyself to me, by meeting these lips of mine, while the veil yet hides my face? Has not thy heart recognized me? Dost thou come hither, not in holy faith, nor with a pure and generous purpose, but in scornful scepticism and idle curiosity? Still, thou mayest lift the veil! But from that instant, Theodore, I am doomed to be thy evil fate; nor wilt thou ever taste another breath of happiness!"

There was a shade of inexpressible sadness in the utterance of these last words. But Theodore, whose natural tendency was towards scepticism, felt himself almost injured and insulted by the Veiled Lady's proposal that he should pledge himself, for life and eternity, to so questionable a creature as herself; or even that she should suggest an inconsequential kiss, taking into view the probability that her face was none of the most bewitching. A delightful idea, truly, that he should salute the lips of a dead girl, or the jaws of a skeleton, or the grinning cavity of a monster's mouth![9] Even should she prove a comely maiden enough, in other respects, the odds were ten to one that her teeth were defective;[10] a terrible drawback on the delectableness of a kiss!

"Excuse me, fair lady," said Theodore — and I think he nearly burst into a laugh — "if I prefer to lift the veil first; and for this affair of the kiss, we may decide upon it, afterwards!"

"Thou hast made thy choice," said the sweet, sad voice, behind the veil; and there seemed a tender, but unresentful sense of wrong done to womanhood by the young man's contemptuous inter-

9) grinning cavity of a monster's mouth: 이빨을 드러내고 징그럽게 웃고 있는 괴물의 공동(空洞).

10) Even should ~ teeth were defective: 설사 이 여인이 다른 점에서는 아무리 아름다운 여성일지라도, 이가 빠져있을 가능성은 충분히 있을 수 있다.

pretation of her offer. "I must not counsel thee to pause; although thy fate is still in thine own hand!"

Grasping at the veil, he flung it upward, and caught a glimpse of a pale, lovely face, beneath; just one momentary glimpse; and then the apparition vanished, and the silvery veil fluttered slowly down, and lay upon the floor. Theodore was alone. Our legend leaves him there. His retribution was, to pine, forever and ever, for another sight of that dim, mournful face — which might have been his life-long household, fireside joy — to desire, and waste life in a feverish quest, and never meet it more!

But what, in good sooth, had become of the Veiled Lady? Had all her existence been comprehended within that mysterious veil, and was she now annihilated? Or was she a spirit, with a heavenly essence, but which might have been tamed down to human bliss, had Theodore been brave and true enough to claim her? Hearken, my sweet friends — and hearken, dear Priscilla — and you shall learn the little more that Zenobia can tell you!

Just at the moment, so far as can be ascertained, when the Veiled Lady vanished, a maiden, pale and shadowy, rose up amid a knot of visionary people, who were seeking for the better life. She was so gentle and so sad — a nameless melancholy gave her such hold upon their sympathies — that they never thought of questioning whence she came. She might have heretofore existed; or her thin substance might have been moulded out of air, at the very instant when they first beheld her. It was all one to them; they took her to their hearts. Among them was a lady, to whom, more than to all the rest, this pale, mysterious girl attached herself.

But, one morning, the lady was wandering in the woods, and there met her a figure in an Oriental robe, with a dark beard, and holding in his hand a silvery veil. He motioned her to stay. Being a woman of some nerve, she did not shriek, nor run away, nor faint, as many ladies would have been apt to do, but stood quietly, and bade him speak. The truth was, she had seen his face before, but had never feared it, although she knew him to be a terrible magician.

"Lady," said he, with a warning gesture, "you are in peril!"

"Peril!" she exclaimed. "And of what nature?"

"There is a certain maiden," replied the Magician, "who has come out of the realm of Mystery, and made herself your most intimate companion. Now, the fates have so ordained it, that, whether by her own will, or no, this stranger is your deadliest enemy. In love, in worldly fortune, in all your pursuit of happiness, she is doomed to fling a blight over your prospects. There is but one possibility of thwarting her disastrous influence."

"Then, tell me that one method," said the lady.

"Take this veil!" he answered, holding forth the silvery texture. "It is a spell; it is a powerful enchantment, which I wrought for her sake, and beneath which she was once my prisoner. Throw it, at unawares, over the head of this secret foe, stamp your foot, and cry — 'Arise, Magician, here is the Veiled Lady' — and immediately I will rise up through the earth, and seize her. And from that moment, you are safe!"

So the lady took the silvery veil, which was like woven air, or like some substance airier than nothing,[11)] and that would float upward and be lost among the clouds, were she once to let it go.[12)] Returning homeward, she found the shadowy girl, amid the knot of visionary transcendentalists,[13)] who were still seeking for the better life. She was joyous, now, and had a rose-bloom in her cheeks, and was one of the prettiest creatures, and seemed one of the happiest, that the world could show. But the lady stole noiselessly behind her, and threw the veil over her head. As the slight, ethereal texture sank inevitably down over her figure, the poor girl strove

---

11) silvery ~ airier than nothing: 그 은빛 베일은 공기로 짜여진 것 같기도 하고 무(無) 이상으로 가벼운 물질 같았다.

12) were she once to let it go: 그녀가 일단 잡았던 손을 놓아버리면 (가정법).

13) visionary transcendentalists: Most of those involved with Brook Farm ascribed to some degree to the tenets of Transcendentalism, the name of the literary and cultural movement centered in the Boston/ Cambridge /Concord area and associated with Emerson, Ripley, Fuller, and others, that arose in the 1830s.

to raise it, and met her dear friend's eyes with one glance of mortal terror, and deep, deep reproach. It could not change her purpose.

"Arise, Magician!" she exclaimed, stamping her foot upon the earth. "Here is the Veiled Lady!"

At the word, uprose the bearded man in the Oriental robes — the beautiful! — the dark Magician, who had bartered away his soul! He threw his arms around the Veiled Lady, and she was his bond-slave, for evermore!

Zenobia, all this while, had been holding the piece of gauze, and so managed it as greatly to increase the dramatic effect of the legend at those points where the magic veil was to be described. Arriving at the catastrophe, and uttering the fatal words, she flung the gauze over Priscilla's head; and for an instant her auditors held their breath, half expecting[14)], I verily believe, that the magician would start up through the floor, and carry off our poor little friend before our eyes.

As for Priscilla, she stood droopingly in the midst of us, making no attempt to remove the veil.

"How do you find yourself, my love?" said Zenobia, lifting a corner of the gauze, and peeping beneath it with a mischievous smile. "Ah, the dear little soul! Why, she is really going to faint! Mr. Coverdale, Mr. Coverdale, pray bring a glass of water!"

Her nerves being none of the strongest, Priscilla hardly recovered her equanimity during the rest of the evening. This, to be sure, was a great pity; but, nevertheless, we thought it a very bright idea of Zenobia's to bring her legend to so effective a conclusion.

---

14) her auditor ~ half expecting: 그녀의 청중들은 약간 기대하면서 숨을 죽이고 있었다.

XIV
ELIOT'S PULPIT

OUR SUNDAYS, at Blithedale, were not ordinarily kept with such rigid observance as might have befitted the descendants of the Pilgrims, whose high enterprise, as we sometimes flattered ourselves, we had taken up, and were carrying it onward and aloft, to a point which they never dreamed of attaining.

On that hallowed day, it is true, we rested from our labors. Our oxen, relieved from their week-day yoke, roamed at large through the pasture; each yoke-fellow, however, keeping close beside his mate, and continuing to acknowledge, from the force of habit and sluggish sympathy, the union which the taskmaster had imposed for his own hard ends. As for us, human yoke-fellows, chosen companions of toil, whose hoes had clinked together throughout the week, we wandered off, in various directions, to enjoy our interval of repose. Some, I believe, went devoutly to the village-church. Others, it may be, ascended a city or a country-pulpit, wearing the clerical robe with so much dignity that you would scarcely have suspected the yeoman's frock to have been flung off, only since milking-time. Others took long rambles among the rustic lanes and by-paths, pausing to look at black, old farm-houses, with their sloping roofs; and at the modern cottage, so like a plaything that it seemed as if real joy or sorrow could have no scope within; and at the more pretending villa, with its range of wooden columns, supporting the needless insolence of a great portico.[1] Some betook themselves into the wide, dusky barn, and lay there, for hours together, on the odorous hay; while the sunstreaks and the shadows strove together — these to make the barn solemn, those to make it cheerful — and both were conquerors; and the swallows

---

1) supporting ~ great portico: 필요 이상으로 거만한, 큰 주랑(柱廊) 현관을 지탱하는. portico: 대형건물 입구에 기둥을 받쳐 만든 현관 지붕.

twittered a cheery anthem, flashing into sight, or vanishing, as they darted to-and-fro among the golden rules of sunshine. And others went a little way into the woods, and threw themselves on Mother Earth, pillowing their heads on a heap of moss, the green decay of an old log; and dropping asleep, the bumble-bees and mosquitoes sung and buzzed about their ears, causing the slumberers to twitch and start, without awaking.

With Hollingsworth, Zenobia, Priscilla, and myself, it grew to be a custom to spend the Sabbath-afternoon at a certain rock. It was known to us under the name of Eliot's pulpit, from a tradition that the venerable Apostle Eliot[2)] had preached there, two centuries gone by, to an Indian auditory. The old pine-forest, through which the Apostle's voice was wont to sound, had fallen, an immemorial time ago. But the soil, being of the rudest and most broken surface, had apparently never been brought under tillage; other growths, maple and beech, and birch, had succeeded to the primeval trees; so that it was still as wild a tract of woodland as the great-great-great-great grandson of one of Eliot's Indians (had any such posterity been in existence[3)]) could have desired, for the site and shelter of his wigwam. These after-growths, indeed, lose the stately solemnity of the original forest. If left in due neglect, however, they run into an entanglement of softer wildness, among the rustling leaves of which the sun can scatter cheerfulness, as it never could among the dark-browed pines.

The rock itself rose some twenty or thirty feet, a shattered granite boulder, or heap of bowlders, with an irregular outline and many fissures,[4)] out of which sprang shrubs, bushes, and even trees; as

---

2) Apostle Eliot: John Eliot (1604-1690), a puritan minister who held the Roxbury church, was dedicated to the conversion of the local Indians. Known as the Apostle to the Indians, Eliot translated the Bible into Natick, a local tongue, and used the same language to preach to the Indians. In *The Scarlet Letter*, Reverend Dimmesdale goes for a visit to "Apostle Eliot, among his Indian converts" (chapter 16).

3) had any ~ existence: 그 후손들이 만에 하나라도 존속해 왔더라면.

4) with an irregular outline and many fissures: 여기저기 흩어지고 금이 많이

if the scanty soil, within those crevices, were sweeter to their roots than any other earth. At the base of the pulpit, the broken bowlders inclined towards each other, so as to form a shallow cave, within which our little party had sometimes found protection from a summer shower. On the threshold, or just across it, grew a tuft of pale columbines, in their season, and violets, sad and shadowy recluses, such as Priscilla was, when we first knew her; children of the sun, who had never seen their father, but dwelt among damp mosses, though not akin to them. At the summit, the rock was overshadowed by the canopy of a birch-tree, which served as a sounding-board for the pulpit.[5] Beneath this shade, (with my eyes of sense half shut, and those of the imagination widely opened,) I used to see the holy Apostle of the Indians, with the sunlight flickering down upon him through the leaves, and glorifying his figure as with the half-perceptible glow of a transfiguration.

I the more minutely describe the rock, and this little Sabbath solitude, because Hollingsworth, at our solicitation, often ascended Eliot's pulpit, and — not exactly preached — but talked to us, his few disciples, in a strain that rose and fell as naturally as the wind's breath among the leaves of the birch-tree. No other speech of man has ever moved me like some of those discourses. It seemed most pitiful — a positive calamity to the world — that a treasury of golden thoughts should thus be scattered, by the liberal handful,[6] down among us three,[7] when a thousand hearers might have been the richer for them; and Hollingsworth the richer, likewise, by the sympathy of multitudes. After speaking much or little, as might happen, he would descend from his gray pulpit, and generally fling himself at full length on the ground, face downward. Meanwhile, we talked around him, on such topics as were suggested by the discourse.

가서 갈라진 채.

5) sounding-board for the pulpit: 설교를 잘 듣게 해주는 반향판.

6) by the liberal handful: 아낌없이, 한 움큼씩.

7) us three: Coverdale, Zenobia, Priscilla.

Since her interview with Westervelt, Zenobia's continual inequalities of temper had been rather difficult for her friends to bear. On the first Sunday after that incident, when Hollingsworth had clambered down from Eliot's pulpit, she declaimed with great earnestness and passion, nothing short of anger, on the injustice which the world did to women, and equally to itself, by not allowing them, in freedom and honor, and with the fullest welcome, their natural utterance in public.

"It shall not always be so!" cried she. "If I live another year, I will lift up my own voice, in behalf of woman's wider liberty."

She, perhaps, saw me smile.

"What matter of ridicule do you find in this, Miles Coverdale?" exclaimed Zenobia, with a flash of anger in her eyes. "That smile, permit me to say, makes me suspicious of a low tone of feeling, and shallow thought. It is my belief — yes, and my prophecy, should I die before it happens — that, when my sex shall achieve its rights, there will be ten eloquent women, where there is now one eloquent man. Thus far, no woman in the world has ever once spoken out her whole heart and her whole mind. The mistrust and disapproval of the vast bulk of society throttles us, as with two gigantic hands at our throats! We mumble a few weak words, and leave a thousand better ones unsaid. You let us write a little, it is true, on a limited range of subjects. But the pen is not for woman. Her power is too natural and immediate. It is with the living voice, alone, that she can compel the world to recognize the light of her intellect and the depth of her heart!"

Now — though I could not well say so to Zenobia — I had not smiled from any unworthy estimate of woman, or in denial of the claims which she is beginning to put forth. What amused and puzzled me, was the fact, that women, however intellectually superior, so seldom disquiet themselves about the rights or wrongs of their sex, unless their own individual affections chance to lie in idleness, or to be ill at ease. They are not natural reformers, but become such by the pressure of exceptional misfortune. I could measure Zenobia's inward trouble, by the animosity with which she now took up the general quarrel of woman against man.

"I will give you leave, Zenobia," replied I, "to fling your utmost scorn upon me, if you ever hear me utter a sentiment unfavorable to the widest liberty which woman has yet dreamed of. I would give her all she asks, and add a great deal more, which she will not be the party to demand, but which men, if they were generous and wise, would grant of their own free motion. For instance, I should love dearly — for the next thousand years, at least — to have all government devolve into the hands of women. I hate to be ruled by my own sex; it excites my jealousy and wounds my pride. It is the iron sway of bodily force, which abases us, in our compelled submission. But, how sweet the free, generous courtesy, with which I would kneel before a woman-ruler!"

"Yes; if she were young and beautiful," said Zenobia, laughing. "But how if she were sixty, and a fright?"

"Ah; it is you that rate womanhood low," said I. "But let me go on. I have never found it possible to suffer a bearded priest so near my heart and conscience, as to do me any spiritual good. I blush at the very thought! Oh, in the better order of things, Heaven grant that the ministry of souls may be left in charge of women![8] The gates of the Blessed City[9] will be thronged with the multitude that enter in, when that day comes! The task belongs to woman. God meant it for her. He has endowed her with the religious sentiment in its utmost depth and purity, refined from that gross, intellectual alloy, with which every masculine theologist — save only One, who merely veiled Himself in mortal and masculine shape, but was, in truth, divine — has been prone to mingle it. I have always envied the Catholics their faith in that sweet, sacred Virgin Mother, who stands between them and the Deity, intercepting somewhat of His awful splendor, but permitting His love to stream upon the worshipper, more intelligibly to human

---

8) Heaven grant ~ charge of women!: 하느님께서 목사의 직분을 여성이 맡도록 기꺼이 허락하시는 날이 오길!

9) Blessed City: abode of God and the saints, or heaven.

comprehension, through the medium of a woman's tenderness. Have I not said enough, Zenobia?"

"I cannot think that this is true," observed Priscilla, who had been gazing at me with great, disapproving eyes. "And I am sure I do not wish it to be true!"

"Poor child!" exclaimed Zenobia, rather contemptuously. "She is the type of womanhood, such as man has spent centuries in making it. He is never content, unless he can degrade himself by stooping towards what he loves. In denying us our rights, he betrays even more blindness to his own interests, than profligate disregard of ours!"[10)]

"Is this true?" asked Priscilla, with simplicity, turning to Hollingsworth. "Is it all true that Mr. Coverdale and Zenobia have been saying?"

"No, Priscilla!" answered Hollingsworth, with his customary bluntness. "They have neither of them spoken one true word yet."

"Do you despise woman?" said Zenobia. "Ah, Hollingsworth, that would be most ungrateful!"

"Despise her? — No!" cried Hollingsworth, lifting his great shaggy head and shaking it at us, while his eyes glowed almost fiercely. "She is the most admirable handiwork of God, in her true place and character. Her place is at man's side. Her office, that of the sympathizer; the unreserved, unquestioning Believer; the Recognition, withheld in every other manner, but given, in pity, through woman's heart, lest man should utterly lose faith in himself; the Echo of God's own voice, pronouncing — 'It is well done!'[11)] All the separate action of woman is, and ever has been, and always shall be, false, foolish, vain, destructive of her own best and holiest qualities, void

---

10) In denying ~ disregard of ours!: 남자는 여성들의 권리를 부정하면서 우리 여성의 관심사를 무시하는 난봉꾼들보다도 자신의 관심사에 대해서 훨씬 더 무지하다는 것을 무의식중에 드러낸다.

11) 세상 만물은 하느님이 만들었기에 '잘 만들어졌다'는 의미로서 하느님의 완전함을 암시하는 구절이다. Julian of Norwitch(1342-1413)는 자신의 유명한 저서 *Revelationas of Divine Love*에서 "All thing that is done, it is well done : for our Lord God doeth all."라고 역설했다.

of every good effect, and productive of intolerable mischiefs! Man is a wretch without woman; but woman is a monster — and, thank Heaven, an almost impossible and hitherto imaginary monster — without man, as her acknowledged principal! As true as I had once a mother, whom I loved, were there any possible prospect of woman's taking the social stand which some of them — poor, miserable, abortive creatures, who only dream of such things because they have missed woman's peculiar happiness, or because Nature made them really neither man nor woman! — if there were a chance of their attaining the end which these petticoated monstrosities have in view, I would call upon my own sex to use its physical force, that unmistakable evidence of sovereignty, to scourge them back within their proper bounds! But it will not be needful. The heart of time womanhood knows where its own sphere is, and never seeks to stray beyond it!"

Never was mortal blessed — if blessing it were — with a glance of such entire acquiescence and unquestioning faith, happy in its completeness, as our little Priscilla unconsciously bestowed on Hollingsworth. She seemed to take the sentiment from his lips into her heart, and brood over it in perfect content. The very woman whom he pictured — the gentle parasite, the soft reflection of a more powerful existence — sat there at his feet.

I looked at Zenobia, however, fully expecting her to resent — as I felt, by the indignant ebullition of my own blood, that she ought — this outrageous affirmation of what struck me as the intensity of masculine egotism. It centred everything in itself, and deprived woman of her very soul, her inexpressible and unfathomable all, to make it a mere incident in the great sum of man. Hollingsworth had boldly uttered what he, and millions of despots like him, really felt. Without intending it, he had disclosed the well-spring of all these troubled waters. Now, if ever, it surely behoved Zenobia to be the champion of her sex.

But, to my surprise, and indignation too, she only looked humbled. Some tears sparkled in her eyes, but they were wholly of grief, not anger.

"Well, be it so," was all she said. "I, at least, have deep cause to think you right. Let man be but manly and godlike, and woman is only too ready to become to him what you say!"

I smiled — somewhat bitterly, it is true — in contemplation of my own ill-luck. How little did these two women care for me, who had freely conceded all their claims, and a great deal more, out of the fulness of my heart; while Hollingsworth, by some necromancy[12] of his horrible injustice, seemed to have brought them both to his feet!

"Women almost invariably behave thus!" thought I. "What does the fact mean? Is it their nature? Or is it, at last, the result of ages of compelled degradation? And, in either case, will it be possible ever to redeem them?"

An intuition now appeared to possess all the party, that, for this time, at least, there was no more to be said. With one accord, we arose from the ground, and made our way through the tangled undergrowth towards one of those pleasant wood-paths, that wound among the over-arching trees. Some of the branches hung so low as partly to conceal the figures that went before, from those who followed. Priscilla had leaped up more lightly than the rest of us, and ran along in advance, with as much airy activity of spirit as was typified in the motion of a bird, which chanced to be flitting from tree to tree, in the same direction as herself. Never did she seem so happy as that afternoon. She skipt, and could not help it, from very playfulness of heart.

Zenobia and Hollingsworth went next, in close contiguity, but not with arm in arm. Now, just when they had passed the impending bough of a birch-tree, I plainly saw Zenobia take the hand of Hollingsworth in both her own, press it to her bosom, and let it fall again!

The gesture was sudden and full of passion; the impulse had evidently taken her by surprise; it expressed all! Had Zenobia knelt before him, or flung herself upon his breast, and gasped out —

12) necromancy: magic, witchcraft, sorcery.

'I love you, Hollingsworth!'—I could not have been more certain of what it meant.[13] They then walked onward, as before. But, methought, as the declining sun threw Zenobia's magnified shadow along the path, I beheld it tremulous; and the delicate stem of the flower, which she wore in her hair, was likewise responsive to her agitation.

Priscilla—through the medium of her eyes, at least—could not possibly have been aware of the gesture above-described. Yet, at that instant, I saw her droop. The buoyancy, which just before had been so birdlike, was utterly departed; the life seemed to pass out of her, and even the substance of her figure to grow thin and gray. I almost imagined her a shadow, fading gradually into the dimness of the wood. Her pace became so slow, that Hollingsworth and Zenobia passed by, and I, without hastening my footsteps, overtook her.

"Come, Priscilla," said I, looking her intently in the face, which was very pale and sorrowful, "we must make haste after our friends. Do you feel suddenly ill? A moment ago, you flitted along so lightly that I was comparing you to a bird. Now, on the contrary, it is as if you had a heavy heart, and a very little strength to bear it with. Pray take my arm!"

"No," said Priscilla, "I do not think it would help me. It is my heart, as you say, that makes me heavy; and I know not why. Just now, I felt very happy."

No doubt, it was a kind of sacrilege in me to attempt to come within her maidenly mystery. But, as she appeared to be tossed aside by her other friends, or carelessly let fall, like a flower which they had done with, I could not resist the impulse to take just one peep beneath her folded petals.

"Zenobia and yourself are dear friends of late," I remarked. "At first—that first evening when you came to us—she did not re-

---

13) Had Zenobia knelt ~ it meant: 제노비아가 홀링스워스 앞에 무릎을 꿇고 있었다거나, 그의 가슴에 안겨 '홀링스워스, 당신을 사랑해요!'라고 숨이 멎을 듯이 말했더라도 이 만큼 그 의미를 나에게 확실히 전하지는 못했을 것이다.

ceive you quite so warmly as might have been wished."

"I remember it," said Priscilla. "No wonder she hesitated to love me, who was then a stranger to her, and a girl of no grace or beauty; she being herself so beautiful!" "But she loves you now, of course?" suggested I. "And, at this very instant, you feel her to be your dearest friend?"

"Why do you ask me that question?" exclaimed Priscilla, as if frightened at the scrutiny into her feelings which I compelled her to make. "It somehow puts strange thoughts into my mind. But I do love Zenobia dearly! If she only loves me half as well, I shall be happy!"

"How is it possible to doubt that, Priscilla?" I rejoined. "But, observe how pleasantly and happily Zenobia and Hollingsworth are walking together! I call it a delightful spectacle. It truly rejoices me that Hollingsworth has found so fit and affectionate a friend! So many people in the world mistrust him — so many disbelieve and ridicule, while hardly any do him justice, or acknowledge him for the wonderful man he is — that it is really a blessed thing for him to have won the sympathy of such a woman as Zenobia. Any man might be proud of that. Any man, even if he be as great as Hollingsworth, might love so magnificent a woman. How very beautiful Zenobia is! And Hollingsworth knows it, too!"

There may have been some petty malice in what I said. Generosity is a very fine thing, at a proper time, and within due limits. But it is an insufferable bore, to see one man engrossing every thought of all the women, and leaving his friend to shiver in outer seclusion, without even the alternative of solacing himself with what the more fortunate individual has rejected. Yes; it was out of a foolish bitterness of heart that I had spoken.

"Go on before," said Priscilla, abruptly, and with true feminine imperiousness, which heretofore I had never seen her exercise. "It pleases me best to loiter along by myself. I do not walk so fast as you."

With her hand, she made a little gesture of dismissal. It provoked me, yet, on the whole, was the most bewitching thing that Priscilla had ever done. I obeyed her, and strolled moodily homeward, wondering — as I had wondered a thousand times, already — how Hollingsworth meant to dispose of these two hearts, which (plainly to my perception, and, as I could not but now suppose, to his) he had engrossed into his own huge egotism.

There was likewise another subject, hardly less fruitful of speculation. In what attitude did Zenobia present herself to Hollingsworth? Was it in that of a free woman, with no mortgage on her affections nor claimant to her hand, but fully at liberty to surrender both, in exchange for the heart and hand which she apparently expected to receive? But, was it a vision that I had witnessed in the wood? Was Westervelt a goblin? Were those words of passion and agony, which Zenobia had uttered in my hearing, a mere stage-declamation? Were they formed of a material lighter than common air?[14] Or, supposing them to bear sterling weight, was it a perilous and dreadful wrong, which she was meditating towards herself and Hollingsworth?

Arriving nearly at the farm-house, I looked back over the long slope of pasture-land, and beheld them standing together, in the light of sunset, just on the spot where, according to the gossip of the Community, they meant to build their cottage. Priscilla, alone and forgotten, was lingering in the shadow of the wood.

---

14) Were they ~ common air?: 그 말들은 공기보다도 더 가벼운 물질로 만들어진 것이었을까?

XV
A CRISIS

THUS the summer was passing away; a summer of toil, of interest, of something that was not pleasure, but which went deep into my heart, and there became a rich experience. I found myself looking forward to years, if not to a lifetime, to be spent on the same system. The Community were now beginning to form their permanent plans. One of our purposes was to erect a Phalanstery (as I think we called it, after Fourier; but the phraseology of those days is not very fresh in my remembrance) where the great and general family should have its abiding-place. Individual members, too, who made it a point of religion to preserve the sanctity of an exclusive home, were selecting sites for their cottages, by the wood-side, or on the breezy swells, or in the sheltered nook of some little valley, according as their taste might lean towards snugness or the picturesque. Altogether, by projecting our minds outward, we had imparted a show of novelty to existence, and contemplated it as hopefully as if the soil, beneath our feet, had not been fathom-deep with the dust of deluded generations, on every one of which, as on ourselves, the world had imposed itself as a hitherto unwedded bride.

Hollingsworth and myself had often discussed these prospects. It was easy to perceive, however, that he spoke with little or no fervor, but either as questioning the fulfilment of our anticipations, or, at any rate, with a quiet consciousness that it was no personal concern of his.[1)] Shortly after the scene at Eliot's pulpit, while he and I were repairing an old stone-fence, I amused myself with sallying forward into the future time.

"When we come to be old men," I said, "they will call us Uncles,

---

1) either as ~ concern of his: 우리 장래 계획의 달성에 의문을 가진 투이거나, 아니면 어쨌든 그런 일은 자기가 알 바 아니라는 듯한 태연한 생각을 가지고

or Fathers — Father Hollingsworth and Uncle Coverdale — and we will look back cheerfully to these early days, and make a romantic story for the young People(and if a little more romantic than truth may warrant, it will be no harm)out of our severe trials and hardships. In a century or two, we shall every one of us be mythical personages, or exceedingly picturesque and poetical ones, at all events. They will have a great public hall, in which your portrait, and mine, and twenty other faces that are living now, shall be hung up; and as for me, I will be painted in my shirt-sleeves, and with the sleeves rolled up, to show my muscular development. What stories will be rife among them about our mighty strength!" continued I, lifting a big stone and putting it into its place; "though our posterity will really be far stronger than ourselves, after several generations of a simple, natural, and active life! What legends of Zenobia's beauty, and Priscilla's slender and shadowy grace, and those mysterious qualities which make her seem diaphanous with spiritual light! In due course of ages, we must all figure heroically in an Epic Poem; and we will ourselves — at least, I will — bend unseen over the future poet,[2) and lend him inspiration, while he writes it."

"You seem," said Hollingsworth, "to be trying how much nonsense you can pour out in a breath."

"I wish you would see fit to comprehend,"[3) retorted I, "that the profoundest wisdom must be mingled with nine-tenths of nonsense; else it is not worth the breath that utters it.[4) But I do long for the cottages to be built, that the creeping plants may begin to run over them, and the moss to gather on the walls, and the trees — which we will set out — to cover them with a breadth of shadow. This spick-and-span novelty does not quite suit my taste. It is time, too, for children to be born among us. The first-born

2) bend unseen over the future poet: 미래의 시인 위에 모습은 보이지 않은 채 몸을 기울여.

3) I wish you would see fit to comprehend: 당신이 잘 이해해 주었으면 좋겠는데.

4) else it is ~ utters it: 그렇지 않으면 그건 말할 만한 가치도 없는 거야.

child is still to come! And I shall never feel as if this were a real, practical, as well as poetical, system of human life, until somebody has sanctified it by death."

"A pretty occasion for martyrdom, truly!" said Hollingsworth.

"As good as any other!" I replied. "I wonder, Hollingsworth, who, of all these strong men, and fair women and maidens, is doomed the first to die. Would it not be well, even before we have absolute need of it, to fix upon a spot for a cemetery? Let us choose the rudest, roughest, most uncultivable spot, for Death's garden-ground; and Death shall teach us to beautify it, grave by grave. By our sweet, calm way of dying, and the airy elegance out of which we will shape our funeral rites, and the cheerful allegories[5] which we will model into tombstones, the final scene shall lose its terrors; so that, hereafter, it may be happiness to live, and bliss to die. None of us must die young. Yet, should Providence ordain it so, the event shall not be sorrowful, but affect us with a tender, delicious, only half-melancholy, and almost smiling pathos!"

"That is to say," muttered Hollingsworth, "you will die like a heathen, as you certainly live like one! But, listen to me, Coverdale. Your fantastic anticipations make me discern, all the more forcibly, what a wretched, unsubstantial scheme is this, on which we have wasted a precious summer of our lives. Do you seriously imagine that any such realities as you, and many others here, have dreamed of, will ever be brought to pass?"

"Certainly, I do," said I. "Of course, when the reality comes, it will wear the every-day, common-place, dusty, and rather homely garb, that reality always does put on. But, setting aside the ideal charm, I hold, that our highest anticipations have a solid footing on common-sense."

"You only half believe what you say," rejoined Hollingsworth; "and as for me, I neither have faith in your dream, nor would care the value of this pebble for its realization, were that possible.

---

5) allegories: drawings or pictures expressing moral fables or allegories.

And what more do you want of it? It has given you a theme for poetry. Let that content you. But, now, I ask you to be, at last, a man of sobriety and earnestness, and aid me in an enterprise which is worth all our strength, and the strength of a thousand mightier than we!"

There can be no need of giving, in detail, the conversation that ensued. It is enough to say, that Hollingsworth once more brought forward his rigid and unconquerable idea; a scheme for the reformation of the wicked by methods moral, intellectual, and industrial, by the sympathy of pure, humble, and yet exalted minds, and by opening to his pupils the possibility of a worthier life than that which had become their fate. It appeared, unless he over-estimated his own means, that Hollingsworth held it at his choice (and he did so choose) to obtain possession of the very ground on which we had planted our Community, and which had not yet been made irrevocably ours, by purchase. It was just the foundation that he desired. Our beginnings might readily be adapted to his great end. The arrangements, already completed, would work quietly into his system. So plausible looked his theory, and, more than that, so practical; such an air of reasonableness had he, by patient thought, thrown over it; each segment of it was contrived to dove-tail into all the rest, with such a complicated applicability; and so ready was he with a response for every objection — that, really, so far as logic and argument went, he had the matter all his own way.[6)]

"But," said I, "whence can you, having no means of your own, derive the enormous capital which is essential to this experiment? State-Street,[7)] I imagine, would not draw its purse-strings very liberally, in aid of such a speculation."

"I have the funds — as much, at least, as is needed for a commencement — at command," he answered. "They can be produced

---

6) so far as ~ own way: 이론과 논란에 관한 한 그는 이 문제에서 아무에게도 질 생각이 없었다.

7) State-street: the center of finance, banking, and commerce in Boston.

within a month, if necessary."

My thoughts reverted to Zenobia. It could only be her wealth which Hollingsworth was appropriating so lavishly. And on what conditions was it to be had? Did she fling it into the scheme, with the uncalculating generosity that characterizes a woman, when it is her impulse to be generous at all? And did she fling herself along with it? But Hollingsworth did not volunteer an explanation.

"And have you no regrets," I inquired, "in overthrowing this fair system of our new life, which has been planned so deeply, and is now beginning to flourish so hopefully around us? How beautiful it is, and, so far as we can yet see, how practicable! The Ages have waited for us, and here we are — the very first that have essayed to carry on our mortal existence, in love, and mutual help! Hollingsworth, I would be loath to take the ruin of this enterprise upon my conscience!"

"Then let it rest wholly upon mine!" he answered, knitting his black brows. "I see through the system. It is full of defects — irremediable and damning ones! — from first to last, there is nothing else! I grasp it in my hand, and find no substance whatever. There is not human nature in it."

"Why are you so secret in your operations?" I asked. "God forbid that I should accuse you of intentional wrong; but the besetting sin of a philanthropist, it appears to me, is apt to be a moral obliquity. His sense of honor ceases to be the sense of other honorable men. At some point of his course — I know not exactly when nor where — he is tempted to palter with the right, and can scarcely forbear persuading himself that the importance of his public ends renders it allowable to throw aside his private conscience. Oh, my dear friend, beware this error! If you meditate the overthrow of this establishment, call together our companions, state your design, support it with all your eloquence, but allow them an opportunity of defending themselves."

"It does not suit me," said Hollingsworth. "Nor is it my duty to do so."

"I think it is!" replied I.

Hollingsworth frowned; not in passion, but, like fate, inexorably.

"I will not argue the point," said he. "What I desire to know of you is — and you can tell me in one word — whether I am to look for your co-operation in this great scheme of good. Take it up with me! Be my brother in it! It offers you (what you have told me, over and over again, that you most need) a purpose in life, worthy of the extremest self-devotion — worthy of martyrdom, should God so order it! In this view, I present it to you. You can greatly benefit mankind. Your peculiar faculties, as I shall direct them, are capable of being so wrought into this enterprise that not one of them need lie idle. Strike hands with me; and from this moment, you shall never again feel the languor and vague wretchedness of an indolent or half-occupied man! There may be no more aimless beauty in your life; but, in its stead, there shall be strength, courage, immitigable will — everything that a manly and generous nature should desire! We shall succeed! We shall have done our best for this miserable world; and happiness (which never comes but incidentally) will come to us unawares!"

It seemed his intention to say no more. But, after he had quite broken off, his deep eyes filled with tears, and he held out both his hands to me.

"Coverdale," he murmured, "there is not the man in this wide world, whom I can love as I could you. Do not forsake me!"

As I look back upon this scene, through the coldness and dimness of so many years, there is still a sensation as if Hollingsworth had caught hold of my heart, and were pulling it towards him with an almost irresistible force. It is a mystery to me, how I withstood it. But, in truth, I saw in his scheme of philanthropy nothing but what was odious. A loathsomeness that was to be forever in my daily work! A great, black ugliness of sin, which he proposed to collect out of a thousand human hearts, and that we should spend our lives in an experiment of transmuting it into virtue! Had I but touched his extended hand, Hollingsworth's magnetism would perhaps have penetrated me with his own conception of all these matters. But I stood aloof. I fortified myself with doubts whether his strength of purpose had not been too gigantic for his integrity, impelling him to trample on considerations that should have been paramount to every other.

"Is Zenobia to take a part in your enterprise?" I asked.

"She is," said Hollingsworth.

"She! — the beautiful! — the gorgeous!" I exclaimed. "And how have you prevailed with such a woman to work in this squalid element?"

"Through no base methods, as you seem to suspect," he answered, "but by addressing whatever is best and noblest in her."

Hollingsworth was looking on the ground. But, as he often did so — generally, indeed, in his habitual moods of thought — I could not judge whether it was from any special unwillingness now to meet my eyes. What it was that dictated my next question, I cannot precisely say. Nevertheless, it rose so inevitably into my mouth, and, as it were, asked itself so involuntarily, that there must needs have been an aptness in it.

"What is to become of Priscilla?"

Hollingsworth looked at me fiercely, and with glowing eyes. He could not have shown any other kind of expression than that, had he meant to strike me with a sword.

"Why do you bring in the names of these women?" said he, after a moment of pregnant silence. "What have they to do with the proposal which I make you? I must have your answer! Will you devote yourself, and sacrifice all to this great end, and be my friend of friends forever?"

"In Heaven's name, Hollingsworth," cried I, getting angry, and glad to be angry, because so only was it possible to oppose his tremendous concentrativeness and indomitable will, "cannot you conceive that a man may wish well to the world, and struggle for its good, on some other plan than precisely that which you have laid down? And will you cast off a friend, for no unworthiness, but merely because he stands upon his right, as an individual being, and looks at matters through his own optics,[8] instead of yours?"

"Be with me," said Hollingsworth, "or be against me! There is no third choice for you."

"Take this, then, as my decision," I answered. "I doubt the wisdom of your scheme. Furthermore, I greatly fear that the methods, by which you allow yourself to pursue it, are such as cannot stand the scrutiny of an unbiassed conscience."

"And you will not join me?"

"No!"

I never said the word — and certainly can never have it to say, hereafter — that cost me a thousandth part so hard an effort as did that one syllable.[9] The heart-pang was not merely figurative,[10] but an absolute torture of the breast. I was gazing steadfastly at Hollingsworth. It seemed to me that it struck him, too, like a bullet. A ghastly paleness — always so terrific on a swarthy face — overspread his features. There was a convulsive movement of his throat, as if he were forcing down some words that struggled and fought for utterance. Whether words of anger, or words of grief, I cannot tell; although many and many a time, I have vainly tormented myself with conjecturing which of the two they were. One other appeal to my friendship,[11] — such as once, already, Hollingsworth had made — taking me in the revulsion that followed a strenuous exercise of opposing will, would completely have subdued me. But he left the matter there.

"Well!" said he.

And that was all! I should have been thankful for one word more, even had it shot me through the heart, as mine did him. But he did not speak it; and, after a few moments, with one accord, we set to work again, repairing the stone-fence. Hollingsworth,

---

8) optics: eyes.

9) I never said ~ one syllable: 나는 지금까지 이때의 'no'라는 한 음절의 말을 하는 데 필요한 노력의 천분의 일의 노력이라도 필요한 말을 한 적은 없었고 앞으로도 그런 말을 하는 일은 없을 것이다.

10) not merely figurative: 단순히 표현상(언어상)의 아픔만이 아니라.

11) One other appeal to my friendship: 나의 우정에 한 번 더 호소해 왔더라면 이란 뜻의 가정법을 내포하고 있음.

I observed, wrought like a Titan;[12] and, for my own part, I lifted stones which, at this day—or, in a calmer mood, at that one—I should no more have thought it possible to stir, than to carry off the gates of Gaza on my back.[13]

12) Titan: In ancient Greek mythology, the family or race of giant gods, children of Uranus (Sky) and Gaea (Earth), deposed by Zeus and the Olympian gods. Atlas, who bears the weight of the world on his back, is perhaps the best known of the Titans. See Hesiod's *Theogony.*

13) gates of Gaza on my back: When Samson, ruler of Israel, visited a harlot in Gaza, the Philistines locked the city gates so they could kill him in the morning. At midnight, however, Samson simply lifted off the gates and carried them on his back to the top of a nearby hill. See Judges 16:1-3.

XVI

LEAVE-TAKINGS

A FEW DAYS after the tragic passage-at-arms between Hollingsworth and me, I appeared at the dinner-table actually dressed in a coat, instead of my customary blouse; with a satin cravat, too, a white vest, and several other things that made me seem strange and outlandish to myself. As for my companions, this unwonted spectacle caused a great stir upon the wooden benches, that bordered either side of our homely board.

"What's in the wind now, Miles?" asked one of them. "Are you deserting us?"

"Yes, for a week or two," said I. "It strikes me that my health demands a little relaxation of labor, and a short visit to the seaside, during the dog-days."[1]

"You look like it!" grumbled Silas Foster, not greatly pleased with the idea of losing an efficient laborer before the stress of the season was well over. "Now, here's a pretty fellow! His shoulders have broadened, a matter of six inches, since he came among us; he can do his day's work, if he likes, with any man or ox on the farm; — and yet he talks about going to the seashore for his health! Well, well, old woman," added he to his wife, "let me have a plateful of that pork and cabbage! I begin to feel in a very weakly way. When the others have had their turn, you and I will take a jaunt to Newport or Saratoga!"[2]

"Well, but, Mr. Foster," said I, "you must allow me to take a little breath."

"Breath!" retorted the old yeoman. "Your lungs have the play of a pair of blacksmith's bellows, already.[3] What on earth do you

1) **dog-days**: The period of hot, sultry days from July to September, when the Dog Stars (Sirius and Procyon) rise at the same time as the sun.

2) **Newport or Saratoga**: New Port, Rhode Island, and Saratoga, New York were popular health spas and summer resorts for the wealthy.

want more? But go along! I understand the business. We shall never see your face here again. Here ends the reformation of the world, so far as Miles Coverdale has a hand in it!"

"By no means," I replied. "I am resolute to die in the last ditch, for the good of the cause."[4]

"Die in a ditch!" muttered gruff Silas, with genuine Yankee intolerance of any intermission of toil, except on Sunday, the Fourth of July, the autumnal Cattle-show, Thanksgiving, or the annual Fast.[5] "Die in a ditch! I believe in my conscience you would, if there were no steadier means than your own labor to keep you out of it!"

The truth was, that an intolerable discontent and irksomeness had come over me. Blithedale was no longer what it had been. Everything was suddenly faded. The sun-burnt and arid aspect of our woods and pastures, beneath the August sky, did but imperfectly symbolize the lack of dew and moisture that, since yesterday, as it were, had blighted my fields of thought, and penetrated to the innermost and shadiest of my contemplative recesses. The change will be recognized by many, who, after a period of happiness, have endeavored to go on with the same kind of life, in the same scene, in spite of the alteration or withdrawal of some principal circumstance. They discover (what heretofore, perhaps, they had not known) that it was this which gave the bright color and vivid reality to the whole affair.

I stood on other terms than before,[6] not only with Hollingsworth, but with Zenobia and Priscilla. As regarded the two latter, it was that dreamlike and miserable sort of change that

---

3) Your lungs ~ bellows, already: '자네 폐는 벌써 대장장이의 풀무처럼 숨을 쉬고 있네'라는 해석으로 건강을 뜻함.

4) for the good of the cause: 대의를 위해서.

5) the annual Fast: Fast Day as an annual holiday was established by the seventeenth-century Puritans as a time for prayer, reflection, repentance, and fasting. A Fast Day was also occasionally declared by Puritan ministers to fight the deterioration of a community's morals.

6) on other terms than before: 예전과는 다른 관계에 [놓이다].

denies you the privilege to complain, because you can assert no positive injury, nor lay your finger on anything tangible. It is a matter which you do not see, but feel, and which, when you try to analyze it, seems to lose its very existence, and resolve itself into a sickly humor of your own. Your understanding, possibly, may put faith in this denial. But your heart will not so easily rest satisfied. It incessantly remonstrates, though, most of the time, in a bass-note, which you do not separately distinguish; but, now-and-then, with a sharp cry, importunate to be heard, and resolute to claim belief. "Things are not as they were!" — it keeps saying. — 'You shall not impose on me! I will never be quiet! I will throb painfully! I will be heavy, and desolate, and shiver with cold! For I, your deep heart, know when to be miserable, as once I knew when to be happy! All is changed for us! You are beloved no more!' And, were my life to be spent over again, I would invariably lend my ear to this Cassandra[7] of the inward depths, however clamorous the music and the merriment of a more superficial region.

My outbreak with Hollingsworth, though never definitely known to our associates, had really an effect upon the moral atmosphere of the Community. It was incidental to the closeness of relationship, into which we had brought ourselves, that an unfriendly state of feeling could not occur between any two members, without the whole society being more or less commoted[8] and made uncomfortable thereby. This species of nervous sympathy(though a pretty characteristic enough, sentimentally considered, and apparently betokening an actual bond of love among us) was yet found rather inconvenient in its practical operation; mortal tempers being so infirm and variable as they are. If one of us happened to give his neighbor a box on the ear, the tingle was immediately felt, on the same side of everybody's head. Thus, even on the supposi-

---

7) Cassandra: In Greek legend, Cassandra was the daughter of Priam of Troy, cursed by Apollo so that her prophecies of the future, though accurate, were never believed. More generally, one who predicts doom and disasters. See Homer, Iliad, 6:252, 13:361-82, 24:699.

8) commoted: disturbed or agitated.

tion that we were far less quarrelsome than the rest of the world, a great deal of time was necessarily wasted in rubbing our ears.

Musing on all these matters, I felt an inexpressible longing for at least a temporary novelty. I thought of going across the Rocky Mountains, or to Europe, or up the Nile — of offering myself a volunteer on the Exploring Expedition;[9] of taking a ramble of years, no matter in what direction, and coming back on the other side of the world. Then, should the colonists of Blithedale have established their enterprise on a permanent basis, I might fling aside my pilgrim-staff and dusty shoon,[10] and rest as peacefully here as elsewhere. Or, in case Hollingsworth should occupy the ground with his School of Reform, as he now purposed, I might plead earthly guilt enough, by that time, to give me what I was inclined to think the only trustworthy hold on his affections. Meanwhile, before deciding on any ultimate plan, I determined to remove myself to a little distance, and take an exterior view of what we had all been about.

In truth, it was dizzy work, amid such fermentation of opinions as was going on in the general brain of the Community. It was a kind of Bedlam,[11] for the time being; although, out of the very thoughts that were wildest and most destructive, might grow a wisdom, holy, calm, and pure, and that should incarnate itself with the substance of a noble and happy life. But, as matters now wer e,[12] I felt myself (and having a decided tendency towards the actual, I never liked to feel it) getting quite out of my reckoning, with regard to the existing state of the world. I was beginning to lose the sense of what kind of a world it was, among in-

---

9) Exploring Expedition: In the spring of 1837, Hawthorne's friends, including Horatio Bridge and Franklin Pierce, tried unsuccessfully to secure for him the post of official historian on an exploring expedition to the South Seas and Antarctica.

10) shoon: archaic plural of 'shoe.'

11) Bedlam: a lunatic asylum or madhouse derived from a slang term for the St. Mary of Bethlehem, a hospital for the insane in London.

12) as matters now were: 현 상태에서.

numerable schemes of what it might or ought to be. It was impossible, situated as we were, not to imbibe the idea that everything in nature and human existence was fluid, or fast becoming so; that the crust of the Earth in many places, was broken, and its whole surface portentously upheaving; that it was a day of crisis, and that we ourselves were in the critical vortex. Our great globe floated in the atmosphere of infinite space like an unsubstantial bubble. No sagacious man will long retain his sagacity, if he live exclusively among reformers and progressive people, without periodically returning into the settled system of things, to correct himself by a new observation from that old stand-point.

It was now time for me, therefore, to go and hold a little talk with the conservatives, the writers of the North American Review,[13] the merchants, the politicians, the Cambridge men,[14] and all those respectable old blockheads, who still, in this intangibility and mistiness of affairs, kept a death-grip on one or two ideas which had not come into vogue since yesterday morning.

The brethren took leave of me with cordial kindness; and as for the sisterhood, I had serious thoughts of kissing them all round, but forbore to do so, because, in all such general salutations, the penance is fully equal to the pleasure. So I kissed none of them, and nobody, to say the truth, seemed to expect it.

"Do you wish me," I said to Zenobia, "to announce, in town, and at the watering-places,[15] your purpose to deliver a course of lectures on the rights of women?"

"Women possess no rights," said Zenobia, with a half-melancholy smile; "or, at all events, only little girls and grandmothers would have the force to exercise them."

She gave me her hand, freely and kindly, and looked at me,

---

13) North American Review: a literary and historical quarterly (18151939), closely tied to the conservative intellectual circles of Boston and Harvard.

14) Cambridge men: men affiliated with or connected in some way to Harvard University, in Cambridge, Massachusetts.

15) watering-places: health or vacation resorts, usually associated with a lake, seaside, or mineral spring.

I thought, with a pitying expression in her eyes; nor was there any settled light of joy in them, on her own behalf, but a troubled and passionate flame, flickering and fitful.

"I regret, on the whole, that you are leaving us," she said; "and all the more, since I feel that this phase of our life is finished, and can never be lived over again. Do you know, Mr. Coverdale, that I have been several times on the point of making you my confidant, for lack of a better and wiser one? But you are too young to be my Father Confessor;[16] and you would not thank me for treating you like one of those good little handmaidens, who share the bosom-secrets of a tragedyqueen!"

"I would at least be loyal and faithful," answered I, "and would counsel you with an honest purpose, if not wisely."

"Yes," said Zenobia, "you would be only too wise — too honest. Honesty and wisdom are such a delightful pastime, at another person's expense!"

"Ah, Zenobia," I exclaimed, "if you would but let me speak!"

"By no means," she replied; "especially when you have just resumed the whole series of social conventionalisms, together with that straight-bodied coat. I would as lief open my heart to a lawyer or a clergyman! No, no, Mr. Coverdale; if I choose a counsellor, in the present aspect of my affairs, it must be either an angel or a madman; and I rather apprehend that the latter would be likeliest of the two to speak the fitting word. It needs a wild steersman when we voyage through Chaos![17] The anchor is up! farewell!"

Priscilla, as soon as dinner was over, had betaken herself into a corner, and set to work on a little purse. As I approached her, she let her eyes rest on me, with a calm, serious look; for, with all her delicacy of nerves, there was a singular self-possession in Priscilla, and her sensibilities seemed to lie sheltered from ordinary

---

16) Father Confessor: 고백 사제.

17) Chaos: In Greek mythology, the formless void or nothingness which, as the first manifestation of the universe, preceded the emergence of Night and Erebus (a division of the underworld).

commotion, like the water in a deep well.

"Will you give me that purse, Priscilla," said I, "as a parting keepsake?"

"Yes," she answered; "if you will wait till it is finished."

"I must not wait, even for that," I replied. "Shall I find you here, on my return?"

"I never wish to go away," said she.

"I have sometimes thought," observed I, smiling, "that you, Priscilla, are a little prophetess; or, at least, that you have spiritual intimations respecting matters which are dark to us grosser people. If that be the case, I should like to ask you what is about to happen. For I am tormented with a strong foreboding, that, were I to return even so soon as tomorrow morning, I should find everything changed. Have you any impressions of this nature?"

"Ah, no!" said Priscilla, looking at me apprehensively. "If any such misfortune is coming, the shadow has not reached me yet. Heaven forbid! I should be glad if there might never be any change, but one summer follow another, and all just like this!"

"No summer ever came back, and no two summers ever were alike," said I, with a degree of Orphic[18)] wisdom that astonished myself. "Times change, and people change; and if our hearts do not change as readily, so much the worse for us! Good-bye, Priscilla!"

I gave her hand a pressure, which, I think, she neither resisted nor returned.[19)] Priscilla's heart was deep, but of small compass; it had room but for a very few dearest ones, among whom she never reckoned me.

On the door-step, I met Hollingsworth. I had a momentary impulse to hold out my hand, or, at least to give a parting nod, but resisted both. When a real and strong affection has come to an end, it is not well to mock the sacred past with any show of

---

18) Orphic: mystic or oracular. Derived from Orpheus, mystic Greek musician and founder of Orphism, the first ancient Greek religion and a cult and mystic philosophy. See Ovid, Metamorphoses, 10:1-105, 11:1-84.

19) I gave her ~ nor returned: 나는 그녀의 손을 강하게 쥐었으나, 이에 대해 그녀는 저항도 호응도 하지 않은 것 같다.

those common-place civilities that belong to ordinary intercourse. Being dead henceforth to him, and he to me, there could be no propriety in our chilling one another with the touch of two corpse-like hands, or playing at looks of courtesy with eyes that were impenetrable beneath the glaze and the film. We passed, therefore, as if mutually invisible.

I can nowise explain what sort of whim, prank, or perversity it was, that, after all these leave-takings, induced me to go to the pig-stye, and take leave of the swine! There they lay, buried as deeply among the straw as they could burrow, four huge black grunters, the very symbols of slothful ease and sensual comfort. They were asleep, drawing short and heavy breaths, which heaved their big sides up and down. Unclosing their eyes, however, at my approach, they looked dimly forth at the outer world, and simultaneously uttered a gentle grunt; not putting themselves to the trouble of an additional breath for that particular purpose, but grunting with their ordinary inhalation. They were involved, and almost stifled, and buried alive, in their own corporeal substance. The very unreadiness and oppression, wherewith these greasy citizens gained breath enough to keep their life-machinery in sluggish movement, appeared to make them only the more sensible of the ponderous and fat satisfaction of their existence. Peeping at me, an instant, out of their small, red, hardly perceptible eyes, they dropt asleep again; yet not so far asleep but that their unctuous bliss was still present to them, betwixt dream and reality.

"You must come back in season to eat part of a spare-rib," said Silas Foster, giving my hand a mighty squeeze. "I shall have these fat fellows hanging up by the heels, heads downward, pretty soon, I tell you!"

"Oh, cruel Silas, what a horrible idea!" cried I. "All the rest of us, men, women, and livestock, save only these four porkers, are bedevilled with one grief or another; they alone are happy — and you mean to cut their throats, and eat them! It would be more for the general comfort to let them eat us; and bitter and sour morsels we should be!"

XVII
THE HOTEL

ARRIVING in town, (where my bachelor-rooms, long before this time, had received some other occupant,) I established myself, for a day or two, in a certain, respectable hotel. It was situated somewhat aloof from my former track in life; my present mood inclining me to avoid most of my old companions, from whom I was now sundered by other interests, and who would have been likely enough to amuse themselves at the expense of the amateur workingman. The hotel-keeper put me into a back-room of the third story of his spacious establishment. The day was lowering, with occasional gusts of rain, and an ugly-tempered east-wind, which seemed to come right off the chill and melancholy sea, hardly mitigated by sweeping over the roofs, and amalgamating itself with the dusky element of city-smoke. All the effeminacy of past days[1] had returned upon me at once. Summer as it still was, I ordered a coal-fire in the rusty grate, and was glad to find myself growing a little too warm with an artificial temperature.

My sensations were those of a traveller, long sojourning in remote regions, and at length sitting down again amid customs[2] once familiar. There was a newness and an oldness, oddly combining themselves into one impression. It made me acutely sensible how strange a piece of mosaic-work had lately been wrought into my life. True; if you look at it in one way, it had been only a summer in the country. But, considered in a profounder relation, it was part of another age, a different state of society, a segment of an existence peculiar in its aims and methods, a leaf of some mysterious volume,

---

1) All the effeminacy of past days: 지난날의 모든 나약한 생각들.

2) customs: '고향'을 나타냄. 실제로 호손은 두 차례에 걸쳐 세관에 근무한 경험이 있었는데, 첫 번째는 1839-41년에 보스턴 세관에서 '석탄 및 소금 계량사'로 일했고, 두 번째는 1846-49년에 세일럼(Salem) 세관에서 '검사관'으로 일했다.

interpolated into the current history which Time was writing off. At one moment, the very circumstances now surrounding me — my coal-fire, and the dingy room in the bustling hotel — appeared far off and intangible. The next instant, Blithedale looked vague, as if it were at a distance both in time and space, and so shadowy, that a question might be raised whether the whole affair had been anything more than the thoughts of a speculative man. I had never before experienced a mood that so robbed the actual world of its solidity. It nevertheless involved a charm, on which — a devoted epicure of my own emotions — I resolved to pause, and enjoy the moral sillabub[3)] until quite dissolved away.[4)]

Whatever had been my taste for solitude and natural scenery, yet the thick, foggy, stifled element of cities, the entangled life of many men together, sordid as it was, and empty of the beautiful, took quite as strenuous a hold upon my mind. I felt as if there could never be enough of it. Each characteristic sound was too suggestive to be passed over, unnoticed. Beneath and around me, I heard the stir of the hotel; the loud voices of guests, landlord, or barkeeper; steps echoing on the staircase; the ringing of a bell, announcing arrivals or departures; the porter lumbering past my door with baggage, which he thumped down upon the floors of neighboring chambers; the lighter feet of chamber-maids scudding along the passages; — it is ridiculous to think what an interest they had for me. From the street, came the tumult of the pavements, pervading the whole house with a continual uproar, so broad and deep that only an unaccustomed ear would dwell upon it. A company of the city -soldiery, with a full military band, marched in front of the hotel, invisible to me, but stirringly audible both by its foot-tramp and the clangor of its instruments. Once or twice, all the city-bells jangled together, announcing a fire, which brought out the engine-men and their machines, like an army with its artil-

---

3) **sillabub**: a sweetened mixture of cream and wine; here something deliciously sweet.

4) **until quite dissolved away**: 송두리째.

lery rushing to battle. Hour by hour, the clocks in many steeples responded one to another. In some public hall, not a great way off, there seemed to be an exhibition of a mechanical diorama;[5] for three times during the day, occurred a repetition of obstreperous music, winding up with the rattle of imitative cannon and musketry, and a huge final explosion. Then ensued the applause of the spectators, with clap of hands, and thump of sticks, and the energetic pounding of their heels. All this was just as valuable, in its way, as the sighing of the breeze among the birch-trees that overshadowed Eliot's pulpit.

Yet I felt a hesitation about plunging into this muddy tide of human activity and pastime. It suited me better, for the present, to linger on the brink, or hover in the air above it. So I spent the first day, and the greater part of the second, in the laziest manner possible, in a rocking-chair, inhaling the fragrance of a series of cigars, with my legs and slippered feet horizontally disposed, and in my hand a novel, purchased of a railroad bibliopolist.[6] The gradual waste of my cigar accomplished itself with an easy and gentle expenditure of breath.[7] My book was of the dullest, yet had a sort of sluggish flow, like that of a stream in which your boat is as often aground as afloat.[8] Had there been a more impetuous rush, a more absorbing passion of the narrative, I should the sooner have struggled out of its uneasy current, and have given myself up to the swell and subsidence of my thoughts. But, as it was, the torpid life of the book served as an unobtrusive accompaniment to the life within me and about me. At intervals, however, when its effect grew a little too soporific — not for my

---

5) mechanical diorama: a dramatic scene or picture viewed through a small opening, in which various lights produce changing effects.

6) bibliopolist: a bookseller, especially a dealer in rare, strange, or curious books.

7) The gradual waste ~ of breath: 한가하고 여유롭게 담배를 빨아들이니 점차 권연(卷煙)의 크기는 줄어들었다.

8) boat is as often aground as afloat: 보트가 자주 땅바닥에 닿을 정도로 느리게 떠가다.

patience, but for the possibility of keeping my eyes open[9)]— I bestirred myself, started from the rocking-chair, and looked out of the window.

A gray sky; the weathercock of a steeple, that rose beyond the opposite range of buildings, pointing from the eastward; a sprinkle of small, spiteful-looking raindrops on the windowpane! In that ebb-tide of my energies, had I thought of venturing abroad, these tokens would have checked the abortive purpose.

After several such visits to the window, I found myself getting pretty well acquainted with that little portion of the backside of the universe which it presented to my view. Over against the hotel and its adjacent houses, at the distance of forty or fifty yards, was the rear of a range of buildings, which appeared to be spacious, modern, and calculated for fashionable residences. The interval between was apportioned into grass-plots, and here and there an apology for a garden, pertaining severally to these dwellings. There were apple-trees, and pear and peach-trees, too, the fruit on which looked singularly large, luxuriant, and abundant; as well it might, in a situation so warm and sheltered, and where the soil had doubtless been enriched to a more than natural fertility. In two or three places grape-vines clambered upon trellises, and bore clusters already purple, and promising the richness of Malta or Madeira[10)] in their ripened juice. The blighting winds of our rigid climate could not molest these trees and vines; the sunshine, though descending late into this area, and too early intercepted by the height of the surrounding houses, yet lay tropically there, even when less than temperate in every other region. Dreary as was the day, the scene was illuminated by not a few sparrows and other birds, which spread their wings, and flitted and fluttered, and alighted now here, now there, and busily scratched their food

9) not for ~ eyes open: 인내심 때문이 아니라 눈을 뜨게 할 수 있다는 가능성 때문에.

10) Malta or Madeira: Malta, an island in the Mediterranean off the coast of Sicily, and Madeira, a group of islands off the northwest coast of Africa, were famous for their fine wines in the nineteenth century.

out of the wormy earth. Most of these winged people seemed to have their domicile in a robust and healthy buttonwood-tree.[11] It aspired upward, high above the roofs of the houses, and spread a dense head of foliage half across the area.

There was a cat — as there invariably is, in such places[12] — who evidently thought herself entitled to the privileges of forest-life, in this close heart of city conventionalisms. I watched her creeping along the low, flat roofs of the offices, descending a flight of wooden steps, gliding among the grass, and besieging the buttonwood-tree, with murderous purpose against its feathered citizens. But, after all, they were birds of city breeding, and doubtless knew how to guard themselves against the peculiar perils of their position.

Bewitching to my fancy are all those nooks and crannies, where Nature, like a stray partridge, hides her head among the long-established haunts of men! It is likewise to be remarked, as a general rule, that there is far more of the picturesque, more truth to native and characteristic tendencies, and vastly greater suggestiveness in the back view of a residence, whether in town or country, than in its front. The latter is always artificial; it is meant for the world's eye, and is therefore a veil and a concealment. Realities keep in the rear, and put forward an advance-guard of show and humbug. The posterior aspect of any old farm-house, behind which a railroad has unexpectedly been opened, is so different from that looking upon the immemorial highway, that the spectator gets new ideas of rural life and individuality, in the puff or two of steam-breath which shoots him past the premises. In a city, the distinction between what is offered to the public, and what is kept for the family, is certainly not less striking.

But, to return to my window, at the back of the hotel. Together with a due contemplation of the fruit-trees, the grape-vines, the buttonwood-tree, the cat, the birds, and many other particulars, I failed not to study the row of fashionable dwellings to which

---

11) buttonwood-tree: sycamore.

12) as there invariably is, in such places: 그런 장소들에는 늘 있는 현상이지만.

all these appertained. Here, it must be confessed, there was a general sameness. From the upper-story to the first floor, they were so much alike that I could only conceive of the inhabitants as cut out on one identical pattern, like little wooden toy-people of German manufacture. One long, united roof, with its thousands of slates glittering in the rain, extended over the whole. After the distinctness of separate characters, to which I had recently been accustomed, it perplexed and annoyed me not to be able to resolve this combination of human interests into well-defined elements. It seemed hardly worth while for more than one of those families to be in existence; since they all had the same glimpse of the sky, all looked into the same area, all received just their equal share of sunshine through the front windows, and all listened to precisely the same noises of the street on which they boarded. Men are so much alike, in their nature, that they grow intolerable unless varied by their circumstances.

Just about this time, a waiter entered my room. The truth was, I had rung the bell and ordered a sherry-cobbler.[13)]

"Can you tell me," I inquired, "what families reside in any of those houses opposite?"

"The one right opposite is a rather stylish boarding-house," said the waiter. "Two of the gentlemen-boarders keep horses at the stable of our establishment. They do things in very good style, sir, the people that live there."

I might have found out nearly as much for myself, on examining the house a little more closely. In one of the upper chambers, I saw a young man in a dressing-gown, standing before the glass and brushing his hair, for a quarter-of-an-hour together. He then spent an equal space of time in the elaborate arrangement of his cravat, and finally made his appearance in a dress-coat, which I suspected to be newly come from the tailor's, and now first put on for a dinner-party. At a window of the next story below, two

---

13) **a sherry-cobbler**: an iced drink made of sherry, citrus juice, sugar, and cracked ice.

children, prettily dressed, were looking out. By-and-by, a middle-aged gentleman came softly behind them, kissed the little girl, and playfully pulled the little boy's ear. It was a papa, no doubt, just come in from his counting-room or office; and anon appeared mamma, stealing as softly behind papa, as he had stolen behind the children, and laying her hand on his shoulder to surprise him. Then followed a kiss between papa and mamma, but a noiseless one; for the children did not turn their heads.

"I bless God for these good folks!" thought I to myself. "I have not seen a prettier bit of nature, in all my summer in the country, than they have shown me here, in a rather stylish boarding-house. I will pay them a little more attention, by-and-by."

On the first floor, an iron balustrade ran along in front of the tall, and spacious windows, evidently belonging to a back drawing-room; and, far into the interior, through the arch of the sliding-doors, I could discern a gleam from the windows of the front apartment. There were no signs of present occupancy in this suite of rooms; the curtains being enveloped in a protective covering, which allowed but a small portion of their crimson material to be seen. But two housemaids were industriously at work; so that there was good prospect that the boarding-house might not long suffer from the absence of its most expensive and profitable guests. Meanwhile, until they should appear, I cast my eyes downward to the lower regions. There, in the dusk that so early settles into such places, I saw the red glow of the kitchen-range; the hot cook, or one of her subordinates, with a ladle in her hand, came to draw a cool breath at the back-door; as soon as she disappeared, an Irish man-servant, in a white jacket, crept slily forth and threw away the fragments of a china-dish, which unquestionably he had just broken. Soon afterwards, a lady, showily dressed, with a curling front of what must have been false hair, and reddish brown, I suppose, in hue — though my remoteness allowed me only to guess at such particulars — this respectable mistress of the boarding-house made a momentary transit across the kitchen-window, and appeared no more. It was her final, comprehensive glance, in order to make sure that soup, fish, and flesh were in a proper state of readiness, before the serving up of dinner.

There was nothing else worth noticing about the house; unless it be, that, on the peak of one of the dormer-windows, which opened out of the roof, sat a dove, looking very dreary and forlorn; insomuch that I wondered why she chose to sit there, in the chilly rain, while her kindred were doubtless nestling in a warm and comfortable dove-cote. All at once, this dove spread her wings, and launching herself in the air, came flying so straight across the intervening space,[14] that I fully expected her to alight directly on my window-sill. In the latter part of her course, however, she swerved aside, flew upward, and vanished, as did likewise the slight, fantastic pathos with which I had invested her.

---

14) so straight across the intervening space: 그 사이의 [비둘기가 앉았던 자리와 나 사이의] 공간을 직선으로 가로질러.

XVIII
THE BOARDING-HOUSE

THE NEXT day, as soon as I thought of looking again towards the opposite house, there sat the dove again, on the peak of the same dormer-window!

It was by no means an early hour; for, the preceding evening, I had ultimately mustered enterprise enough to visit the theatre, had gone late to bed, and slept beyond all limit, in my remoteness from Silas Foster's awakening horn.[1] Dreams had tormented me, throughout the night. The train of thoughts which, for months past, had worn a track through my mind, and to escape which was one of my chief objects in leaving Blithedale, kept treading remorselessly to-and-fro, in their old footsteps, while slumber left me impotent to regulate them. It was not till I had quitted my three friends that they first began to encroach upon my dreams. In those of the last night, Hollingsworth and Zenobia, standing on either side of my bed, had bent across it to exchange a kiss of passion. Priscilla, beholding this—for she seemed to be peeping in at the chamber-window—had melted gradually away, and left only the sadness of her expression in my heart. There it still lingered, after I awoke; one of those unreasonable sadnesses that you know not how to deal with, because it involves nothing for common-sense to clutch.

It was a gray and dripping forenoon; gloomy enough in town, and still gloomier in the haunts to which my recollections persisted in transporting me. For, in spite of my efforts to think of something else, I thought how the gusty rain was drifting over the slopes and valleys of our farm; how wet must be the foliage that overshadowed the pulpit-rock; how cheerless, in such a day, my hermit-

---

1) beyond all ~ awakening horn: 사일러스 포스터의 기상 나팔 소리를 듣지 않게 되어 한정 없이.

age — the tree-solitude of my owl-like humors — in the vine-encircled heart of the tall pine! It was a phase of home-sickness. I had wrenched myself too suddenly out of an accustomed sphere. There was no choice, now, but to bear the pang of whatever heart-strings were snapt asunder, and that illusive torment (like the ache of a limb long ago cut off) by which a past mode of life prolongs itself into the succeeding one. I was full of idle and shapeless regrets. The thought impressed itself upon me, that I had left duties unperformed. With the power, perhaps, to act in the place of destiny, and avert misfortune from my friends, I had resigned them to their fate. That cold tendency, between instinct and intellect, which made me pry with a speculative interest into people's passions and impulses, appeared to have gone far towards unhumanizing my heart.

But a man cannot always decide for himself whether his own heart is cold or warm. It now impresses me, that, if I erred at all, in regard to Hollingsworth, Zenobia, and Priscilla, it was through too much sympathy, rather than too little.

To escape the irksomeness of these meditations, I resumed my post at the window. At first sight, there was nothing new to be noticed. The general aspect of affairs was the same as yesterday, except that the more decided inclemency of to-day[2)] had driven the sparrows to shelter, and kept the cat within doors, whence, however, she soon emerged, pursued by the cook, and with what looked like the better half of a roast chicken in her mouth. The young man in the dress-coat was invisible; the two children, in the story below, seemed to be romping about the room, under the superintendence of a nursery-maid. The damask curtains of the drawing-room, on the first floor, were now fully displayed, festooned gracefully from top to bottom of the windows, which extended from the ceiling to the carpet. A narrower window, at the left of the drawing-room, gave light to what was probably a

---

2) the more decided inclemency of to-day: 다만 오늘은 날씨가 더욱 험악해져서.

small boudoir, within which I caught the faintest imaginable glimpse of a girl's figure, in airy drapery. Her arm was in regular movement, as if she were busy with her German worsted,[3] or some other such pretty and unprofitable handiwork.

While intent upon making out this girlish shape, I became sensible that a figure had appeared at one of the windows of the drawing-room. There was a presentiment in my mind; or perhaps my first glance, imperfect and sidelong as it was, had sufficed to convey subtile information of the truth. At any rate, it was with no positive surprise, but as if I had all along expected the incident, that, directing my eyes thitherward, I beheld — like a full-length picture, in the space between the heavy festoons of the window-curtains — no other than Zenobia! At the same instant, my thoughts made sure of the identity of the figure in the boudoir. It could only be Priscilla.

Zenobia was attired, not in the almost rustic costume which she had heretofore worn, but in a fashionable morning-dress. There was, nevertheless, one familiar point. She had, as usual, a flower in her hair, brilliant and of a rare variety, else[4] it had not been Zenobia. After a brief pause at the window, she turned away, exemplifying, in the few steps that removed her out of sight, that noble and beautiful motion which characterized her as much as any other personal charm. Not one woman in a thousand could move so admirably as Zenobia. Many women can sit gracefully; some can stand gracefully; and a few, perhaps, can assume a series of graceful positions. But natural movement is the result and expression of the whole being, and cannot be well and nobly performed, unless responsive to something in the character. I often used to think that music — light and airy, wild and passionate, or the full harmony of stately marches, in accordance with her varying mood — should have attended Zenobia's footsteps.

---

3) **German worsted**: embroidery with fine, soft woolen yarn on canvas; 독일제 소모사(梳毛絲).

4) **else**: 그렇지 않다면 [만약에 꽃이 없었다면].

I waited for her re-appearance. It was one peculiarity, distinguishing Zenobia from most of her sex, that she needed for her moral well-being, and never would forego,[5] a large amount of physical exercise. At Blithedale, no inclemency of sky or muddiness of earth had ever impeded her daily walks. Here, in town, she probably preferred to tread the extent of the two drawing-rooms, and measure out the miles by spaces of forty feet,[6] rather than bedraggle her skirts over the sloppy pavements. Accordingly, in about the time requisite to pass through the arch of the sliding-doors to the front window, and to return upon her steps, there she stood again, between the festoons of the crimson curtains. But another personage was now added to the scene. Behind Zenobia appeared that face which I had first encountered in the wood-path; the man who had passed, side by side with her, in such mysterious familiarity and estrangement, beneath my vine curtained hermitage in the tall pine-tree. It was Westervelt. And though he was looking closely over her shoulder, it still seemed to me, as on the former occasion, that Zenobia repelled him — that, perchance, they mutually repelled each other — by some incompatibility of their spheres.[7]

This impression, however, might have been altogether the result of fancy and prejudice in me. The distance was so great as to obliterate any play of feature, by which I might otherwise have been made a partaker of their counsels.[8]

There now needed only Hollingsworth and old Moodie to complete the knot of characters, whom a real intricacy of events, greatly assisted by my method of insulating them from other relations, had kept so long upon my mental stage, as actors in a drama. In itself, perhaps, it was no very remarkable event, that they should thus come across me, at the moment when I imagined

---

5) **forego**: give up, do without.

6) **measure out ~ forty feet**: 몇 마일의 거리를 40피트 정도의 공간으로 측정하다.

7) **by some incompatibility of their spheres**: 어떤 성격상의 불일치로 인해.

8) **their counsels**: their conversations.

myself free. Zenobia, as I well knew, had retained an establishment in town, and had not unfrequently withdrawn herself from Blithedale during brief intervals, on one of which occasions she had taken Priscilla along with her. Nevertheless, there seemed something fatal in the coincidence that had borne me to this one spot, of all others in a great city, and transfixed me there, and compelled me again to waste my already wearied sympathies on affairs which were none of mine, and persons who cared little for me. It irritated my nerves; it affected me with a kind of heart-sickness. After the effort which it cost me to fling them off—after consummating my escape, as I thought, from these goblins of flesh and blood, and pausing to revive myself with a breath or two of an atmosphere in which they should have no share—it was a positive despair, to find the same figures arraying themselves before me, and presenting their old problem in a shape that made it more insoluble than ever.

I began to long for a catastrophe. If the noble temper of Hollingsworth's soul were doomed to be utterly corrupted by the too powerful purpose which had grown out of what was noblest in him; if the rich and generous qualities of Zenobia's womanhood might not save her; if Priscilla must perish by her tenderness and faith, so simple and so devout;—then be it so! Let it all come![9] As for me, I would look on, as it seemed my part to do, understandingly, if my intellect could fathom the meaning and the moral, and, at all events, reverently and sadly. The curtain fallen, I would pass onward with my poor individual life, which was now attenuated of much of its proper substance, and diffused among many alien interests.[10]

Meanwhile, Zenobia and her companion had retreated from the window. Then followed an interval, during which I directed my eyes towards the figure in the boudoir. Most certainly it was

---

9) then be it so! Let it all come!: 그냥 내버려두자! 그냥 그대로 버려두자!
10) which was ~ alien interests: [그 삶은] 이미 중요한 요소를 상당히 상실했고 많은 이질적인 관심사들과 혼합되어 버렸다.

Priscilla, although dressed with a novel and fanciful elegance. The vague perception of it, as viewed so far off, impressed me as if she had suddenly passed out of a chrysalis state and put forth wings. Her hands were not now in motion. She had dropt her work, and sat with her head thrown back, in the same attitude that I had seen several times before, when she seemed to be listening to an imperfectly distinguished sound.

Again the two figures in the drawing-room became visible. They were now a little withdrawn from the window, face to face, and, as I could see by Zenobia's emphatic gestures, were discussing some subject in which she, at least, felt a passionate concern. By-and-by, she broke away, and vanished beyond my ken. Westervelt approached the window, and leaned his forehead against a pane of glass, displaying the sort of smile on his handsome features which, when I before met him, had let me into the secret of his gold-bordered teeth.[11] Every human being, when given over to the Devil, is sure to have the wizard mark upon him, in one form or another. I fancied that this smile, with its peculiar revelation, was the Devil's signet on the Professor.

This man, as I had soon reason to know, was endowed with a cat-like circumspection; and though precisely the most unspiritual quality in the world, it was almost as effective as spiritual insight in making him acquainted with whatever it suited him to discover. He now proved it, considerably to my discomfiture, by detecting and recognizing me, at my post of observation. Perhaps I ought to have blushed at being caught in such an evident scrutiny of Professor Westervelt and his affairs. Perhaps I did blush. Be that as it might, I retained presence of mind enough not to make my position yet more irksome, by the poltroonery of drawing back.[12]

Westervelt looked into the depths of the drawing-room, and

---

11) which, when ~ gold-bordered teeth: 전에 그를 만났을 때 금니의 비밀을 나에게 들켜버리게 했던.

12) Be that as ~ of drawing back: 설사 일이 그렇게 되어버렸을지라도 난 뒤로 물러서는 비겁함을 보여 상황을 난처하게 만들지는 않을 정도의 분별력은 갖고 있었다. poltroonery: lack of spirit; cowardice.

beckoned. Immediately afterwards Zenobia appeared at the window, with color much heightened, and eyes which, as my conscience whispered me, were shooting bright arrows, barbed with scorn, across the intervening space, directed full at my sensibilities as a gentleman. If the truth must be told, far as her flight-shot was, those arrows hit the mark. She signified her recognition of me by a gesture with her head and hand, comprising at once a salutation and dismissal. The next moment, she administered one of those pitiless rebukes which a woman always has at hand, ready for any offence (and which she so seldom spares, on due occasion,[13]) by letting down a white linen curtain between the festoons of the damask ones. It fell like the drop-curtain of a theatre, in the interval between the acts.

Priscilla had disappeared from the boudoir. But the dove still kept her desolate perch, on the peak of the attic-window.

---

13) so seldom spares, on due occasion: 필요한 순간에는 주저하지 않고 사용하다.

XIX
ZENOBIA'S DRAWING-ROOM

THE REMAINDER of the day, so far as I was concerned, was spent in meditating on these recent incidents. I contrived, and alternately rejected, innumerable methods of accounting for the presence of Zenobia and Priscilla, and the connection of Westervelt with both. It must be owned, too, that I had a keen, revengeful sense of the insult inflicted by Zenobia's scornful recognition, and more particularly by her letting down the curtain; as if such were the proper barrier to be interposed between a character like hers, and a perceptive faculty like mine. For, was mine a mere vulgar curiosity? Zenobia should have known me better than to suppose it.[1] She should have been able to appreciate that quality of the intellect and the heart, which impelled me (often against my own will, and to the detriment of my own comfort[2]) to live in other lives, and to endeavor — by generous sympathies, by delicate intuitions, by taking note of things too slight for record, and by bringing my human spirit into manifold accordance with the companions whom God assigned me — to learn the secret which was hidden even from themselves.

Of all possible observers, methought, a woman, like Zenobia, and a man, like Hollingsworth, should have selected me. And, now, when the event has long been past, I retain the same opinion of my fitness for the office. True; I might have condemned them. Had I been judge, as well as witness, my sentence might have been stern as that of Destiny itself. But, still, no trait of original nobility of character; no struggle against temptation; no iron necessity of will, on the one hand, nor extenuating circumstance

---

1) Zenobia should ~ suppose it: 제노비아는 그런 식으로 추측하기보다는 나라는 인간을 더 잘 알았어야만 했다.

2) often against ~ own comfort: 종종 나의 의지에 반해서, 그리고 한 걸음 더 나아가서는 자신의 불편을 감수하고서.

to be derived from passion and despair, on the other; no remorse that might co-exist with error, even if powerless to prevent it; no proud repentance, that should claim retribution as a meed — would go unappreciated. True, again, I might give my full assent to the punishment which was sure to follow. But it would be given mournfully, and with undiminished love. And, after all was finished, I would come, as if to gather up the white ashes of those who had perished at the stake, and to tell the world — the wrong being now atoned for — how much had perished there, which it had never yet known how to praise.[3]

I sat in my rocking-chair, too far withdrawn from the window to expose myself to another rebuke, like that already inflicted. My eyes still wandered towards the opposite house, but without effecting any new discoveries. Late in the afternoon, the weathercock on the church-spire indicated a change of wind; the sun shone dimly out, as if the golden wine of its beams were mingled half-and-half with water. Nevertheless, they kindled up the whole range of edifices, threw a glow over the windows, glistened on the wet roofs, and, slowly withdrawing upward, perched upon the chimney-tops; thence they took a higher flight, and lingered an instant on the tip of the spire, making it the final point of more cheerful light in the whole sombre scene. The next moment, it was all gone. The twilight fell into the area like a shower of dusky snow; and before it was quite dark, the gong of the hotel summoned me to tea.

When I returned to my chamber, the glow of an astral lamp[4]was penetrating mistily through the white curtain of Zenobia's drawing-room. The shadow of a passing figure was now-and-then cast upon this medium, but with too vague an outline for even my adventurous conjectures to read the hieroglyphic that it presented.

3) **as if so ~ how to praise**: 화형 당한 사람의 흰 재를 거두려는 것처럼, 그리고 이미 죄 값은 치러진 지금 세상이 어떻게 칭송해야 할지 몰랐던 많은 것이 여기서 사라져 갔다는 사실을 세상에 알리려는 듯이.

4) **astral lamp**: a kind of oil lamp designed to avoid casting a shadow on the table like ordinary lamp.

All at once, it occurred to me how very absurd was my behavior, in thus tormenting myself with crazy hypotheses as to what was going on within that drawing-room, when it was at my option to be personally present there. My relations with Zenobia, as yet unchanged — as a familiar friend, and associated in the same life-long enterprise — gave me the right, and made it no more than kindly courtesy demanded, to call on her. Nothing, except our habitual independence of conventional rules, at Blithedale, could have kept me from sooner recognizing this duty. At all events, it should now be performed.

In compliance with this sudden impulse, I soon found myself actually within the house, the rear of which, for two days past, I had been so sedulously watching. A servant took my card, and immediately returning, ushered me up-stairs. On the way, I heard a rich, and, as it were, triumphant burst of music from a piano, in which I felt Zenobia's character, although heretofore I had known nothing of her skill upon the instrument. Two or three canary-birds, excited by this gush of sound, sang piercingly, and did their utmost to produce a kindred melody. A bright illumination streamed through the door of the front drawing-room; and I had barely stept across the threshold before Zenobia came forward to meet me, laughing, and with an extended hand.

"Ah, Mr. Coverdale," said she, still smiling, but, as I thought, with a good deal of scornful anger underneath, "it has gratified me to see the interest which you continue to take in my affairs! I have long recognized you as a sort of transcendental Yankee, with all the native propensity of your countrymen to investigate matters that come within their range, but rendered almost poetical, in your case, by the refined methods which you adopt for its gratification. After all, it was an unjustifiable stroke, on my part — was it not? — to let down the window-curtain!"

"I cannot call it a very wise one," returned I, with a secret bitterness which, no doubt, Zenobia appreciated. "It is really impossible to hide anything, in this world, to say nothing of the next. All that we ought to ask, therefore, is, that the witnesses of our conduct, and the speculators on our motives, should be capable of taking the highest view which the circumstances of the case may admit. So much being secured, I, for one, would be most happy in feeling myself followed, everywhere, by an indefatigable human sympathy."

"We must trust for intelligent sympathy to our guardian angels, if any there be," said Zenobia. "As long as the only spectator of my poor tragedy is a young man, at the window of his hotel, I must still claim the liberty to drop the curtain."

While this passed, as Zenobia's hand was extended, I had applied the very slightest touch of my fingers to her own. In spite of an external freedom, her manner made me sensible that we stood upon no real terms of confidence. The thought came sadly across me, how great was the contrast betwixt this interview and our first meeting. Then, in the warm light of the country fireside, Zenobia had greeted me cheerily and hopefully, with a full sisterly grasp of the hand, conveying as much kindness in it as other women could have evinced by the pressure of both arms around my neck, or by yielding a cheek to the brotherly salute. The difference was as complete as between her appearance, at that time —so simply attired, and with only the one superb flower in her hair—and now, when her beauty was set off by all that dress and ornament could do for it. And they did much.[5] Not, indeed, that they created, or added anything to what Nature had lavishly done for Zenobia. But, those costly robes which she had on, those flaming jewels on her neck, served as lamps to display the personal advantages which required nothing less than[6] such an illumination, to be fully seen. Even her characteristic flower, though it seemed to be still there, had undergone a cold and bright transfiguration; it was a flower exquisitely imitated in jeweller's work, and imparting the last touch that transformed Zenobia into a work of art.

"I scarcely feel," I could not forbear saying, "as if we had ever

---

5) they did much: 치장은 대단했다. they: dress and ornament.

6) nothing less than: only.

met before. How many years ago it seems, since we last sat beneath Eliot's pulpit, with Hollingsworth extended on the fallen leaves, and Priscilla at his feet! Can it be, Zenobia, that you ever really numbered[7] yourself with our little band of earnest, thoughtful, philanthropic laborers?"

"Those ideas have their time and place," she answered, coldly. "But, I fancy, it must be a very circumscribed mind that can find room for no other."

Her manner bewildered me. Literally, moreover, I was dazzled by the brilliancy of the room. A chandelier hung down in the centre, glowing with I know not how many lights; there were separate lamps, also, on two or three tables, and on marble brackets, adding their white radiance to that of the chandelier. The furniture was exceedingly rich. Fresh from our old farm-house, with its homely board and benches in the dining-room, and a few wicker-chairs in the best parlor, it struck me that here was the fulfilment of every fantasy of an imagination revelling in various methods of costly self-indulgence and splendid ease. Pictures, marbles, vases; in brief, more shapes of luxury than there could be any object in enumerating, except for an auctioneer's advertisement — and the whole repeated and doubled by the reflection of a great mirror, which showed me Zenobia's proud figure, likewise, and my own. It cost me, I acknowledge, a bitter sense of shame, to perceive in myself a positive effort to bear up against[8] the effect which Zenobia sought to impose on me. I reasoned against her, in my secret mind, and strove so to keep my footing. In the gorgeousness with which she had surrounded herself — in the redundance of personal ornament, which the largeness of her physical nature and the rich type of her beauty caused to seem so suitable — I malevolently beheld the true character of the woman, passionate, luxurious, lacking simplicity, not deeply refined, incapable of pure and perfect taste.

---

7) numbered: included.
8) bear up against: resist.

But, the next instant, she was too powerful for all my opposing struggles. I saw how fit it was that she should make herself as gorgeous as she pleased, and should do a thousand things that would have been ridiculous in the poor, thin, weakly characters of other women. To this day, however, I hardly know whether I then beheld Zenobia in her truest attitude, or whether that were the truer one in which she had presented herself at Blithedale. In both, there was something like the illusion which a great actress flings around her.

"Have you given up Blithedale forever?" I inquired.

"Why should you think so?" asked she.

"I cannot tell," answered I; "except that it appears all like a dream that we were ever there together."

"It is not so to me," said Zenobia. "I should think it a poor and meagre nature, that is capable of but one set of forms, and must convert all the past into a dream, merely because the present happens to be unlike it. Why should we be content with our homely life of a few months past, to the exclusion of all other modes? It was good; but there are other lives as good, or better. Not, you will understand, that I condemn those who give themselves up to it more entirely than I, for myself, should deem it wise to do."[9]

It irritated me, this self-complacent, condescending, qualified approval and criticism of a system to which many individuals — perhaps as highly endowed as our gorgeous Zenobia — had contributed their all of earthly endeavor, and their loftiest aspirations. I determined to make proof if there were any spell that would exorcise her out of the part which she seemed to be acting. She should be compelled to give me a glimpse of something true; some nature, some passion, no matter whether right or wrong, provided it were real.[10]

---

9) Not, you will ~ wise to do: 그것이 내가 현명하다고 판단되는 것보다 훨씬 더 많은 것을 그 생활에 바친 사람들을 비난하는 것은 아니라는 사실을 당신도 알게 될 거예요. it: our homely life.

10) provided it were real: 그것이 진실되기만 하다면. provided: given.

"Your allusion to that class of circumscribed characters,[11] who can live only in one mode of life," remarked I, coolly, "reminds me of our poor friend Hollingsworth. Possibly, he was in your thoughts, when you spoke thus. Poor fellow! It is a pity that, by the fault of a narrow education, he should have so completely immolated himself to that one idea of his; especially as the slightest modicum of common-sense would teach him its utter impracticability. Now that I have returned into the world, and can look at his project from a distance, it requires quite all my real regard for this respectable and well-intentioned man to prevent me laughing at him — as, I find, society at large does."

Zenobia's eyes darted lightning; her cheeks flushed; the vividness of her expression was like the effect of a powerful light, flaming up suddenly within her. My experiment had fully succeeded. She had shown me the true flesh and blood of her heart,[12] by thus involuntarily resenting my slight, pitying, half-kind, half-scornful mention of the man who was all in all with her. She herself, probably, felt this; for it was hardly a moment before she tranquillized her uneven breath, and seemed as proud and self-possessed as ever.

"I rather imagine," said she, quietly, "that your appreciation falls short of Mr. Hollingsworth's just claims. Blind enthusiasm, absorption in one idea, I grant, is generally ridiculous, and must be fatal to the respectability of an ordinary man; it requires a very high and powerful character, to make it otherwise. But a great man — as, perhaps, you do not know — attains his normal condition only through the inspiration of one great idea. As a friend of Mr. Hollingsworth, and, at the same time, a calm observer, I must tell you that he seems to me such a man. But you are very pardonable for fancying him ridiculous. Doubtless, he is so — to you! There can be no truer test of the noble and heroic, in any individual, than the degree in which he possesses

---

11) circumscribed characters: 외골수.

12) true flesh and blood of her heart: 속내.

the faculty of distinguishing heroism from absurdity."

I dared make no retort to Zenobia's concluding apothegm.[13)] In truth, I admired her fidelity. It gave me a new sense of Hollingsworth's native power, to discover that his influence was no less potent with this beautiful woman, here, in the midst of artificial life, than it had been, at the foot of the gray rock, and among the wild birch-trees of the wood-path, when she so passionately pressed his hand against her heart. The great, rude, shaggy, swarthy man! And Zenobia loved him!

"Did you bring Priscilla with you?" I resumed. "Do you know, I have sometimes fancied it not quite safe, considering the susceptibility of her temperament, that she should be so constantly within the sphere of a man like Hollingsworth. Such tender and delicate natures, among your sex, have often, I believe, a very adequate appreciation of the heroic element in men. But, then, again, I should suppose them as likely as any other women to make a reciprocal impression. Hollingsworth could hardly give his affections to a person capable of taking an independent stand, but only to one whom he might absorb into himself. He has certainly shown great tenderness for Priscilla."

Zenobia had turned aside. But I caught the reflection of her face in the mirror, and saw that it was very pale; — as pale, in her rich attire, as if a shroud were round her.

"Priscilla is here," said she, her voice a little lower than usual. "Have not you learnt as much, from your chamber-window? Would you like to see her?"

She made a step or two into the back drawing-room, and called: —

"Priscilla! Dear Priscilla!"

---

13) concluding apothegm: 단정적인 결론.

XX
THEY VANISH

PRISCILLA immediately answered the summons, and made her appearance through the door of the boudoir. I had conceived the idea — which I now recognized as a very foolish one — that Zenobia would have taken measures to debar me from an interview with this girl, between whom and herself there was so utter an opposition of their dearest interests, that, on one part or the other, a great grief, if not likewise a great wrong, seemed a matter of necessity. But, as Priscilla was only a leaf, floating on the dark current of events, without influencing them by her own choice or plan — as she probably guessed not whither the stream was bearing her, nor perhaps even felt its inevitable movement — there could be no peril of her communicating to me any intelligence with regard to Zenobia's purposes.

On perceiving me, she came forward with great quietude of manner; and when I held out my hand, her own moved slightly towards it, as if attracted by a feeble degree of magnetism.

"I am glad to see you, my dear Priscilla," said I, still holding her hand. "But everything that I meet with now-a-days, makes me wonder whether I am awake. You, especially, have always seemed like a figure in a dream — and now more than ever."

"Oh, there is substance in these fingers of mine!"[1] she answered, giving my hand the faintest possible pressure, and then taking away her own. "Why do you call me a dream? Zenobia is much more like one than I; she is so very, very beautiful! And, I suppose," added Priscilla, as if thinking aloud, "everybody sees it, as I do."

But, for my part, it was Priscilla's beauty, not Zenobia's, of which I was thinking, at that moment. She was a person who could

---

1) there is substance in these fingers of mine: '내 손가락에도 살점이 붙어있어요'라는 해석으로 꿈이나 상상 속에서가 아니라 현실 세계 속에 존재한다는 뜻임.

be quite obliterated, so far as beauty went, by anything unsuitable in her attire; her charm was not positive and material enough to bear up against a mistaken choice of color, for instance, or fashion. It was safest, in her case, to attempt no art of dress; for it demanded the most perfect taste, or else the happiest accident in the world, to give her precisely the adornment which she needed.2) She was now dressed in pure white, set off with some kind of a gauzy fabric, which — as I bring up her figure in my memory, with a faint gleam on her shadowy hair, and her dark eyes bent shyly on mine, through all the vanished years — seems to be floating about her like a mist. I wondered what Zenobia meant by evolving so much loveliness out of this poor girl. It was what few women could afford to do; for, as I looked from one to the other, the sheen and splendor of Zenobia's presence took nothing from Priscilla's softer spell, if it might not rather be thought to add to it.

"What do you think of her?" asked Zenobia.

I could not understand the look of melancholy kindness with which Zenobia regarded her. She advanced a step, and beckoning Priscilla near her, kissed her cheek; then, with a slight gesture of repulse,3) she moved to the other side of the room. I followed.

"She is a wonderful creature," I said. "Ever since she came among us, I have been dimly sensible of just this charm which you have brought out. But it was never absolutely visible till now. She is as lovely as a flower!"

"Well; say so, if you like," answered Zenobia. "You are a poet — at least, as poets go, now-a-days — and must be allowed to make an opera-glass of your imagination, when you look at women. I wonder, in such Arcadian freedom of falling in love

---

2) It was safest ~ she needed: 그녀의 경우에는 의상에 기교를 부리려고 하지 않는 것이 가장 안전했다. 왜냐하면, 그녀가 필요로 하는 장식을 정확히 제공해 주려면 극히 완벽한 안목이 있거나 아니면 이 세상에서 가장 운이 좋아야 하기 때문이다. '가장 운이 좋아야 한다'는 표현은 운 좋게 우연히 이루어질 수 있다는 뜻임.

3) with a slight gesture of repulse: 약간 밀어내는 듯하더니.

as we have lately enjoyed, it never occurred to you to fall in love with Priscilla! In society, indeed, a genuine American never dreams of stepping across the inappreciable air-line which separates one class from another. But what was rank to the colonists of Blithedale?"

"There were other reasons," I replied, "why I should have demonstrated myself an ass, had I fallen in love with Priscilla. By-the-by, has Hollingsworth ever seen her in this dress?"

"Why do you bring up his name, at every turn?"[4] asked Zenobia, in an undertone, and with a malign look which wandered from my face to Priscilla's. "You know not what you do! It is dangerous, sir, believe me, to tamper thus with earnest human passions, out of your own mere idleness, and for your sport. I will endure it no longer! Take care that it does not happen again! I warn you!"

"You partly wrong me, if not wholly," I responded. "It is an uncertain sense of some duty to perform, that brings my thoughts, and therefore my words, continually to that one point."

"Oh, this stale excuse of duty!"[5] said Zenobia, in a whisper so full of scorn that it penetrated me like the hiss of a serpent. "I have often heard it before, from those who sought to interfere with me, and I know precisely what it signifies. Bigotry; self-conceit; an insolent curiosity; a meddlesome temper; a cold-blooded criticism, founded on a shallow interpretation of half-perceptions; a monstrous scepticism in regard to any conscience or any wisdom, except one's own; a most irreverent propensity to thrust Providence aside, and substitute one's self in its awful place[6] — out of these, and other motives as miserable as these, comes your idea of duty! But, beware, sir! With all your fancied acuteness, you step blind-

---

4) at every turn: 말끝마다.

5) Oh, this stale excuse of duty!: 아, 또 그 케케묵은 의무감 타령이군요!

6) Bigotry; self-conceit ~ awful place: 커버데일의 성격을 잘 요약해주는 구절임.

a most irreverent ~ awful place: 하느님을 밀쳐버리고 자신을 그 거룩한 자리에 대신 앉히는 매우 불경스러운 성향.

fold into these affairs. For any mischief that may follow your interference, I hold you responsible!"

It was evident, that, with but a little further provocation, the lioness would turn to bay; if, indeed, such were not her attitude, already. I bowed, and, not very well knowing what else to do, was about to withdraw. But, glancing again towards Priscilla, who had retreated into a corner, there fell upon my heart an intolerable burden of despondency, the purport of which I could not tell, but only felt it to bear reference to her. I approached her, and held out my hand; a gesture, however, to which she made no response. It was always one of her peculiarities that she seemed to shrink from even the most friendly touch, unless it were Zenobia's or Hollingsworth's. Zenobia, all this while, stood watching us, but with a careless expression, as if it mattered very little what might pass.

"Priscilla," I inquired, lowering my voice, "when do you go back to Blithedale?"

"Whenever they please to take me," said she.

"Did you come away of your own free-will?" I asked.

"I am blown about like a leaf," she replied. "I never have any free-will."

"Does Hollingsworth know that you are here?" said I.

"He bade me come," answered Priscilla.

She looked at me, I thought, with an air of surprise, as if the idea were incomprehensible, that she should have taken this step without his agency.

"What a gripe[7] this man has laid upon her whole being!" muttered I, between my teeth. "Well, as Zenobia so kindly intimates, I have no more business here. I wash my hands of it all. On Hollingsworth's head be the consequences! Priscilla," I added, aloud, "I know not that ever we may meet again. Farewell!"

As I spoke the word, a carriage had rumbled along the street, and stopt before the house. The door-bell rang, and steps were

---

7) **gripe**: a grip or firm hold.

immediately afterwards heard on the staircase. Zenobia had thrown a shawl over her dress.

"Mr. Coverdale," said she, with cool courtesy, "you will perhaps excuse us. We have an engagement, and are going out."

"Whither?" I demanded.

"Is not that a little more than you are entitled to inquire?" said she, with a smile. "At all events, it does not suit me to tell you."

The door of the drawing-room opened, and Westervelt appeared. I observed that he was elaborately dressed, as if for some grand entertainment. My dislike for this man was infinite. At that moment, it amounted to nothing less than a creeping of the flesh, as when, feeling about in a dark place, one touches something cold and slimy, and questions what the secret hatefulness may be.8) And, still, I could not but acknowledge, that, for personal beauty, for polish of manner, for all that externally befits a gentleman, there was hardly another like him. After bowing to Zenobia, and graciously saluting Priscilla in her corner, he recognized me by a slight, but courteous inclination.

"Come, Priscilla," said Zenobia, "it is time. Mr. Coverdale, good evening."

As Priscilla moved slowly forward, I met her in the middle of the drawing-room.

"Priscilla," said I, in the hearing of them all, "do you know whither you are going?"

"I do not know," she answered.

"Is it wise to go?—and is it your choice to go?" I asked.

"If not—I am your friend, and Hollingsworth's friend—tell me so, at once!"

"Possibly," observed Westervelt, smiling, "Priscilla sees in me an older friend than either Mr. Coverdale or Mr. Hollingsworth. I shall willingly leave the matter at her option."

---

8) it amounted ~ hatefulness may be: 그것은 마치 어두운 곳에서 손으로 사방을 더듬고 있을 때, 무언가 차갑고 끈적거리는 것을 만지게 되어, 이 소름끼치는 것이 무엇일까 하며 기분이 오싹해지는 상태와 같았다.

While thus speaking, he made a gesture of kindly invitation; and Priscilla passed me, with the gliding movement of a sprite, and took his offered arm. He offered the other to Zenobia. But she turned her proud and beautiful face upon him, with a look which — judging from what I caught of it in profile — would undoubtedly have smitten the man dead, had he possessed any heart, or had this glance attained to it. It seemed to rebound, however, from his courteous visage, like an arrow from polished steel.[9)] They all three descended the stairs; and when I likewise reached the street-door, the carriage was already rolling away.

---

9) It seemed ~polished steel: 그 눈빛(It = This glance)은 윤기나는 강철에 부딪친 화살과도 같이 그의 예의바른 용모에서부터 튕겨 나온 것처럼 보였다.

XXI
AN OLD ACQUAINTANCE

THUS excluded from everybody's confidence, and attaining no further, by my most earnest study, than to an uncertain sense of something hidden from me,[1)] it would appear reasonable that I should have flung off all these alien perplexities. Obviously, my best course was, to betake myself to new scenes. Here, I was only an intruder. Elsewhere, there might be circumstances in which I could establish a personal interest, and people who would respond, with a portion of their sympathies, for so much as I should bestow of mine.

Nevertheless, there occurred to me one other thing to be done. Remembering old Moodie, and his relationship with Priscilla, I determined to seek an interview, for the purpose of ascertaining whether the knot of affairs was as inextricable, on that side, as I found it on all others. Being tolerably well acquainted with the old man's haunts, I went, the next day, to the saloon of a certain establishment about which he often lurked. It was a reputable place enough, affording good entertainment in the way of meat, drink, and fumigation;[2)] and there, in my young and idle days and nights, when I was neither nice nor wise, I had often amused myself with watching the staid humors and sober jollities of the thirsty souls around me.

At my first entrance, old Moodie was not there. The more patiently to await him, I lighted a cigar, and establishing myself in a corner, took a quiet, and, by sympathy, a boozy kind of pleasure in the customary life that was going forward. Human nature, in my opinion, has a naughty instinct that approves of

---

1) Thus excluded ~ hidden from me: 다른 사람들의 생각과 차단되어 있어서 아무리 집요하게 파헤쳐 봐도 감추어진 어떤 사실에 대해 모호한 감을 잡는 것 말고는 아무 것도 파악할 수 없었기에.

2) fumigation: pipe and cigar smoking.

wine, at least, if not of stronger liquor. The temperance-men[3] may preach till doom's day; and still this cold and barren world will look warmer, kindlier, mellower, through the medium of a toper's[4] glass; nor can they, with all their efforts, really spill his draught upon the floor until some hitherto unthought-of discovery shall supply him with a truer element of joy. The general atmosphere of life must first be rendered so inspiriting that he will not need his delirious solace.[5] The custom of tippling has its defensible side, as well as any other question. But these good people snatch at the old, time-honored demijohn, and offer nothing — either sensual or moral — nothing whatever to supply its place; and human life, as it goes with a multitude of men, will not endure so great a vacuum as would be left by the withdrawal of that big-bellied convexity. The space, which it now occupies, must somehow or other be filled up. As for the rich, it would be little matter if a blight fell upon their vine-yards; but the poor man — whose only glimpse of a better state is through the muddy medium of his liquor — what is to be done for him? The reformers should make their efforts positive, instead of negative; they must do away with evil by substituting good.[6]

The saloon was fitted up with a good deal of taste. There were pictures on the walls, and among them an oil-painting of a beef-steak, with such an admirable show of juicy tenderness, that the beholder sighed to think it merely visionary, and incapable of ever being put upon a gridiron. Another work of high art was the lifelike representation of a noble sirloin; another, the hind-quarters of a deer, retaining the hoofs and tawny fur; another, the head and shoulders of a salmon; and, still more exquisitely finished,

---

3) **temperance-men**: reformers urging abstinence from alcohol.

4) **toper**: a hard drinker or an alcoholic.

5) **The general atmosphere ~ delirious solace**: 삶의 전반적인 기운이 먼저 고무적으로 상승되어야만 술꾼이 환각적인 위안을 찾지 않을 것이다.

6) **Human nature ~ substituting good**: The section from "Human nature" to the end of the paragraph was cut from the manuscript and hence earlier editions but was restored for the Centenary edition.

a brace of canvass-back ducks,[7] in which the mottled feathers were depicted with the accuracy of a daguerreotype.[8] Some very hungry painter, I suppose, had wrought these subjects of still life, heightening his imagination with his appetite, and earning, it is to be hoped, the privilege of a daily dinner off whichever of his pictorial viands[9] he liked best. Then there was a fine old cheese, in which you could almost discern the mites; and some sardines, on a small plate, very richly done, and looking as if oozy with the oil in which they had been smothered. All these things were so perfectly imitated, that you seemed to have the genuine article before you, and yet with an indescribable, ideal charm; it took away the grossness from what was fleshiest and fattest, and thus helped the life of man, even in its earthliest relations, to appear rich and noble, as well as warm, cheerful, and substantial. There were pictures, too, of gallant revellers, those of the old time, Flemish, apparently, with doublets and slashed sleeves, drinking their wine out of fantastic, long-stemmed glasses; quaffing joyously, quaffing forever, with inaudible laughter and song; while the champagne bubbled immortally against their moustaches, or the purple tide of Burgundy ran inexhaustibly down their throats.

But, in an obscure corner of the saloon, there was a little Picture —excellently done, moreover—of a ragged, bloated, New England toper, stretched out on a bench, in the heavy, apoplectic sleep of drunkenness. The death-in-life was too well portrayed. You smelt the fumy liquor that had brought on this syncope.[10] Your only comfort lay in the forced reflection, that, real as he looked, the poor caitiff[11] was but imaginary, a bit of painted canvass, whom

---

7) canvas-back ducks: North American wild ducks.

8) daguerreotype: the product of an early form of photography made by exposing a specially treated silver-coated plate to sunlight and then developing the image with mercury vapor. The process was invented in 1839 by Louis-Jacques-Mandé Daguerre (1789-1851). See *The House of the Seven Gables,* especially chapter 12.

9) his pictorial viands: 그림 속의 진수성찬.

10) syncope: partial or complete loss of consciousness.

no delirium tremens, nor so much as a retributive headache, awaited, on the morrow.

By this time, it being past eleven o'clock, the two barkeepers of the saloon were in pretty constant activity. One of these young men had a rare faculty in the concoction of gin-cocktails. It was a spectacle to behold, how, with a tumbler in each hand, he tossed the contents from one to the other. Never conveying it awry, nor spilling the least drop, he compelled the frothy liquor, as it seemed to me, to spout forth from one glass and descend into the other, in a great parabolic curve, as well-defined and calculable as a planet's orbit. He had a good forehead, with a particularly large development just above the eyebrows; fine intellectual gifts, no doubt, which he had educated to this profitable end; being famous for nothing but gin-cocktails, and commanding a fair salary by his one accomplishment. These cocktails, and other artificial combinations of liquor, (of which there were at least a score, though mostly, I suspect, fantastic in their differences,) were much in favor with the younger class of customers, who, at farthest,[12]had only reached the second stage of potatory life. The staunch, old soakers, on the other hand — men who, if put on tap,[13] would have yielded a red alcoholic liquor, by way of blood — usually confined themselves to plain brandy-and-water, gin, or West India rum; and, oftentimes, they prefaced their dram with some medicinal remark as to the wholesomeness and stomachic[14] qualities of that particular drink. Two or three appeared to have bottles of their own, behind the counter; and, winking one red eye to the barkeeper, he forthwith produced these choicest and peculiar cordials, which it was a matter of great interest and favor, among their acquaintances, to obtain a sip of.

Agreeably to the Yankee habit, under whatever circumstances,

---

11) caitiff: mean or wicked or simply unfortunate and wretched man.
12) at farthest: 기껏해야.
13) if put on tap: 꼭지를 틀면.
14) stomachic: beneficial to the stomach or digestion.

the deportment of all these good fellows, old or young, was decorous and thoroughly correct. They grew only the more sober in their cups; there was no confused babble, nor boisterous laughter. They sucked in the joyous fire of the decanters, and kept it smouldering in their inmost recesses, with a bliss known only to the heart which it warmed and comforted. Their eyes twinkled a little, to be sure; they hemmed vigorously, after each glass, and laid a hand upon the pit of the stomach, as if the pleasant titillation, there, was what constituted the tangible part of their enjoyment. In that spot, unquestionably, and not in the brain, was the acme of the whole affair. But the true purpose of their drinking — and one that will induce men to drink, or do something equivalent, as long as this weary world shall endure — was the renewed youth and vigor, the brisk, cheerful sense of things present and to come, with which, for about a quarter-of-an-hour, the dram permeated their systems. And when such quarters-of-an-hour can be obtained in some mode less baneful to the great sum of a man's life — but, nevertheless, with a little spice of impropriety, to give it a wild flavor — we temperance-people may ring out our bells for victory!

The prettiest object in the saloon was a tiny fountain, which threw up its feathery jet through the counter, and sparkled down again into an oval basin, or lakelet, containing several gold-fishes. There was a bed of bright sand, at the bottom, strewn with coral and rock-work; and the fishes went gleaming about, now turning up the sheen of a golden side, and now vanishing into the shadows of the water, like the fanciful thoughts that coquet with a poet in his dream. Never before, I imagine, did a company of water-drinkers remain so entirely uncontaminated by the bad example around them; nor could I help wondering that it had not occurred to any freakish inebriate to empty a glass of liquor into their lakelet. What a delightful idea! Who would not be a fish, if he could inhale jollity with the essential element of his existence!

I had begun to despair of meeting old Moodie, when, all at once, I recognized his hand and arm, protruding from behind a screen that was set up for the accommodation of bashful topers.

As a matter of course, he had one of Priscilla's little purses, and was quietly insinuating it under the notice of a person who stood near. This was always old Moodie's way. You hardly ever saw him advancing towards you, but became aware of his proximity without being able to guess how he had come thither. He glided about like a spirit, assuming visibility close to your elbow, offering his petty trifles of merchandise, remaining long enough for you to purchase, if so disposed, and then taking himself off, between two breaths, while you happened to be thinking of something else.

By a sort of sympathetic impulse that often controlled me in those more impressible days of my life, I was induced to approach this old man in a mode as undemonstrative as his own.[15] Thus, when, according to his custom, he was probably just about to vanish, he found me at his elbow.

"Ah!" said he, with more emphasis than was usual with him. "It is Mr. Coverdale!"

"Yes, Mr. Moodie, your old acquaintance," answered I. "It is some time now since we ate luncheon together, at Blithedale, and a good deal longer since our little talk together, at the street-corner."

"That was a good while ago," said the old man.

And he seemed inclined to say not a word more. His existence looked so colorless and torpid — so very faintly shadowed on the canvas of reality — that I was half afraid lest he should altogether disappear, even while my eyes were fixed full upon his figure. He was certainly the wretchedest old ghost in the world, with his crazy hat, the dingy handkerchief about his throat, his suit of threadbare gray, and especially that patch over his right eye,[16] behind which

---

15) in a mode as undemonstrative as his own: 그가 하는 만큼이나 아주 드러나지 않게.

16) that patch over his right eye: Earlier (p. 127), Moodie is described as having a patch over his left eye. Roy Male argues that this is not an oversight but a part of Hawthorne's "examination of what happens to personal identity in a culture that demands constant change" (*Explicator*, 28 [1970], item 56). See footnote 1 of chapter 10 above.

he always seemed to be hiding himself. There was one method, however, of bringing him out into somewhat stronger relief. A glass of brandy would effect it. Perhaps the gentler influence of a bottle of claret might do the same. Nor could I think it a matter for the recording angel to write down against me, if — with my painful consciousness of the frost in this old man's blood, and the positive ice that had congealed about his heart — I should thaw him out, were it only for an hour, with the summer warmth of a little wine. What else could possibly be done for him? How else could he be imbued with energy enough to hope for a happier state, hereafter? How else be inspirited[17] to say his prayers? For there are states of our spiritual system, when the throb of the soul's life is too faint and weak to render us capable of religious aspiration.

"Mr. Moodie," said I, "shall we lunch together? And would you like to drink a glass of wine?"

His one eye gleamed. He bowed; and it impressed me that he grew to be more of a man at once, either in anticipation of the wine, or as a grateful response to my good-fellowship in offering it.[18]

"With pleasure," he replied.

The barkeeper, at my request, showed us into a private room, and soon afterwards, set some fried oysters and a bottle of claret on the table; and I saw the old man glance curiously at the label of the bottle, as if to learn the brand.

"It should be good wine," I remarked, "if it have any right to its label."

"You cannot suppose, sir," said Moodie, with a sigh, "that a poor old fellow, like me, knows any difference in wines."

And yet, in his way of handling the glass, in his preliminary

---

17) inspirited: The Centenary edition uses this word from the manuscript, rather than *inspired*, which was used in the first edition.

18) either in anticipation ~ offering it: 와인을 마실 생각에서였는지, 혹은 나의 친교의 제안에 대한 고마움의 표시에서였는지.

snuff at the aroma, in his first cautious sip of the wine, and the gustatory skill with which he gave his palate the full advantage of it, it was impossible not to recognize the connoisseur.

"I fancy, Mr. Moodie," said I, "you are a much better judge of wines than I have yet learned to be. Tell me fairly — did you never drink it where the grape grows?"

"How should that have been, Mr. Coverdale?" answered old Moodie, shyly; but then he took courage, as it were, and uttered a feeble little laugh. "The flavor of this wine," added he, "and its perfume, still more than its taste, makes me remember that I was once a young man!"

"I wish, Mr. Moodie," suggested I — not that I greatly cared about it, however, but was only anxious to draw him into some talk about Priscilla and Zenobia — "I wish, while we sit over our wine, you would favor me with a few of those youthful reminiscences."

"Ah," said he, shaking his head, "they might interest you more than you suppose. But I had better be silent, Mr. Coverdale. If this good wine — though claret, I suppose, is not apt to play such a trick — but if it should make my tongue run too freely, I could never look you in the face again."

"You never did look me in the face, Mr. Moodie," I replied, "until this very moment."

"Ah!" sighed old Moodie.

It was wonderful, however, what an effect the mild grape-juice wrought upon him. It was not in the wine, but in the associations which it seemed to bring up. Instead of the mean, slouching, furtive, painfully depressed air of an old city-vagabond, more like a gray kennel-rat[19] than any other living thing, he began to take the aspect of a decayed gentleman. Even his garments — especially after I had myself quaffed a glass or two — looked less shabby than when we first sat down. There was, by-and-by, a certain

19) **kennel-rat**: rat living in the gutter of a street. Derived from *canel* or *cannel*, the medieval term for a gutter or sewer.

exuberance and elaborateness of gesture, and manner, oddly in contrast with all that I had hitherto seen of him. Anon, with hardly any impulse from me, old Moodie began to talk. His communications referred exclusively to a long past and more fortunate period of his life, with only a few unavoidable allusions to the circumstances that had reduced him to his present state. But, having once got the clue,[20] my subsequent researches acquainted me with the main facts of the following narrative; although, in writing it out, my pen has perhaps allowed itself a trifle of romantic and legendary license, worthier of a small poet than of a grave biographer.

---

20) having once got the clue: 일단 실마리가 잡히자.

XXII
FAUNTLEROY

FIVE-AND-TWENTY years ago, at the epoch of this story, there dwelt, in one of the middle states, a man whom we shall call Fauntleroy;[1] a man of wealth, and magnificent tastes, and prodigal expenditure. His home might almost be styled a palace; his habits, in the ordinary sense, princely. His whole being seemed to have crystallized itself into an external splendor, wherewith he glittered in the eyes of the world, and had no other life than upon this gaudy surface. He had married a lovely woman, whose nature was deeper than his own. But his affection for her, though it showed largely, was superficial, like all his other manifestations and developments; he did not so truly keep this noble creature[2] in his heart, as wear her beauty for the most brilliant ornament of his outward state. And there was born to him a child, a beautiful daughter, whom he took from the beneficent hand of God with no just sense of her immortal value,[3] but as a man, already rich in gems, would receive another jewel. If he loved her, it was because she shone.

After Fauntleroy had thus spent a few empty years, corruscating[4] continually an unnatural light, the source of it — which was merely his gold — began to grow more shallow, and finally became exhausted. He saw himself in imminent peril of losing all that had heretofore distinguished him; and, conscious of no innate worth to fall back upon, he recoiled from this calamity, with the instinct

1) Fauntleroy: The name may have been suggested by the case of Henry Fauntleroy (1785-1824), a London banker convicted and hanged for forgery.

2) this noble creature: wife.

3) with no just sense of her immortal value: 불멸의 진가에 대한 올바른 분별도 없이.

4) corruscating: Not in *The Oxford English Dictionary or Webster's Third New International Dictionary;* probably from the Latin, corusco, meaning to gleam, glitter, flash.

of a soul shrinking from annihilation. To avoid it — wretched man! — or, rather, to defer it, if but for a month, a day, or only to procure himself the life of a few breaths more, amid the false glitter which was now less his own than ever — he made himself guilty of a crime. It was just the sort of crime, growing out of its artificial state, which society (unless it should change its entire constitution for this man's unworthy sake[5]) neither could nor ought to pardon. More safely might it pardon murder.[6] Fauntleroy's guilt was discovered. He fled; his wife perished by the necessity of her innate nobleness, in its alliance with a being so ignoble; and betwixt her mother's death and her father's ignominy, his daughter was left worse than orphaned.

There was no pursuit after Fauntleroy. His family-connections, who had great wealth, made such arrangements with those whom he had attempted to wrong, as secured him from the retribution that would have overtaken an unfriended criminal. The wreck of his estate was divided among his creditors. His name, in a very brief space, was forgotten by the multitude who had passed it so diligently from mouth to mouth. Seldom, indeed, was it recalled, even by his closest former intimates. Nor could it have been otherwise. The man had laid no real touch on any mortal's heart. Being a mere image, an optical delusion, created by the sunshine of prosperity,[7] it was his law to vanish into the shadow of the first intervening cloud. He seemed to leave no vacancy; a phenomenon which, like many others that attended his brief career, went far to prove the illusiveness of his existence.

Not, however, that the physical substance of Fauntleroy had literally melted into vapor. He had fled northward, to the New England metropolis,[8] and had taken up his abode, under another

---

5) unless it should ~ unworthy sake: 사회가 이 하찮은 남자를 위해서 사회의 전체적인 법을 바꾸지 않는 한.

6) More safely might it pardon murder: 차라리 살인이었다면 사회가 더 확실히 용서할 수 있었을 것이다.

7) optical delusion ~ of prosperity: 눈부신 햇살로 인해 생기는 착시 현상.

8) New England metropolis: Boston.

name, in a squalid street, or court, of the older portion of the city. There he dwelt among poverty-stricken wretches, sinners, and forlorn good people, Irish, and whomsoever else were neediest. Many families were clustered in each house together, above stairs and below, in the little peaked garrets, and even in the dusky cellars. The house, where Fauntleroy paid weekly rent for a chamber and a closet, had been a stately habitation in its day. An old colonial Governor had built it, and lived there, long ago, and held his levees[9] in a great room where now slept twenty Irish bedfellows, and died in Fauntleroy's chamber, which his embroidered and white-wigged ghost still haunted. Tattered hangings, a marble hearth, traversed with many cracks and fissures, a richly-carved oaken mantel-piece, partly hacked-away for kindling-stuff, a stuccoed ceiling, defaced with great, unsightly patches of the naked laths;—such was the chamber's aspect, as if, with its splinters and rags of dirty splendor, it were a kind of practical gibe at this poor, ruined man of show.

At first, and at irregular intervals, his relatives allowed Fauntleroy a little pittance to sustain life; not from any love, perhaps, but lest poverty should compel him, by new offences, to add more shame to that with which he had already stained them. But he showed no tendency to further guilt. His character appeared to have been radically changed (as, indeed, from its shallowness, it well might) by his miserable fate; or, it may be, the traits now seen in him were portions of the same character, presenting itself in another phase. Instead of any longer seeking to live in the sight of the world, his impulse was to shrink into the nearest obscurity, and to be unseen of men, were it possible, even while standing before their eyes. He had no pride; it was all trodden in the dust. No ostentation; for how could it survive, when there was nothing left of Fauntleroy, save penury and shame! His very gait demonstrated that he would gladly have faded out of view, and have

9) **levees**: grand receptions, traditionally held by a person of distinction or rank on rising from bed; 알현회(謁見會).

crept about invisibly, for the sake of sheltering himself from the irksomeness of a human glance. Hardly, it was averred, within the memory of those who knew him now, had he the hardihood to show his full front to the world. He skulked in corners, and crept about in a sort of noonday twilight, making himself gray and misty, at all hours, with his morbid intolerance of sunshine.

In his torpid despair, however, he had done an act which that condition of the spirit seems to prompt, almost as often as prosperity and hope. Fauntleroy was again married. He had taken to wife a forlorn, meek-spirited, feeble young woman, a seamstress, whom he found dwelling with her mother in a contiguous chamber of the old gubernatorial residence. This poor phantom — as the beautiful and noble companion of his former life had done — brought him a daughter. And sometimes, as from one dream into another, Fauntleroy looked forth out of his present grimy environment, into that past magnificence, and wondered whether the grandee of yesterday or the pauper of to-day were real. But, in my mind, the one and the other were alike impalpable. In truth, it was Fauntleroy's fatality to behold whatever he touched dissolve. After a few years, his second wife (dim shadow that she had always been) faded finally out of the world, and left Fauntleroy to deal as he might with their pale and nervous child. And, by this time, among his distant relatives — with whom he had grown a weary thought, linked with contagious infamy, and which they were only too willing to get rid of — he was himself supposed to be no more.

The younger child, like his elder one, might be considered as the true offspring of both parents, and as the reflection of their state. She was a tremulous little creature, shrinking involuntarily from all mankind, but in timidity, and no sour repugnance. There was a lack of human substance in her; it seemed as if, were she to stand up in a sunbeam, it would pass right through her figure, and trace out the cracked and dusty window-panes upon the naked floor. But, nevertheless, the poor child had a heart; and from her mother's gentle character she had inherited a profound and still capacity of affection. And so her life was one of love. She bestowed it partly on her father, but in greater part, on an idea.

For Fauntleroy, as they sat by their cheerless fireside — which was no fireside, in truth, but only a rusty stove, — had often talked to the little girl about his former wealth, the noble loveliness of his first wife, and the beautiful child whom she had given him. Instead of the fairy tales, which other parents tell, he told Priscilla this. And, out of the loneliness of her sad little existence, Priscilla's love grew, and tended upward, and twined itself perseveringly around this unseen sister; as a grape-vine might strive to clamber out of a gloomy hollow among the rocks, and embrace a young tree, standing in the sunny warmth above. It was almost like worship, both in its earnestness and its humility; nor was it the less humble, though the more earnest, because Priscilla could claim human kindred with the being whom she so devoutly loved. As with worship, too, it gave her soul the refreshment of a purer atmosphere. Save for this singular, this melancholy, and yet beautiful affection, the child could hardly have lived; or, had she lived, with a heart shrunken for lack of any sentiment to fill it, she must have yielded to the barren miseries of her position, and have grown to womanhood characterless and worthless. But now, amid all the sombre coarseness of her father's outward life, and of her own, Priscilla had a higher and imaginative life within. Some faint gleam thereof was often visible upon her face. It was as if, in her spiritual visits to her brilliant sister, a portion of the latter's brightness had permeated our dim Priscilla, and still lingered, shedding a faint illumination through the cheerless chamber, after she came back.

As the child grew up, so pallid and so slender, and with much unaccountable nervousness, and all the weaknesses of neglected infancy still haunting her, the gross and simple neighbors[10] whispered strange things about Priscilla. The big, red, Irish matrons, whose innumerable progeny swarmed out of the adjacent doors, used to mock at the pale Western child. They fancied — or, at least, affirmed it, between jest and earnest — that she was not so

---

10) gross and simple neighbors: 마을 사람들은 여럿이건 소수이건 간에.

solid flesh and blood as other children, but mixed largely with a thinner element. They called her ghost-child, and said that she could indeed vanish, when she pleased, but could never, in her densest moments, make herself quite visible. The sun, at mid-day, would shine through her; in the first gray of the twilight, she lost all the distinctness of her outline; and, if you followed the dim thing into a dark corner, behold! she was not there. And it was true, that Priscilla had strange ways; strange ways, and stranger words, when she uttered any words at all. Never stirring out of the old Governor's dusky house, she sometimes talked of distant places and splendid rooms, as if she had just left them. Hidden things were visible to her, (at least, so the people inferred from obscure hints, escaping unawares out of her mouth,) and silence was audible. And, in all the world, there was nothing so difficult to be endured, by those who had any dark secret to conceal, as the glance of Priscilla's timid and melancholy eyes.

Her peculiarities were the theme of continual gossip among the other inhabitants of the gubernatorial mansion. The rumor spread thence into a wider circle. Those who knew old Moodie — as he was now called — used often to jeer him, at the very street-corners, about his daughter's gift of second-sight and prophecy. It was a period when science (though mostly through its empirical professors)was bringing forward, anew, a hoard of facts and imperfect theories, that had partially won credence, in elder times, but which modern scepticism had swept away as rubbish.[11] These things were now tossed up again, out of the surging ocean of human thought and experience. The story of Priscilla's preternatural manifestations, therefore, attracted a kind of notice of which it would have been deemed wholly unworthy a few years earlier. One day, a gentleman ascended the creaking staircase, and inquired which was old Moodie's chamber-door. And, several times, he came

---

11) **period when ~ away as rubbish**: The nineteenth century saw the rising popularity of spiritualism and interest in the supernatural. Hawthorne, as well as many of his friends and relatives, found such ideas fascinating.

again. He was a marvellously handsome man, still youthful, too, and fashionably dressed. Except that Priscilla, in those days, had no beauty, and, in the languor of her existence, had not yet blossomed into womanhood, there would have been rich food for scandal in these visits; for the girl was unquestionably their sole object, although her father was supposed always to be present. But, it must likewise be added, there was something about Priscilla that calumny could not meddle with; and thus far was she privileged, either by the preponderance of what was spiritual, or the thin and watery blood that left her cheek so pallid.[12)]

Yet, if the busy tongues of the neighborhood spared Priscilla, in one way, they made themselves amends by renewed and wilder babble, on another score. They averred that the strange gentleman was a wizard, and that he had taken advantage of Priscilla's lack of earthly substance to subject her to himself, as his familiar spirit, through whose medium he gained cognizance of whatever happened, in regions near or remote. The boundaries of his power were defined by the verge of the pit of Tartarus on the one hand, and the third sphere of the celestial world on the other.[13)] Again, they declared their suspicion that the wizard, with all his show of manly beauty, was really an aged and wizened figure, or else that his semblance of a human body was only a necromantic,[14)] or perhaps a mechanical contrivance, in which a demon walked about. In proof of it, however, they could merely instance a gold band around his upper teeth, which had once been visible to several

---

12) either by ~ cheek so pallid: 영적인 것의 우세에 의해서건, 그녀의 볼을 그토록 창백하게 만드는 물과 같은 묽은 피에 의해서건.

13) The boundaries ~ on the other: 그의 힘이 미치는 경계는 한 쪽은 타타러스 구덩이의 가장자리이고, 또 다른 쪽은 천상 세계의 세 번째 천구층이었다. pit of Tartarus: In classical mythology, Tartarus was sometimes equated with (though often placed beneath) Hades, the underworld. third sphere: In the Ptolemaic cosmology, in which the earth is surrounded by a concentric series of transparent globes that carried the celestial bodies, the third sphere supported the planet Venus. See Homer, Odyssey, 4:561-69, 10:513-15, 11; Hesiod, *Theogony*, and *Works and Days*, 167-73.

14) necromantic: having to do with magic or sorcery.

old women, when he smiled at them from the top of the Governor's staircase. Of course, this was all absurdity, or mostly so. But, after every possible deduction, there remained certain very mysterious points about the stranger's character, as well as the connection that he established with Priscilla. Its nature, at that period, was even less understood than now, when miracles of this kind have grown so absolutely stale, that I would gladly, if the truth allowed, dismiss the whole matter from my narrative.

We must now glance backward, in quest of the beautiful daughter of Fauntleroy's prosperity. What had become of her? Fauntleroy's only brother, a bachelor, and with no other relative so near, had adopted the forsaken child. She grew up in affluence, with native graces clustering luxuriantly about her. In her triumphant progress towards womanhood, she was adorned with every variety of feminine accomplishment. But she lacked a mother's care. With no adequate control, on any hand, (for a man, however stern, however wise, can never sway and guide a female child,) her character was left to shape itself. There was good in it, and evil. Passionate, self-willed, and imperious, she had a warm and generous nature; showing the richness of the soil, however, chiefly by the weeds that flourished in it, and choked up the herbs of grace. In her girlhood, her uncle died. As Fauntleroy was supposed to be likewise dead, and no other heir was known to exist, his wealth devolved on her, although, dying suddenly, the uncle left no will. After his death, there were obscure passages in Zenobia's history. There were whispers of an attachment, and even a secret marriage, with a fascinating and accomplished but unprincipled young man. The incidents and appearances, however, which led to this surmise, soon passed away and were forgotten.

Nor was her reputation seriously affected by the report. In fact, so great was her native power and influence, and such seemed the careless purity of her nature, that whatever Zenobia did was generally acknowledged as right for her to do. The world never criticised her so harshly as it does most women who transcend its rules. It almost yielded its assent, when it beheld her stepping out of the common path, and asserting the more extensive privileges of her sex, both theoretically and by her practice. The sphere of ordinary womanhood was felt to be narrower than her development required.

A portion of Zenobia's more recent life is told in the foregoing pages. Partly in earnest — and, I imagine, as was her disposition, half in a proud jest, or in a kind of recklessness that had grown upon her, out of some hidden grief — she had given her countenance, and promised liberal pecuniary aid, to our experiment of a better social state. And Priscilla followed her to Blithedale. The sole bliss of her life had been a dream of this beautiful sister, who had never so much as known of her existence. By this time, too, the poor girl was enthralled in an intolerable bondage, from which she must either free herself or perish. She deemed herself safest near Zenobia, into whose large heart she hoped to nestle.

One evening, months after Priscilla's departure, when Moodie (or shall we call him Fauntleroy?) was sitting alone in the state-chamber of the old Governor, there came footsteps up the staircase. There was a pause on the landing-place. A lady's musical, yet haughty accents were heard making an inquiry from some denizen of the house, who had thrust a head out of a contiguous chamber. There was then a knock at Moodie's door.

"Come in!" said he.

And Zenobia entered. The details of the interview that followed being unknown to me — while, notwithstanding, it would be a pity quite to lose the picturesqueness of the situation — I shall attempt to sketch it, mainly from fancy, although with some general grounds of surmise in regard to the old man's feelings.

She gazed, wonderingly, at the dismal chamber. Dismal to her, who beheld it only for an instant, and how much more so to him, into whose brain each bare spot on the ceiling, every tatter of the paper-hangings, and all the splintered carvings of the mantel-piece, seen wearily through long years, had worn their several prints! Inexpressibly miserable is this familiarity with objects that have been, from the first, disgustful.

"I have received a strange message," said Zenobia, after a moment's silence, "requesting, or rather enjoining it upon me, to come hither. Rather from curiosity than any other motive — and because, though a woman, I have not all the timidity of one — I have complied. Can it be you, sir, who thus summoned me?"

"It was," answered Moodie.

"And what was your purpose?" she continued. "You require charity, perhaps? In that case, the message might have been more fitly worded. But you are old and poor; and age and poverty should be allowed their privileges. Tell me, therefore, to what extent you need my aid."

"Put up your purse," said the supposed mendicant, with an inexplicable smile. "Keep it — keep all your wealth — until I demand it all, or none! My message had no such end in view. You are beautiful, they tell me; and I desired to look at you."

He took the one lamp that showed the discomfort and sordidness of his abode, and approaching Zenobia, held it up, so as to gain the more perfect view of her, from top to toe. So obscure was the chamber, that you could see the reflection of her diamonds thrown upon the dingy wall, and flickering with the rise and fall of Zenobia's breath. It was the splendor of those jewels on her neck, like lamps that burn before some fair temple, and the jewelled flower in her hair, more than the murky, yellow light, that helped him to see her beauty. But he beheld it, and grew proud at heart; his own figure, in spite of his mean habiliments, assumed an air of state and grandeur.

"It is well," cried old Moodie. "Keep your wealth. You are right worthy of it. Keep it, therefore, but with one condition only!"

Zenobia thought the old man beside himself, and was moved with pity.

"Have you none to care for you?" asked she. "No daughter? — no kind-hearted neighbor? — no means of procuring the attendance which you need? Tell me, once again, can I do nothing for you?"

"Nothing," he replied. "I have beheld what I wished. Now, leave me! Linger not a moment longer; or I may be tempted to say what would bring a cloud over that queenly brow. Keep all your wealth, but with only this one condition. Be kind—be no less kind than sisters are—to my poor Priscilla!"

And, it may be, after Zenobia withdrew, Fauntleroy paced his gloomy chamber, and communed with himself as follows:—or, at all events, it is the only solution which I can offer, of the enigma presented in his character

"I am unchanged—the same man as of yore!" said he. "True; my brother's wealth, he dying intestate, is legally my own. I know it; yet, of my own choice, I live a beggar, and go meanly clad, and hide myself behind a forgotten ignominy. Looks this like ostentation? Ah, but, in Zenobia, I live again! Beholding her, so beautiful—so fit to be adorned with all imaginable splendor of outward state—the cursed vanity, which, half-a-lifetime since, dropt off like tatters of once gaudy apparel from my debased and ruined person, is all renewed for her sake! Were I to re-appear, my shame would go with me from darkness into daylight. Zenobia has the splendor, and not the shame. Let the world admire her, and be dazzled by her, the brilliant child of my prosperity! It is Fauntleroy that still shines through her!"

But then, perhaps, another thought occurred to him.

"My poor Priscilla! And am I just, to her, in surrendering all to this beautiful Zenobia? Priscilla! I love her best—I love her only!—but with shame, not pride. So dim, so pallid, so shrinking,—the daughter of my long calamity! Wealth were but a mockery in Priscilla's hands. What is its use, except to fling a golden radiance around those who grasp it? Yet, let Zenobia take heed! Priscilla shall have no wrong!"

But, while the man of show thus meditated—that very evening, so far as I can adjust the dates of these strange incidents—Priscilla poor, pallid flower!—was either snatched from Zenobia's hand, or flung wilfully away!

XXIII
A VILLAGE-HALL

WELL! I betook myself away, and wandered up and down, like an exorcised spirit that had been driven from its old haunts, after a mighty struggle. It takes down the solitary pride of man, beyond most other things, to find the impracticability of flinging aside affections that have grown irksome. The bands, that were silken once, are apt to become iron fetters, when we desire to shake them off. Our souls, after all, are not our own. We convey a property in them to those with whom we associate, but to what extent can never be known, until we feel the tug, the agony, of our abortive effort to resume an exclusive sway over ourselves. Thus, in all the weeks of my absence, my thoughts continually reverted back, brooding over the by-gone months, and bringing up incidents that seemed hardly to have left a trace of themselves in their passage. I spent painful hours in recalling these trifles, and rendering them more misty and unsubstantial than at first, by the quantity of speculative musing, thus kneaded in with them. Hollingsworth, Zenobia, Priscilla! These three had absorbed my life into themselves. Together with an inexpressible longing to know their fortunes, there was likewise a morbid resentment of my own pain, and a stubborn reluctance to come again within their sphere.

All that I learned of them, therefore, was comprised in a few brief and pungent squibs,[1] such as the newspapers were then in the habit of bestowing on our socialist enterprise. There was one paragraph which, if I rightly guessed its purport, bore reference to Zenobia, but was too darkly hinted to convey even thus much of certainty. Hollingsworth, too, with his philanthropic project, afforded the penny-a-liners[2] a theme for some savage and

---

1) squibs: short, witty, or sarcastic attacks.

2) penny-a-liners: a hack writer, a journalist paid one penny per line.

bloody-minded jokes; and, considerably to my surprise, they affected me with as much indignation as if we had still been friends.

Thus passed several weeks; time long enough for my brown and toil-hardened hands to re-accustom themselves to gloves. Old habits, such as were merely external, returned upon me with wonderful promptitude. My superficial talk, too, assumed altogether a worldly tone. Meeting former acquaintances, who showed themselves inclined to ridicule my heroic devotion to the cause of human welfare, I spoke of the recent phase of my life as indeed fair matter for a jest. But I also gave them to understand that it was, at most, only an experiment, on which I had staked no valuable amount of hope or fear; it had enabled me to pass the summer in a novel and agreeable way, had afforded me some grotesque specimens of artificial simplicity, and could not, therefore, so far as I was concerned, be reckoned a failure. In no one instance, however, did I voluntarily speak of my three friends. They dwelt in a profounder region. The more I consider myself, as I then was, the more do I recognize how deeply my connection with those three had affected all my being.

As it was already the epoch of annihilated space,[3] I might, in the time I was away from Blithedale, have snatched a glimpse at England, and been back again. But my wanderings were confined within a very limited sphere. I hopped and fluttered, like a bird with a string about its leg, gyrating round a small circumference, and keeping up a restless activity to no purpose. Thus, it was still in our familiar Massachusetts — in one of its white country-villages — that I must next particularize an incident.

The scene was one of those Lyceum-halls,[4] of which almost

---

3) epoch of annihilated space: 수송이 발달한 시대.

4) Lyceum-halls: halls dedicated to the presentation of lectures, concerts, discussions, etc., as a form of popular education and entertainment. The first American lyceums, societies for literary, cultural, and scientific education were launched in the late 1820s and 1830s. Emerson was one of the most popular speakers. See Carl Bode, The American Lyceum: *Town*

every village has now its own, dedicated to that sober and pallid, or, rather, drab-colored, mode of winter-evening entertainment, the Lecture. Of late years, this has come strangely into vogue, when the natural tendency of things would seem to be, to substitute lettered for oral methods of addressing the public. But, in halls like this, besides the winter course of lectures, there is a rich and varied series of other exhibitions. Hither comes the ventriloquist, with all his mysterious tongues; the thaumaturgist,[5] too, with his miraculous transformations of plates, doves, and rings, his pancakes smoking in your hat, and his cellar of choice liquors represented in one small bottle. Here, also, the itinerant professor instructs separate classes of ladies and gentlemen in physiology, and demonstrates his lessons by the aid of real skeletons, and manikins in wax, from Paris. Here is to be heard the choir of Ethiopian[6] melodists, and to be seen, the diorama of Moscow or Bunker Hill,[7] or the moving panorama[8] of the Chinese wall. Here is displayed the museum of wax figures, illustrating the wide catholicism of earthly renown by mixing up heroes and statesmen, the Pope and the Mormon Prophet,[9] kings, queens, murderers, and beautiful ladies; every sort of person, in short, except authors, of whom I never beheld even the most famous, done in wax. And here, in this many-purposed hall, (unless the selectmen of the village chance to have more than their share of the Puritanism, which, however diversified with later patchwork, still gives its prevailing tint to New England character,) here the company of strolling players sets up its little stage, and claims patronage for the

---

Meeting of the Mind (New York: Oxford UP, 1956).

5) thaumaturgist: magician, performer of miracles.

6) Ethiopian: here, black people in general.

7) Bunker Hill: 미국 독립 전쟁시의 싸움터.

8) moving panorama: an extended picture painted on a long roll of canvas and continuously passed in front of the audience.

9) Mormon Prophet: Joseph Smith (1805-1844) founded the Mormon Church in 1830, three years after he reputedly unearthed golden tablets of sacred writing, which he translated as the Book of Mormon.

legitimate drama.

But, on the autumnal evening which I speak of, a number of printed handbills — stuck up in the bar-room, and on the sign-post of the hotel, and on the meeting-house porch, and distributed largely through the village — had promised the inhabitants an interview with that celebrated and hitherto inexplicable phenomenon, the Veiled Lady!

The hall was fitted up with an amphitheatrical descent of seats towards a platform, on which stood a desk, two lights, a stool, and a capacious antique chair. The audience was of a generally decent and respectable character; old farmers, in their Sunday black coats, with shrewd, hard, sun-dried faces, and a cynical humor, oftener than any other expression, in their eyes; pretty girls, in many-colored attire; pretty young men — the schoolmaster, the lawyer, or student-at-law, the shopkeeper — all looking rather suburban than rural. In these days, there is absolutely no rusticity, except when the actual labor of the soil leaves its earth-mould on the person. There was likewise a considerable proportion of young and middle-aged women, many of them stern in feature, with marked foreheads, and a very definite line of eyebrow; a type of womanhood in which a bold intellectual development seems to be keeping pace with the progressive delicacy of the physical constitution. Of all these people I took note, at first, according to my custom. But I ceased to do so, the moment that my eyes fell on an individual who sat two or three seats below me, immovable, apparently deep in thought, with his back, of course, towards me, and his face turned steadfastly upon the platform.

After sitting awhile, in contemplation of this person's familiar contour, I was irresistibly moved to step over the intervening benches, lay my hand on his shoulder, put my mouth close to his ear, and address him in a sepulchral, melodramatic whisper: —

"Hollingsworth! where have you left Zenobia!"

His nerves, however, were proof against my attack. He turned half around, and looked me in the face, with great, sad eyes, in which there was neither kindness nor resentment, nor any perceptible surprise.

"Zenobia, when I last saw her," he answered, "was at Blithedale."

He said no more. But there was a great deal of talk going on, near me, among a knot of people who might be considered as representing the mysticism, or rather the mystic sensuality, of this singular age. The nature of the exhibition, that was about to take place, had probably given the turn[10] to their conversation.

I heard, from a pale man in blue spectacles, some stranger stories than ever were written in a romance; told, too, with a simple, unimaginative steadfastness, which was terribly efficacious in compelling the auditor to receive them into the category of established facts. He cited instances of the miraculous power of one human being over the will and passions of another; insomuch that settled grief was but a shadow, beneath the influence of a man possessing this potency, and the strong love of years melted away like a vapor. At the bidding of one of these wizards, the maiden, with her lover's kiss still burning on her lips, would turn from him with icy indifference; the newly made widow would dig up her buried heart out of her young husband's grave, before the sods had taken root upon it; a mother, with her babe's milk in her bosom, would thrust away her child. Human character was but soft wax in his hands; and guilt, or virtue, only the forms into which he should see fit to mould it. The religious sentiment was a flame which he could blow up with his breath, or a spark that he could utterly extinguish. It is unutterable, the horror and disgust with which I listened, and saw, that, if these things were to be believed, the individual soul was virtually annihilated, and all that is sweet and pure, in our present life, debased, and that the idea of man's eternal responsibility was made ridiculous, and immortality rendered, at once, impossible, and not worth acceptance. But I would have perished on the spot, sooner than believe it.[11]

---

10) **turn**: theme or topic.

11) **I would have ~ believe it**: 난 그런 것을 믿느니 차라리 그 자리에서 죽고 말았을 것이다.

The epoch of rapping spirits,[12] and all the wonders that have followed in their train — such as tables, upset by invisible agencies, bells, self-tolled at funerals, and ghostly music, performed on jewsharps[13] — had not yet arrived. Alas, my countrymen, methinks we have fallen on an evil age! If these phenomena have not humbug at the bottom, so much the worse for us. What can they indicate, in a spiritual way, except that the soul of man is descending to a lower point than it has ever before reached, while incarnate? We are pursuing a downward course, in the eternal march, and thus bring ourselves into the same range with beings whom death, in requital of their gross and evil lives, has degraded below humanity. To hold intercourse with spirits of this order, we must stoop, and grovel in some element more vile than earthly dust. These goblins, if they exist at all, are but the shadows of past mortality, outcasts, mere refuse-stuff,[14] adjudged unworthy of the eternal world, and, on the most favorable supposition, dwindling gradually into nothingness. The less we have to say to them the better; lest we share their fate!

The audience now began to be impatient; they signified their desire for the entertainment to commence, by thump of sticks and stamp of boot-heels. Nor was it a great while longer, before, in response to their call, there appeared a bearded personage in Oriental robes, looking like one of the enchanters of the Arabian Nights.[15] He came upon the platform from a side-door — saluted the spectators, not with a salaam, but a bow — took his station at the desk — and first blowing his nose with a white handkerchief, prepared to speak. The environment of the homely village-hall, and the

---

12) rapping spirits: "Spirit-rapping" which became popular in the 1840s and 1850s, was an attempt to communicate with the dead through knocks or raps.

13) jewsharps: 구금(口琴, 입에 물고 손가락으로 타는 악기의 일종).

14) refuse-stuff: scums.

15) Arabian Nights: A series of exotic stories in Arabic (including those of Ali Baba and Aladin) strung together by Cheherazade, who kept her sultan-husband from killing her by telling these tales for 1001 nights.

absence of many ingenious contrivances of stage-effect, with which the exhibition had heretofore been set off, seemed to bring the artifice of this character more openly upon the surface. No sooner did I behold the bearded enchanter, than, laying my hand again on Hollingsworth's shoulder, I whispered in his ear: —

"Do you know him?"

"I never saw the man before," he muttered, without turning his head.

But I had seen him, three times, already. Once, on occasion of my first visit to the Veiled Lady; a second time, in the wood-path at Blithedale; and lastly, in Zenobia's drawing-room. It was Westervelt. A quick association of ideas made me shudder, from head to foot; and again, like an evil spirit, bringing up reminiscences of a man's sins, I whispered a question in Hollingsworth's ear.

"What have you done with Priscilla?"

He gave a convulsive start, as if I had thrust a knife into him, writhed himself round on his seat, glared fiercely into my eyes, but answered not a word.

The Professor began his discourse, explanatory of the psychological phenomena, as he termed them, which it was his purpose to exhibit to the spectators. There remains no very distinct impression of it on my memory. It was eloquent, ingenious, plausible, with a delusive show of spirituality, yet really imbued throughout with a cold and dead materialism. I shivered, as at a current of chill air, issuing out of a sepulchral vault and bringing the smell of corruption along with it. He spoke of a new era that was dawning upon the world; an era that would link soul to soul, and the present life to what we call futurity, with a closeness that should finally convert both worlds into one great, mutually conscious brotherhood. He described (in a strange, philosophical guise, with terms of art, as if it were a matter of chemical discovery) the agency by which this mighty result was to be effected; nor would it have surprised me, had he pretended to hold up a portion of his universally pervasive fluid,[16] as he affirmed it to be, in a glass phial.

At the close of his exordium, the Professor beckoned with his hand — one, twice, thrice — and a figure came gliding upon the platform, enveloped in a long veil of silvery whiteness. It fell about her, like the texture of a summer cloud, with a kind of vagueness, so that the outline of the form, beneath it, could not be accurately discerned. But the movement of the Veiled Lady was graceful, free, and unembarrassed, like that of a person accustomed to be the spectacle of thousands. Or, possibly, a blindfold prisoner within the sphere with which this dark, earthly magician had surrounded her, she was wholly unconscious of being the central object to all those straining eyes.

Pliant to his gesture, (which had even an obsequious courtesy, but, at the same time, a remarkable decisiveness,) the figure placed itself in the great chair. Sitting there, in such visible obscurity, it was perhaps, as much like the actual presence of a disembodied spirit as anything that stage-trickery could devise. The hushed breathing of the spectators proved how high-wrought were their anticipations of the wonders to be performed, through the medium of this incomprehensible creature. I, too, was in breathless suspense, but with a far different presentiment of some strange event at hand.

"You see before you the Veiled Lady," said the bearded Professor, advancing to the verge of the platform. "By the agency of which I have just spoken, she is, at this moment, in communion with the spiritual world. That silvery veil is, in one sense, an enchantment, having been dipt, as it were, and essentially imbued, through the potency of my art, with the fluid medium of spirits. Slight and ethereal as it seems, the limitations of time and space have no existence within its folds. This hall — these hundreds of faces, encompassing her within so narrow an amphitheatre — are of thinner substance, in her view, than the airiest vapor that the clouds are made of. She beholds the Absolute!"

As preliminary to other, and far more wonderful psychological

---

16) **universally pervasive fluid**: Franz Mesmer's theories included the existence of such a fluid. See footnote 3 of chapter 1 above.

experiments, the exhibitor suggested that some of his auditors should endeavor to make the Veiled Lady sensible of their presence by such methods — provided, only, no touch were laid upon her person — as they might deem best adapted to that end. Accordingly, several deep-lunged country-fellows, who looked as if they might have blown the apparition away with a breath, ascended the platform. Mutually encouraging one another, they shouted so close to her ear, that the veil stirred like a wreath of vanishing mist; they smote upon the floor with bludgeons; they perpetrated so hideous a clamor, that methought it might have reached, at least a little way, into the eternal sphere. Finally, with the assent of the Professor, they laid hold of the great chair, and were startled, apparently, to find it soar upward, as if lighter than the air through which it rose. But the Veiled Lady remained seated and motionless, with a composure that was hardly less than awful, because implying so immeasurable a distance betwixt her and these rude persecutors.

"These efforts are wholly without avail," observed the Professor, who had been looking on with an aspect of serene indifference. "The roar of a battery of cannon would be inaudible to the Veiled Lady. And yet, were I to will it, sitting in this very hall, she could hear the desert-wind sweeping over the sands, as far off as Arabia; the ice-bergs grinding one against the other, in the polar seas; the rustle of a leaf in an East Indian forest; the lowest whispered breath of the bashfullest maiden in the world, uttering the first confession of her love! Nor does there exist the moral inducement, apart from my own behest,[17] that could persuade her to lift the silvery veil, or arise out of that chair!"

Greatly to the Professor's discomposure, however, just as he spoke these words, the Veiled Lady arose. There was a mysterious tremor that shook the magic veil. The spectators, it may be, imagined that she was about to take flight into that invisible sphere, and to the society of those purely spiritual beings, with whom they

---

17) moral inducement, apart from my own behest: 나의 명령이 아닌 어떤 정신적인 힘도.

reckoned her so near akin. Hollingsworth, a moment ago, had mounted the platform, and now stood gazing at the figure, with a sad intentness that brought the whole power of his great, stern, yet tender soul, into his glance.

"Come," said he, waving his hand towards her. "You are safe!"

She threw off the veil, and stood before that multitude of people pale, tremulous, shrinking, as if only then had she discovered that a thousand eyes were gazing at her. Poor maiden! How strangely had she been betrayed! Blazoned abroad as a wonder of the world, and performing what were adjudged as miracles — in the faith of many, a seeress and a prophetess — in the harsher judgment of others, a mountebank — she had kept, as I religiously believe, her virgin reserve and sanctity of soul, throughout it all. Within that encircling veil, though an evil hand had flung it over her, there was as deep a seclusion as if this forsaken girl had, all the while, been sitting under the shadow of Eliot's pulpit, in the Blithedale woods, at the feet of him who now summoned her to the shelter of his arms. And the true heart-throb of a woman's affection was too powerful for the jugglery[18] that had hitherto environed her. She uttered a shriek and fled to Hollingsworth, like one escaping from her deadliest enemy, and was safe forever!

---

18) jugglery: sorcery.

XXIV
THE MASQUERADERS

TWO NIGHTS had passed since the foregoing occurrences, when, in a breezy September forenoon, I set forth from town, on foot, towards Blithedale.

It was the most delightful of all days for a walk, with a dash of invigorating ice-temper in the air, but a coolness that soon gave place to the brisk glow of exercise, while the vigor remained as elastic as before. The atmosphere had a spirit and sparkle in it. Each breath was like a sip of ethereal wine, tempered, as I said, with a crystal lump of ice. I had started on this expedition in an exceedingly sombre mood, as well befitted one who found himself tending towards home, but was conscious that nobody would be quite overjoyed to greet him there. My feet were hardly off the pavement,[1] however, when this morbid sensation began to yield to the lively influences of air and motion. Nor had I gone far, with fields yet green on either side, before my step became as swift and light as if Hollingsworth were waiting to exchange a friendly hand-grip, and Zenobia's and Priscilla's open arms would welcome the wanderer's re-appearance. It has happened to me, on other occasions, as well as this, to prove how a state of physical well-being can create a kind of joy, in spite of the profoundest anxiety of mind.

The pathway of that walk still runs along, with sunny freshness, through my memory. I know not why it should be so. But my mental eye can even now discern the September grass, bordering the pleasant roadside with a brighter verdure than while the summer-heats were scorching it; the trees, too, mostly green, although, here and there, a branch or shrub has donned its vesture of crimson

---

1) My feet were hardly off the pavement: 나의 발걸음이 포장도로에서 벗어나자마자.

and gold, a week or two before its fellows. I see the tufted barberry bushes, with their small clusters of scarlet fruit; the toadstools, likewise, some spotlessly white, others yellow or red — mysterious growths, springing suddenly from no root or seed, and growing nobody can tell how or wherefore. In this respect, they resembled many of the emotions in my breast. And I still see the little rivulets, chill, clear, and bright, that murmured beneath the road, through subterranean rocks, and deepened into mossy pools, where tiny fish were darting to-and-fro, and within which lurked the hermit-frog. But, no — I never can account for it — that, with a yearning interest to learn the upshot of all my story, and returning to Blithedale for that sole purpose, I should examine these things so like a peaceful-bosomed naturalist. Nor why, amid all my sympathies and fears, there shot, at times, a wild exhilaration through my frame!

Thus I pursued my way, along the line of the ancient stone-wall that Paul Dudley built,[2)] and through white villages, and past orchards of ruddy apples, and fields of ripening maize, and patches of woodland, and all such sweet rural scenery as looks the fairest, a little beyond the suburbs of a town. Hollingsworth, Zenobia, Priscilla! They glided mistily before me, as I walked. Sometimes, in my solitude, I laughed with the bitterness of self-scorn, remembering how unreservedly I had given up my heart and soul to interests that were not mine. What had I ever had to do with them? And why, being now free, should I take this thraldom on me, once again? It was both sad and dangerous, I whispered to myself, to be in too close affinity with the passions, the errors, and the misfortunes, of individuals who stood within a circle of their own, into which, if I stept at all, it must be as an intruder, and at a peril that I could not estimate.

Drawing nearer to Blithedale, a sickness of the spirits kept alternating with my flights of causeless buoyancy. I indulged in a hun-

---

2) **Paul Dudley built**: Property lines were frequently marked by stone walls in rocky New England. Paul Dudley: a judge and legislator (1675-1751) in Massachusetts Bay Colony, and large landholder.

dred odd and extravagant conjectures. Either there was no such place as Blithedale, nor ever had been, nor any brotherhood of thoughtful laborers, like what I seemed to recollect there; or else it was all changed, during my absence. It had been nothing but dream-work and enchantment. I should seek in vain for the old farm-house, and for the greensward, the potatoe-fields, the root-crops, and acres of Indian corn, and for all that configuration of the land which I had imagined. It would be another spot, and an utter strangeness.

These vagaries were of the spectral throng, so apt to steal out of an unquiet heart. They partly ceased to haunt me, on my arriving at a point whence, through the trees, I began to catch glimpses of the Blithedale farm. That, surely, was something real. There was hardly a square foot of all those acres, on which I had not trodden heavily, in one or another kind of toil. The curse of Adam's posterity[3)]— and, curse or blessing be it, it gives substance to the life around us — had first come upon me there. In the sweat of my brow, I had there earned bread and eaten it, and so established my claim to be on earth, and my fellowship with all the sons of labor. I could have knelt down, and have laid my breast against that soil. The red clay, of which my frame was moulded, seemed nearer akin to those crumbling furrows than to any other portion of the world's dust. There was my home; and there might be my grave.

I felt an invincible reluctance, nevertheless, at the idea of presenting myself before my old associates, without first ascertaining the state in which they were. A nameless foreboding weighed upon me. Perhaps, should I know all the circumstances that had occurred, I might find it my wisest course to turn back, unrecognized, unseen, and never look at Blithedale more. Had it been evening, I would have stolen softly to some lighted window of the old

3) **curse of Adam's posterity**: Before Adam is cast out of Eden for eating the forbidden apple, God curses him, saying, "cursed is the ground because of you; / in toil you shall eat of it all the days of your life. . . In the sweat of your face / you shall eat bread" (Genesis 3:17-19).

farm-house, and peeped darkling[4] in, to see all their well-known faces round the supper-board. Then, were there a vacant seat, I might noiselessly unclose the door, glide in, and take my place among them, without a word. My entrance might be so quiet, my aspect so familiar, that they would forget how long I had been away, and suffer me to melt into the scene, as a wreath of vapor melts into a larger cloud. I dreaded a boisterous greeting. Beholding me at table, Zenobia, as a matter of course, would send me a cup of tea, and Hollingsworth fill my plate from the great dish of pan-dowdy,[5] and Priscilla, in her quiet way, would hand the cream, and others help me to the bread and butter. Being one of them again, the knowledge of what had happened would come to me without a shock. For, still, at every turn of my shifting fantasies, the thought stared me in the face, that some evil thing had befallen us, or was ready to befall.

Yielding to this ominous impression, I now turned aside into the woods, resolving to spy out the posture of the Community, as craftily as the wild Indian before he makes his onset. I would go wandering about the outskirts of the farm, and, perhaps, catching sight of a solitary acquaintance, would approach him amid the brown shadows of the trees, (a kind of medium fit for spirits departed and revisitant, like myself,[6]) and entreat him to tell me how all things were.

The first living creature that I met, was a partridge, which sprung up beneath my feet, and whirred away; the next was a squirrel, who chattered angrily at me, from an overhanging bough. I trod along by the dark, sluggish river, and remember pausing on the bank, above one of its blackest and most placid pools—(the very spot, with the barkless stump of a tree aslantwise over the water, is depicting itself to my fancy, at this instant)—and wondering

---

4) darkling: in darkness or obscurity.

5) pan-dowdy: a pudding or deep-dish pie, usually made of apples.

6) a kind of ~ like myself: 나 자신과 같이 사라졌다 나타났다 하는 유령들을 위해서는 아주 적절한 환경.

how deep it was, and if any over-laden soul had ever flung its weight of mortality in thither, and if it thus escaped the burden, or only made it heavier. And perhaps the skeleton of the drowned wretch still lay beneath the inscrutable depth, clinging to some sunken log at the bottom with the gripe of its old despair. So slight, however, was the track of these gloomy ideas, that I soon forgot them in the contemplation of a brood of wild[7] ducks, which were floating on the river, and anon took flight, leaving each a bright streak over the black surface. By-and-by, I came to my hermitage, in the heart of the white-pine tree, and clambering up into it, sat down to rest. The grapes, which I had watched throughout the summer, now dangled around me in abundant clusters of the deepest purple, deliciously sweet to the taste, and, though wild, yet free from that ungentle flavor which distinguishes nearly all our native and uncultivated grapes. Methought a wine might be pressed out of them, possessing a passionate zest, and endowed with a new kind of intoxicating quality, attended with such bacchanalian ecstasies as the tamer grapes of Madeira, France, and the Rhine are inadequate to produce. And I longed to quaff a great goblet of it, that moment!

While devouring the grapes, I looked on all sides out of the peep-holes of my hermitage, and saw the farm-house, the fields, and almost every part of our domain, but not a single human figure in the landscape. Some of the windows of the house were open, but with no more signs of life than in a dead man's unshut eyes. The barn-door was ajar, and swinging in the breeze. The big, old dog — he was a relic of the former dynasty of the farm — that hardly ever stirred out of the yard, was nowhere to be seen. What, then, had become of all the fraternity and sisterhood? Curious to ascertain this point, I let myself down out of the tree, and going to the edge of the wood, was glad to perceive our herd of cows, chewing the cud, or grazing, not far off. I fancied, by their manner, that two or three of them recognized me, (as, indeed, they ought,

---

7) **wild**: living in a natural state; untamed.

for I had milked them, and been their chamberlain, times without number;[8)]) but, after staring me in the face, a little while, they phlegmatically began grazing and chewing their cuds again. Then I grew foolishly angry at so cold a reception, and flung some rotten fragments of an old stump at these unsentimental cows.

Skirting farther round the pasture, I heard voices and much laughter proceeding from the interior of the wood. Voices, male and feminine; laughter, not only of fresh young throats, but the bass of grown people, as if solemn organ-pipes should pour out airs of merriment. Not a voice spoke, but I knew it better than my own; not a laugh, but its cadences were familiar. The wood, in this portion of it, seemed as full of jollity as if Comus and his crew[9)] were holding their revels, in one of its usually lonesome glades. Stealing onward as far as I durst, without hazard of discovery, I saw a concourse of strange figures beneath the overshadowing branches: they appeared, and vanished, and came again, confusedly with the streaks of sunlight glimmering down upon them.

Among them was an Indian chief, with blanket, feathers, and war-paint, and uplifted tomahawk; and near him, looking fit to be his woodland bride, the goddess Diana,[10)] with the crescent on her head, and attended by our big lazy dog, in lack of any fleeter hound. Drawing an arrow from her quiver, she let it fly, at a venture, and hit the very tree behind which I happened to be lurking. Another group consisted of a Bavarian broom-girl, a negro of the Jim Crow order,[11)] one or two foresters of the middle-ages, a

---

8) as, indeed, they ~ without number: 수없이 내가 그들에게 우유를 주고 돌봐주었으니 그도 그럴 만하지.

9) Comus and his crew: In John Milton's *Comus* (1634), Comus, the Roman God of drinking and revelry, and his enchanted followers (men with the heads of beasts) shout, sing, and dance deep in a forest. See footnote 7 of chapter 8 above.

10) goddess Diana: in Classical mythology, virgin huntress and goddess of the moon.

11) Jim Crow order: a kind of nineteenth-century minstrel shows in which white men performed in blackface. Jim Crow: a stereotype of a dancing, clowning black man derived from a character in an early nine-

Kentucky woodsman in his trimmed huntingshirt and deerskin leggings, and a Shaker[12] elder, quaint, demure, broad-brimmed, and square-skirted. Shepherds of Arcadia, and allegoric figures from the Faerie Queen,[13] were oddly mixed up with these. Arm in arm, or otherwise huddled together, in strange discrepancy, stood grim Puritans, gay Cavaliers,[14] and Revolutionary officers, with three-cornered cocked-hats, and queues[15] longer than their swords. A bright-complexioned, dark-haired, vivacious little gypsy, with a red shawl over her head, went from one group to another, telling fortunes by palmistry; and Moll Pitcher,[16] the renowned old witch of Lynn, broomstick in hand, showed herself prominently in the midst, as if announcing all these apparitions to be the offspring of her necromantic art. But Silas Foster, who leaned against a tree near by, in his customary blue frock, and smoking a short pipe, did more to disenchant the scene, with his look of shrewd, acrid, Yankee observation, than twenty witches and necromancers could have done, in the way of rendering it weird and fantastic.

A little farther off, some old-fashioned skinkers and drawers,[17] all with portentously red noses, were spreading a banquet on the leaf-strewn earth; while a horned and long-tailed gentleman (in

---

teenth-century blackface minstrel show. Also used as a derogatory term for African Americans, and, as early as the 1840s, as a term for a system of legal segregation or discrimination against them.

12) Shaker: a member of a religious sect which believed in the Second Coming, advocated celibacy, common ownership of property, and an ascetic lifestyle. So named after their shaking and dancing during worship.

13) Faerie Queen: Edmund Spenser's allegorical epic romance, *The Faerie Queene* (1590, 1596).

14) Puritans, gay Cavaliers: The English Puritans, in control of Parliament from 1642 to 1649, were opposed by the Cavaliers, supporters of King Charles I.

15) queues: tails or braids of hair.

16) Moll Pitcher, the renowned old witch of Lynn: a famous clairvoyant or fortune-teller at the turn of the nineteenth century who lived in Lynn, Massachusetts, whose name later became a generic term for fortune-tellers. Also mentioned in *The House of the Seven Gables*, chapter 18.

17) skinkers and drawers: terms for tapsters, or servers of drinks.

whom I recognized the fiendish musician, erst seen by Tam O'Shanter[18]) tuned his fiddle, and summoned the whole motley rout to a dance, before partaking of the festal cheer. So they joined hands in a circle, whirling round so swiftly, so madly, and so merrily, in time and tune with the Satanic music, that their separate incongruities were blended all together; and they became a kind of entanglement that went nigh to turn one's brain with merely looking at it. Anon, they stopt, all of a sudden, and staring at one another's figures, set up a roar of laughter; whereat, a shower of the September leaves (which, all day long, had been hesitating whether to fall or no) were shaken off by the movement of the air, and came eddying down upon the revellers.

Then, for lack of breath, ensued a silence; at the deepest point of which,[19] tickled by the oddity of surprising my grave associates in this masquerading trim, I could not possibly refrain from a burst of laughter, on my own separate account.

"Hush!" I heard the pretty gipsy fortuneteller say. "Who is that laughing?"

"Some profane intruder!" said the goddess Diana. "I shall send an arrow through his heart, or change him into a stag, as I did Actaeon,[20] if he peeps from behind the trees!"

"Me take his scalp!" cried the Indian chief, brandishing his tomahawk, and cutting a great caper in the air.

"I'll root him in the earth, with a spell that I have at my tongue's end!" squeaked Moll Pitcher. "And the green moss shall grow all over him, before he gets free again!"

"The voice was Miles Coverdale's," said the fiendish fiddler,

---

18) Tam O'Shanter: In the Scottish poet Robert Burns's long poem "Tam O'Shanter" (1791), the drunken Tam encounters Old Nick, the Devil in the shape of a shaggy black dog playing the bagpipes.

19) at the deepest point of which: [침묵이] 절정에 이른 찰나에.

20) Actaeon: In Greek mythology, the young hunter who was turned into a deer and killed by his dogs for accidentally coming upon the virgin goddess, Artemis (or Diana), bathing in a pool. See Ovid, *Metamorphoses*, 3:138-252.

with a whisk of his tail and a toss of his horns. "My music has brought him hither. He is always ready to dance to the devil's tune!"

Thus put on the right track, they all recognized the voice at once, and set up a simultaneous shout.

"Miles! Miles! Miles Coverdale, where are you?" they cried. "Zenobia! Queen Zenobia! Here is one of your vassals lurking in the wood. Command him to approach, and pay his duty!"

The whole fantastic rabble forthwith streamed off in pursuit of me, so that I was like a mad poet hunted by chimaeras.[21] Having fairly the start of them, however, I succeeded in making my escape, and soon left their merriment and riot at a good distance in the rear. Its fainter tones assumed a kind of mournfulness, and were finally lost in the hush and solemnity of the wood. In my haste, I stumbled over a heap of logs and sticks that had been cut for firewood, a great while ago, by some former possessor of the soil, and piled up square, in order to be carted or sledded away to the farm-house. But, being forgotten, they had lain there, perhaps fifty years, and possibly much longer; until, by the accumulation of moss, and the leaves falling over them, and decaying there, from autumn to autumn, a green mound was formed, in which the softened outline of the wood-pile was still perceptible. In the fitful mood that then swayed my mind, I found something strangely affecting in this simple circumstance. I imagined the long-dead woodman, and his long-dead wife and children, coming out of their chill graves, and essaying to make a fire with this heap of mossy fuel!

From this spot I strayed onward, quite lost in reverie, and neither knew nor cared whither I was going, until a low, soft, well-remembered voice spoke, at a little distance.

"There is Mr. Coverdale!"

"Miles Coverdale!" said another voice — and its tones were very stern. — "Let him come forward, then!"

---

21) **chimaeras**: unreal, usually horrible, creatures of the imagination.

"Yes, Mr. Coverdale," cried a woman's voice — clear and melodious, but, just then, with something unnatural in its chord — "you are welcome! But you come half-an-hour too late, and have missed a scene which you would have enjoyed!"

I looked up, and found myself nigh Eliot's pulpit, at the base of which sat Hollingsworth, with Priscilla at his feet, and Zenobia standing before them.

XXV
THE THREE TOGETHER

HOLLINGSWORTH was in his ordinary working-dress. Priscilla wore a pretty and simple gown, with a kerchief about her neck, and a calash,[1] which she had flung back from her head, leaving it suspended by the strings. But Zenobia (whose part among the maskers, as may be supposed, was no inferior one) appeared in a costume of fanciful magnificence, with her jewelled flower as the central ornament of what resembled a leafy crown, or coronet. She represented the Oriental princess,[2] by whose name we were accustomed to know her. Her attitude was free and noble, yet, if a queen's, it was not that of a queen triumphant, but dethroned, on trial for her life, or, perchance condemned already. The spirit of the conflict seemed, nevertheless, to be alive in her. Her eyes were on fire; her cheeks had each a crimson spot, so exceedingly vivid, and marked with so definite an outline, that I at first doubted whether it were not artificial. In a very brief space, however, this idea was shamed by the paleness that ensued, as the blood sunk suddenly away. Zenobia now looked like marble.

One always feels the fact, in an instant, when he has intruded on those who love, or those who hate, at some acme of their passion that puts them into a sphere of their own, where no other spirit can pretend to stand on equal ground with them. I was confused — affected even with a species of terror — and wished myself away. The intenseness of their feelings gave them the exclusive property of the soil and atmosphere, and left me no right to be or breathe there.

"Hollingsworth — Zenobia — I have just returned to Blithedale," said I, "and had no thought of finding you here. We shall meet

1) calash: a large hood or bonnet with a folded-back top.
2) Oriental princess: See footnote 13 of chapter 1.

again at the house. I will retire."

"This place is free to you," answered Hollingsworth.

"As free as to ourselves," added Zenobia. "This long while past, you have been following up your game, groping for human emotions in the dark corners of the heart. Had you been here a little sooner, you might have seen them dragged into the daylight. I could even wish to have my trial over again, with you standing by, to see fair-play! Do you know, Mr. Coverdale, I have been on trial for my life?"

She laughed, while speaking thus. But, in truth, as my eyes wandered from one of the group to another, I saw in Hollingsworth all that an artist could desire for the grim portrait of a Puritan magistrate, holding inquest of life and death in a case of witchcraft; —[3] in Zenobia, the sorceress herself, not aged, wrinkled, and decrepit, but fair enough to tempt Satan with a force reciprocal to his own; —and, in Priscilla, the pale victim, whose soul and body had been wasted by her spells. Had a pile of fagots been heaped against the rock,[4] this hint of impending doom would have completed the suggestive picture.

"It was too hard upon me," continued Zenobia, addressing Hollingsworth, "that judge, jury, and accuser, should all be comprehended in one man! I demur, as I think the lawyers say, to the jurisdiction. But let the learned Judge Coverdale seat himself on the top of the rock, and you and me stand at its base, side by side, pleading our cause before him! There might, at least, be two criminals instead of one."

"You forced this on me," replied Hollingsworth, looking her sternly in the face. "Did I call you hither from among the masqueraders yonder? Do I assume to be your judge? No; except

---

3) Puritan magistrate ~ case of witchcraft: One of Hawthorne's ancestors was John Hathorne (1641-1717), a magistrate who took part in the Salem witch trials of 1692. See "The Custom-House" (Introduction to *The Scarlet Letter*) and Hawthorne's story "Young Goodman Brown" (1835).

4) Had a pile ~ the rock: [화형을 위한] 장작더미를 바위에 기대 쌓아 올렸더라면.

so far as I have an unquestionable right of judgment, in order to settle my own line of behavior towards those, with whom the events of life bring me in contact. True; I have already judged you, but not on the world's part — neither do I pretend to pass a sentence!"

"Ah, this is very good!" said Zenobia with a smile. "What strange beings you men are, Mr. Coverdale! — is it not so? It is the simplest thing in the world, with you, to bring a woman before your secret tribunals, and judge and condemn her, unheard, and then tell her to go free without a sentence. The misfortune is, that this same secret tribunal chances to be the only judgment-seat that a true woman stands in awe of, and that any verdict short of acquittal is equivalent to a death-sentence!"

The more I looked at them, and the more I heard, the stronger grew my impression that a crisis had just come and gone. On Hollingsworth's brow, it had left a stamp like that of irrevocable doom, of which his own will was the instrument. In Zenobia's whole person, beholding her more closely, I saw a riotous agitation; the almost delirious disquietude of a great struggle,[5] at the close of which, the vanquished one felt her strength and courage still mighty within her, and longed to renew the contest. My sensations were as if I had come upon a battle-field, before the smoke was as yet cleared away.

And what subjects had been discussed here? All, no doubt, that for so many months past, had kept my heart and my imagination idly feverish. Zenobia's whole character and history; the true nature of her mysterious connection with Westervelt; her later purposes towards Hollingsworth, and, reciprocally, his in reference to her; and, finally, the degree in which Zenobia had been cognizant of the plot against Priscilla, and what, at last, had been the real object of that scheme. On these points, as before, I was left to my own conjectures. One thing, only, was certain. Zenobia and Hollingsworth

5) almost delirious disquietude of a great struggle: 격렬한 싸움에서 생긴 거의 정신착란에 가까운 상태.

were friends no longer. If their heart-strings were ever intertwined, the knot had been adjudged an entanglement, and was now violently broken.

But Zenobia seemed unable to rest content with the matter, in the posture which it had assumed.

"Ah! do we part so?" exclaimed she, seeing Hollingsworth about to retire.

"And why not?" said he, with almost rude abruptness. "What is there further to be said between us?"

"Well; perhaps nothing," answered Zenobia, looking him in the face, and smiling. "But we have come, many times before, to this gray rock, and we have talked very softly, among the whisperings of the birch-trees. They were pleasant hours! I love to make the latest of them, though not altogether so delightful, loiter away as slowly as may be. And, besides, you have put many queries to me, at this, which you design to be our last interview; and being driven, as I must acknowledge, into a corner, I have responded with reasonable frankness. But, now, with your free consent, I desire the privilege of asking a few questions, in my turn."

"I have no concealments," said Hollingsworth.

"We shall see!" answered Zenobia. "I would first inquire, whether you have supposed me to be wealthy?"

"On that point," observed Hollingsworth, "I have had the opinion which the world holds."

"And I held it likewise," said Zenobia. "Had I not,[6] Heaven is my witness, the knowledge should have been as free to you as me. It is only three days since I knew the strange fact that threatens to make me poor; and your own acquaintance with it, I suspect, is of at least as old a date. I fancied myself affluent. You are aware, too, of the disposition which I purposed making of the larger portion of my imaginary opulence; — nay, were it all, I had not hesitated. Let me ask you further, did I ever propose or intimate any terms of compact, on which depended this — as

---

6) Had I not: 뒤에 held가 생략되었음.

the world would consider it — so important sacrifice?"

"You certainly spoke of none," said Hollingsworth.

"Nor meant any," she responded. "I was willing to realize your dream, freely — generously, as some might think — but, at all events, fully — and heedless though it should prove the ruin of my fortune. If, in your own thoughts, you have imposed any conditions of this expenditure, it is you that must be held responsible for whatever is sordid and unworthy in them. And, now, one other question! Do you love this girl?"

"O Zenobia!" exclaimed Priscilla, shrinking back, as if longing for the rock to topple over, and hide her.

"Do you love her?" repeated Zenobia.

"Had you asked me that question, a short time since," replied Hollingsworth, after a pause, during which, it seemed to me, even the birch-trees held their whispering breath, "I should have told you — 'No!' My feelings for Priscilla differed little from those of an elder brother, watching tenderly over the gentle sister whom God has given him to protect."

"And what is your answer,now?" persisted Zenobia.

"I do love her!" said Hollingsworth, uttering the words with a deep, inward breath, instead of speaking them outright.

"As well declare it thus, as in any other way. I do love her!"

"Now, God be judge between us," cried Zenobia, breaking into sudden passion, "which of us two has most mortally offended Him! At least, I am a woman — with every fault, it may be, that a woman ever had, weak, vain, unprincipled (like most of my sex; for our virtues, when we have any, are merely impulsive and intuitive,) passionate, too, and pursuing my foolish and unattainable ends, by indirect and cunning, though absurdly chosen means, as an hereditary bond-slave must — false, moreover, to the whole circle of good, in my reckless truth to the little good I saw before me — but still a woman! A creature, whom only a little change of earthly fortune, a little kinder smile of Him who sent me hither, and one true heart to encourage and direct me, might have made all that a woman can be! But how is it with you? Are you a man?

No; but a monster! A cold, heartless, self-beginning and self-ending piece of mechanism!"

"With what, then, do you charge me!" asked Hollingsworth, aghast, and greatly disturbed by this attack. "Show me one selfish end in all I ever aimed at, and you may cut it out of my bosom with a knife!"

"It is all self!" answered Zenobia, with still intenser bitterness. "Nothing else; nothing but self, self, self! The fiend, I doubt not, has made his choicest mirth of you these seven years past, and especially in the mad summer which we have spent together. I see it now! I am awake, disenchanted, disinthralled! Self, self, self! You have embodied yourself in a project. You are a better masquerader than the witches and gypsies yonder; for your disguise is a self-deception. See whither it has brought you! First, you aimed a death-blow, and a treacherous one, at this scheme of a purer and higher life, which so many noble spirits had wrought out. Then, because Coverdale could not be quite your slave, you threw him ruthlessly away. And you took me, too, into your plan, as long as there was hope of my being available, and now fling me aside again, a broken tool! But, foremost, and blackest of your sins, you stifled down your inmost consciousness! — you did a deadly wrong to your own heart! — you were ready to sacrifice this girl, whom, if God ever visibly showed a purpose, He put into your charge, and through whom He was striving to redeem you!"

"This is a woman's view," said Hollingsworth, growing deadly pale — "a woman's, whose whole sphere of action is in the heart, and who can conceive of no higher nor wider one!"

"Be silent!" cried Zenobia, imperiously. "You know neither man nor woman! The utmost that can be said in your behalf — and because I would not be wholly despicable in my own eyes, but would fain excuse my wasted feelings, nor own it wholly a delusion, therefore I say it — is, that a great and rich heart has been ruined in your breast. Leave me, now! You have done with me, and I with you. Farewell!"

"Priscilla," said Hollingsworth, "come." Zenobia smiled; possibly, I did so too. Not often, in human life, has a gnawing sense of injury found a sweeter morsel of revenge, than was conveyed in the tone with which Hollingsworth spoke those two words. It was the abased and tremulous tone of a man, whose faith in himself was shaken, and who sought, at last, to lean on an affection. Yes; the strong man bowed himself, and rested on this poor Priscilla. Oh, could she have failed him, what a triumph for the lookers-on![7]

And, at first, I half imagined that she was about to fail him. She rose up, stood shivering, like the birch-leaves that trembled over her head, and then slowly tottered, rather than walked, towards Zenobia. Arriving at her feet, she sank down there, in the very same attitude which she had assumed on their first meeting, in the kitchen of the old farmhouse. Zenobia remembered it.

"Ah, Priscilla!" said she, shaking her head, "how much is changed since then! You kneel to a dethroned princess. You, the victorious one! But he is waiting for you. Say what you wish, and leave me."

"We are sisters!" gasped Priscilla.

I fancied that I understood the word and action; it meant the offering of herself, and all she had, to be at Zenobia's disposal. But the latter would not take it thus.

"True; we are sisters!" she replied; and, moved by the sweet word,[8] she stooped down and kissed Priscilla — but not lovingly; for a sense of fatal harm, received through her, seemed to be lurking in Zenobia's heart — "We had one father! You knew it from the first; I, but a little while — else some things, that have chanced, might have been spared you.[9] But I never wished you harm. You stood between me and an end which I desired. I wanted a clear

7) Oh, could she ~ lookers-on!: 프리실라가 행여 홀링스워스를 져버린다면 그 자는 얼마나 세상 사람들의 비웃음거리가 될 것인가!

8) sweet word: [자매라는] 감미로운 단어.

9) else some things ~ been spared you: 그렇지 않았으면 [만일 내가 처음부터 알았더라면], 지금까지 일어났던 몇 가지 일들에 네가 말려들지 않았을지도 몰라.

path. No matter what I meant. It is over now. Do you forgive me?"

"O Zenobia," sobbed Priscilla, "it is I that feel like the guilty one!"

"No, no, poor little thing!" said Zenobia, with a sort of contempt. "You have been my evil fate; but there never was a babe with less strength or will to do an injury. Poor child! Methinks you have but a melancholy lot before you, sitting all alone in that wide, cheerless heart, where, for aught you know — and as I, alas! believe — the fire which you have kindled may soon go out. Ah, the thought makes me shiver for you! What will you do, Priscilla, when you find no spark among the ashes?"

"Die!" she answered.

"That was well said!" responded Zenobia, with an approving smile. "There is all a woman in your little compass, my poor sister. Meanwhile, go with him, and live!"

She waved her away, with a queenly gesture, and turned her own face to the rock. I watched Priscilla, wondering what judgment she would pass, between Zenobia and Hollingsworth; how interpret his behavior, so as to reconcile it with true faith both towards her sister and herself; how compel her love for him to keep any terms whatever with her sisterly affection! But, in truth, there was no such difficulty as I imagined. Her engrossing love made it all clear. Hollingsworth could have no fault.[10] That was the one principle at the centre of the universe. And the doubtful guilt or possible integrity of other people, appearances, self-evident facts, the testimony of her own senses — even Hollingsworth's self-accusation, had he volunteered it — would have weighed not the value of a mote of thistle-down, on the other side. So secure was she of his right, that she never thought of comparing it with another's wrong, but left the latter to itself.

Hollingsworth drew her arm within his, and soon disappeared

---

10) Hollingsworth could have no fault: 홀링스워스는 [프리실라에게] 아무 결함도 있을 수 없었다.

with her among the trees. I cannot imagine how Zenobia knew when they were out of sight; she never glanced again towards them. But, retaining a proud attitude, so long as they might have thrown back a retiring look, they were no sooner departed — utterly departed — than she began slowly to sink down. It was as if a great, invisible, irresistible weight were pressing her to the earth. Settling upon her knees, she leaned her forehead against the rock, and sobbed convulsively; dry sobs, they seemed to be, such as have nothing to do with tears.

XXVI
ZENOBIA AND COVERDALE

ZENOBIA had entirely forgotten me. She fancied herself alone with her great grief. And had it been only a common pity that I felt for her — the pity that her proud nature would have repelled, as the one worst wrong which the world yet held in reserve[1] — the sacredness and awfulness of the crisis might have impelled me to steal away, silently, so that not a dry leaf should rustle under my feet. I would have left her to struggle, in that solitude, with only the eye of God upon her. But, so it happened, I never once dreamed of questioning my right to be there, now, as I had questioned it, just before, when I came so suddenly upon Hollingsworth and herself, in the passion of their recent debate. It suits me not to explain what was the analogy that I saw, or imagined, between Zenobia's situation and mine; nor, I believe, will the reader detect this one secret, hidden beneath many a revelation which perhaps concerned me less. In simple truth, however, as Zenobia leaned her forehead against the rock, shaken with that tearless agony, it seemed to me that the self-same pang, with hardly mitigated torment, leaped thrilling from her heart-strings to my own. Was it wrong, therefore, if I felt myself consecrated to the priesthood, by sympathy like this, and called upon to minister to this woman's affliction, so far as mortal could?

But, indeed, what could mortal do for her? Nothing! The attempt would be a mockery and an anguish. Time, it is true, would steal away her grief, and bury it, and the best of her heart in the same grave. But Destiny itself,[2] methought, in its kindliest mood, could do no better for Zenobia, in the way of quick relief,[3] than to cause

1) pity that ~ held in reserve: 그녀의 자존심이 이 세상에 아직도 남아있는 최악으로서 도저히 허락하지 않았을 동정심.

2) Destiny itself: God.

3) in the way of quick relief: 그녀의 고통을 빨리 덜어 주려고.

the impending rock to impend a little further, and fall upon her head. So I leaned against a tree, and listened to her sobs, in unbroken silence. She was half prostrate, half kneeling, with her forehead still pressed against the rock. Her sobs were the only sound; she did not groan, nor give any other utterance to her distress. It was all involuntary.

At length she sat up, put back her hair, and stared about her with a bewildered aspect, as if not distinctly recollecting the scene through which she had passed, nor cognizant of the situation in which it left her. Her face and brow were almost purple with the rush of blood. They whitened, however, by-end-by, and, for some time, retained this deathlike hue. She put her hand to her forehead, with a gesture that made me forcibly conscious of an intense and living pain there.

Her glance, wandering wildly to-and-fro, passed over me, several times, without appearing to inform her of my presence. But, finally, a look of recognition gleamed from her eyes into mine.

"Is it you, Miles Coverdale?" said she, smiling. "Ah, I perceive what you are about! You are turning this whole affair into a ballad. Pray let me hear as many stanzas as you happen to have ready!"

"Oh, hush, Zenobia!" I answered. "Heaven knows what an ache is in my soul!"

"It is genuine tragedy, is it not?" rejoined Zenobia, with a sharp, light laugh. "And you are willing to allow, perhaps, that I have had hard measure. But it is a woman's doom, and I have deserved it like a woman; so let there be no pity, as, on my part, there shall be no complaint. It is all right now, or will shortly be so. But, Mr. Coverdale, by all means, write this ballad, and put your soul's ache into it, and turn your sympathy to good account, as other poets do, and as poets must, unless they choose to give us glittering icicles instead of lines of fire. As for the moral, it shall be distilled into the final stanza, in a drop of bitter honey."[4)]

---

4) As for the moral ~ bitter honey: 교훈을 주려거든 마지막 연(聯) 속에 쓴 맛 나는 꿀 한 방울로 걸러서 잘 다듬어 넣어 주세요.

"What shall it be, Zenobia?" I inquired, endeavoring to fall in with her mood.

"Oh, a very old one will serve the purpose," she replied. "There are no new truths, much as we have prided ourselves on finding some. A moral? Why, this: — that, in the battlefield of life, the downright stroke, that would fall only on a man's steel head-piece, is sure to light on a woman's heart, over which she wears no breast-plate, and whose wisdom it is, therefore, to keep out of the conflict. Or, this: — that the whole universe, her own sex and yours, and Providence, or Destiny, to boot, make common cause against the woman who swerves one hair's breadth out of the beaten track.[5)] Yes; and add, (for I may as well own it, now,) that, with that one hair's breadth, she goes all astray, and never sees the world in its true aspect, afterwards."

"This last is too stern a moral," I observed. "Cannot we soften it a little?"

"Do it, if you like, at your own peril, not on my responsibility," she answered; then, with a sudden change of subject, she went on: — "After all, he has flung away what would have served him better than the poor, pale flower he kept. What can Priscilla do for him? Put passionate warmth into his heart, when it shall be chilled with frozen hopes? Strengthen his hands, when they are weary with much doing and no performance? No; but only tend towards him with a blind, instinctive love, and hang her little, puny weakness for a clog[6)] upon his arm! She cannot even give him such sympathy as is worth the name. For will he never, in many an hour of darkness, need that proud, intellectual sympathy which he might have had from me? — the sympathy that would flash light along his course, and guide as well as cheer him? Poor Hollingsworth! Where will he find it now?"

"Hollingsworth has a heart of ice!" said I, bitterly. "He is a

---

5) beaten track: 관습, 인습.

6) clog: a heavy block, usually of wood, fastened to a man or beast to impede movement; a hindrance.

wretch!"

"Do him no wrong!" interrupted Zenobia, turning haughtily upon me. "Presume not to estimate a man like Hollingsworth! It was my fault, all along, and none of his. I see it now! He never sought me. Why should he seek me? What had I to offer him? A miserable, bruised, and battered heart, spoilt long before he met me! A life, too, hopelessly entangled with a villain's! He did well to cast me off. God be praised, he did it! And yet, had he trusted me, and borne with me a little longer, I would have saved him all this trouble."

She was silent, for a time, and stood with her eyes fixed on the ground. Again raising them, her look was more mild and calm.

"Miles Coverdale!" said she.

"Well, Zenobia," I responded. "Can I do you any service?"

"Very little," she replied. "But it is my purpose, as you may well imagine, to remove from Blithedale; and, most likely, I may not see Hollingsworth again. A woman in my position, you understand, feels scarcely at her ease among former friends. New faces — unaccustomed looks — those only can she tolerate. She would pine, among familiar scenes; she would be apt to blush, too, under the eyes that knew her secret; her heart might throb uncomfortably; she would mortify herself, I suppose, with foolish notions of having sacrificed the honor of her sex, at the foot of proud, contumacious man. Poor womanhood, with its rights and wrongs! Here will be new matter for my course of lectures, at the idea of which you smiled, Mr. Coverdale, a month or two ago. But, as you have really a heart and sympathies, as far as they go, and as I shall depart without seeing Hollingsworth, I must entreat you to be a messenger between him and me."

"Willingly," said I, wondering at the strange way in which her mind seemed to vibrate from the deepest earnest to mere levity. "What is the message?"

"True; — what is it?" exclaimed Zenobia. "After all, I hardly know. On better consideration, I have no message. Tell him — tell him something pretty and pathetic, that will come nicely and sweetly into your ballad — anything you please, so it be tender and submissive enough. Tell him he has murdered me! Tell him that I'll haunt him!" — she spoke these words with the wildest energy. — "And give him — no, give Priscilla — this!"

Thus saying, she took the jewelled flower out of her hair; and it struck me as the act of a queen, when worsted in a combat, discrowning herself, as if she found a sort of relief in abasing all her pride.

"Bid her wear this for Zenobia's sake," she continued. "She is a pretty little creature, and will make as soft and gentle a wife as the veriest Bluebeard7) could desire. Pity that she must fade so soon! These delicate and puny maidens always do. Ten years hence, let Hollingsworth look at my face and Priscilla's, and then choose betwixt them. Or, if he pleases, let him do it now."

How magnificently Zenobia looked as she said this! The effect of her beauty was even heightened by the over-consciousness and self-recognition of it, into which, I suppose, Hollingsworth's scorn had driven her. She understood the look of admiration in my face; and — Zenobia to the last — it gave her pleasure.

"It is an endless pity," said she, "that I had not bethought myself of winning your heart, Mr. Coverdale, instead of Hollingsworth's. I think I should have succeeded; and many women would have deemed you the worthier conquest of the two. You are certainly

---

7) **Bluebeard**: Bluebeard, the central character in Conte du Temps (1697) by Charles Perrault (1628-1703), was a wealthy and powerful man with an oddly blue beard who killed six wives and attempts to murder the seventh. He forbids his seventh wife to enter a particular room in his castle. Overcome by curiosity, she enters the room and finds the dead, bloody bodies of his previous six wives. In dismay she drops the blood-stained key to the room, thus revealing her disobedience to Bluebeard, but her death is prevented by the timely arrival of her brothers, who attack and kill the murderer. In other versions of the folk tale, such as the Grimm Brothers' "Fitcher's Bird," the story involves a wizard, who takes the form of a man, and three sisters, the last of whom is too clever for the wizard and manages to revive her two sisters and then, with the help of her brothers and kinsmen, set a death trap for him.

much the handsomest man. But there is a fate in these things. And beauty, in a man, has been of little account with me, since my earliest girlhood, when, for once, it turned my head.[8] Now, farewell!"

"Zenobia, whither are you going?" I asked.

"No matter where," said she. "But I am weary of this place, and sick to death[9] of playing at philanthropy and progress. Of all varieties of mock-life, we have surely blundered into the very emptiest mockery, in our effort to establish the one true system. I have done with it; and Blithedale must find another woman to superintend the laundry, and you, Mr. Coverdale, another nurse to make your gruel, the next time you fall ill. It was, indeed, a foolish dream! Yet it gave us some pleasant summer days, and bright hopes, while they lasted. It can do no more; nor will it avail us to shed tears over a broken bubble. Here is my hand! Adieu!"

She gave me her hand, with the same free, whole-souled gesture as on the first afternoon of our acquaintance; and being greatly moved, I bethought me of no better method of expressing my deep sympathy than to carry it to my lips. In so doing, I perceived that this white hand — so hospitably warm when I first touched it, five months since — was now cold as a veritable piece of snow.

"How very cold!" I exclaimed, holding it between both my own, with the vain idea of warming it. "What can be the reason? It is really deathlike!"

"The extremities die first, they say," answered Zenobia, laughing. "And so you kiss this poor, despised, rejected hand! Well, my dear friend, I thank you! You have reserved your homage for the fallen. Lip of man will never touch my hand again. I intend to become a Catholic, for the sake of going into a nunnery. When you next hear of Zenobia, her face will be behind the black-veil; so look your last at it now — for all is over! Once more, farewell!"

---

8) it turned my head: it = beauty.

9) sick to death: 신물 나는.

She withdrew her hand, yet left a lingering pressure, which I felt long afterwards. So intimately connected, as I had been, with perhaps the only man in whom she was ever truly interested, Zenobia looked on me as the representative of all the past, and was conscious that, in bidding me adieu, she likewise took final leave of Hollingsworth, and of this whole epoch of her life. Never did her beauty shine out more lustrously, than in the last glimpse that I had of her. She departed, and was soon hidden among the trees.

But, whether it was the strong impression of the foregoing scene, or whatever else the cause, I was affected with a fantasy that Zenobia had not actually gone, but was still hovering about the spot, and haunting it. I seemed to feel her eyes upon me. It was as if the vivid coloring of her character had left a brilliant stain upon the air. By degrees, however, the impression grew less distinct. I flung myself upon the fallen leaves, at the base of Eliot's pulpit. The sunshine withdrew up the tree-trunks, and flickered on the topmost boughs; gray twilight made the wood obscure; the stars brightened out; the pendent boughs became wet with chill autumnal dews. But I was listless, worn-out with emotion on my own behalf, and sympathy for others, and had no heart to leave my comfortless lair, beneath the rock.

I must have fallen asleep, and had a dream, all the circumstances of which utterly vanished at the moment when they converged to some tragical catastrophe, and thus grew too powerful for the thin sphere of slumber that enveloped them. Starting from the ground, I found the risen moon shining upon the rugged face of the rock, and myself all in a tremble.

XXVII
MIDNIGHT

IT COULD not have been far from midnight, when I came beneath Hollingsworth's window, and finding it open, flung in a tuft of grass, with earth at the roots, and heard it fall upon the floor. He was either awake, or sleeping very lightly; for scarcely a moment had gone by, before he looked out and discerned me standing in the moonlight.

"Is it you, Coverdale?" he asked. "What is the matter?"

"Come down to me, Hollingsworth!" I answered. "I am anxious to speak with you."

The strange tone of my own voice startled me, and him, probably, no less.[1] He lost no time, and soon issued from the house-door, with his dress half-arranged.

"Again, what is the matter?" he asked impatiently.

"Have you seen Zenobia," said I, "since you parted from her at Eliot's pulpit?"

"No," answered Hollingsworth; "nor did I expect it."

His voice was deep, but had a tremor in it. Hardly had he spoken, when Silas Foster thrust his head, done up in a cotton handkerchief, out of another window, and took what he called — as it literally was — a squint at us.

"Well, folks, what are ye about here?" he demanded. "Aha, are you there, Miles Coverdale? You have been turning night into day, since you left us, I reckon; and so you find it quite natural to come prowling about the house, at this time o' night, frightening my old woman out of her wits, and making her disturb a tired man out of his best nap. In with you, you vagabond, and to bed!"

"Dress yourself quickly, Foster," said I. "We want your assistance."

---

1) him, probably, no less: 아마 그도 마찬가지였을 것이다.

I could not, for the life of me,[2] keep that strange tone out of my voice. Silas Foster, obtuse as were his sensibilities, seemed to feel the ghastly earnestness that was conveyed in it as well as Hollingsworth did. He immediately withdrew his head, and I heard him yawning, muttering to his wife, and again yawning heavily, while he hurried on his clothes. Meanwhile I showed Hollingsworth a delicate handkerchief, marked with a well-known cypher, and told where I had found it, and other circumstances, which had filled me with a suspicion so terrible, that I left him, if he dared, to shape it out for himself. By the time my brief explanation was finished, we were joined by Silas Foster, in his blue woollen frock.

"Well, boys," cried he peevishly, "what is to pay now?"

"Tell him, Hollingsworth," said I.

Hollingsworth shivered, perceptibly, and drew in a hard breath betwixt his teeth. He steadied himself, however, and looking the matter more firmly in the face than I had done, explained to Foster my suspicions and the grounds of them, with a distinctness from which, in spite of my utmost efforts, my words had swerved aside.[3] The tough-nerved yeoman, in his comment, put a finish on the business, and brought out the hideous idea in its full terror, as if he were removing the napkin from the face of a corpse.

"And so you think she's drowned herself?" he cried.

I turned away my face.

"What on earth should the young woman do that for?" exclaimed Silas, his eyes half out of his head with mere surprise. "Why, she has more means than she can use or waste, and lacks nothing to make her comfortable, but a husband—and that's an article she could have, any day! There's some mistake about this, I tell you!"

"Come," said I, shuddering. "Let us go and ascertain the truth."

"Well, well," answered Silas Foster; "just as you say. We'll take

---

2) for the life of me: 아무래도.

3) with a distinctness ~ swerved aside: 내가 최선의 노력을 다했음에도 불구하고 내 말은 불명확하게 옆으로 빗나가고 말았다.

the long pole, with the hook at the end, that serves to get the bucket out of the draw-well, when the rope is broken. With that, and a couple of long-handled hay-rakes, I'll answer for finding her, if she's anywhere to be found. Strange enough! Zenobia drown herself! No, no, I don't believe it. She had too much sense, and too much means, and enjoyed life a great deal too well."

When our few preparations were completed, we hastened, by a shorter than the customary route, through fields and pastures, and across a portion of the meadow, to the particular spot, on the river-bank, which I had paused to contemplate, in the course of my afternoon's ramble. A nameless presentiment had again drawn me thither, after leaving Eliot's pulpit. I showed my companions where I had found the handkerchief, and pointed to two or three footsteps, impressed into the clayey margin, and tending towards the water. Beneath its shallow verge, among the water-weeds, there were further traces, as yet unobliterated by the sluggish current, which was there almost at a stand-still. Silas Foster thrust his face down close to these footsteps, and picked up a shoe, that had escaped my observation, being half imbedded in the mud.

"There's a kid-shoe that never was made on a Yankee last," observed he. "I know enough of shoemaker's craft to tell that. French manufacture; and see what a high instep! — and how evenly she trod in it! There never was a woman that stept handsomer in her shoes than Zenobia did. Here," he added, addressing Hollingsworth, "would you like to keep the shoe?"

Hollingsworth started back.

"Give it to me, Foster," said I.

I dabbled it in the water, to rinse off the mud, and have kept it ever since. Not far from this spot, lay an old, leaky punt, drawn up on the oozy river-side, and generally half-full of water. It served the angler to go in quest of pickerel, or the sportsman to pick up his wild-ducks. Setting this crazy bark afloat, I seated myself in the stern, with the paddle, while Hollingsworth sat in the bows, with the hooked pole, and Silas Foster amidships, with a hay-rake.

"It puts me in mind of my young days," remarked Silas, "when

I used to steal out of bed to go bobbing for horn-pouts[4] and eels. Heigh-ho! — well! — life and death together make sad work for us all. Then, I was a boy, bobbing for fish; and now I am getting to be an old fellow, and here I be, groping for a dead body! I tell you what, lads, if I thought anything had really happened to Zenobia, I should feel kind o' sorrowful."

"I wish, at least, you would hold your tongue!" muttered I.

The moon, that night, though past the full, was still large and oval, and having risen between eight and nine o'clock, now shone aslantwise over the river, throwing the high, opposite bank, with its woods, into deep shadow, but lighting up the hither shore pretty effectually. Not a ray appeared to fall on the river itself. It lapsed imperceptibly away, a broad, black, inscrutable depth, keeping its own secrets from the eye of man, as impenetrably as mid-ocean could.

"Well, Miles Coverdale," said Foster, "you are the helmsman. How do you mean to manage this business?"

"I shall let the boat drift, broadside foremost, past that stump," I replied. "I know the bottom, having sounded it in fishing. The shore, on this side, after the first step or two, goes off very abruptly; and there is a pool, just by the stump, twelve or fifteen feet deep. The current could not have force enough to sweep any sunken object — even if partially buoyant — out of that hollow."

"Come, then," said Silas; "but I doubt whether I can touch bottom with this hay-rake, if it's as deep as you say. Mr. Hollingsworth, I think you'll be the lucky man, to-night, such luck as it is."

We floated past the stump. Silas Foster plied his rake manfully, poking it as far as he could into the water, and immersing the whole length of his arm besides. Hollingsworth at first sat motionless, with the hooked-pole elevated in the air. But, by-and-by, with a nervous and jerky movement, he began to plunge it into the blackness that upbore us, setting his teeth, and making precisely

---

4) **bobbing horn-pouts**: fishing for the horned pout or bullhead fish. horn-pouts: common variety of large-headed fish; catfish.

such thrusts, methought, as if he were stabbing at a deadly enemy. I bent over the side of the boat. So obscure, however, so awfully mysterious, was that dark stream, that — and the thought made me shiver like a leaf — I might as well have tried to look into the enigma of the eternal world, to discover what had become of Zenobia's soul, as into the river's depths, to find her body. And there, perhaps, she lay, with her face upward, while the shadow of the boat, and my own pale face peering downward, passed slowly betwixt her and the sky.

Once, twice, thrice, I paddled the boat up stream, and again suffered it to glide, with the river's slow, funereal motion, downward. Silas Foster had raked up a large mass of stuff, which, as it came towards the surface, looked somewhat like a flowing garment, but proved to be a monstrous tuft of water-weeds. Hollingsworth, with a gigantic effort, upheaved a sunken log. When once free of the bottom, it rose partly out of water — all weedy and slimy, a devilish-looking object, which the moon had not shone upon for half a hundred years — then plunged again, and sullenly returned to its old resting-place, for the remnant of the century.

"That looked ugly!" quoth Silas. "I half thought it was the Evil One on the same errand as ourselves — searching for Zenobia!"

"He shall never get her!" said I, giving the boat a strong impulse.

"That's not for you to say, my boy!" retorted the yeoman. "Pray God he never has, and never may! Slow work this, however! I should really be glad to find something. Pshaw! What a notion that is, when the only good-luck would be, to paddle, and drift and poke, and grope, hereabouts, till morning, and have our labor for our pains! For my part, I shouldn't wonder if the creature had only lost her shoe in the mud, and saved her soul alive, after all. My stars,[5] how she will laugh at us, tomorrow morning!"

It is indescribable what an image of Zenobia — at the breakfast-table, full of warm and mirthful life — this surmise of

---

5) My stars: 응; 뭐라고 (놀람).

Silas Foster's brought before my mind. The terrible phantasm of her death was thrown by it into the remotest and dimmest back-ground, where it seemed to grow as improbable as a myth.

"Yes, Silas; it may be as you say!" cried I.

The drift of the stream had again borne us a little below the stump, when I felt — yes, felt, for it was as if the iron hook had smote my breast — felt Hollingsworth's pole strike some object at the bottom of the river. He started up, and almost overset the boat.

"Hold on!" cried Foster. "You have her!"

Putting a fury of strength into the effort, Hollingsworth heaved amain, and up came a white swash to the surface of the river. It was the flow of a woman's garments. A little higher, and we saw her dark hair, streaming down the current. Black River of Death, thou hadst yielded up thy victim! Zenobia was found!

Silas Foster laid hold of the body — Hollingsworth, likewise, grappled with it — and I steered towards the bank, gazing, all the while, at Zenobia, whose limbs were swaying in the current, close at the boat's side. Arriving near the shore, we all three stept into the water, bore her out, and laid her on the ground, beneath a tree.

"Poor child!" said Foster — and his dry old heart, I verily believe, vouchsafed a tear — "I'm sorry for her!"

Were I to describe the perfect horror of the spectacle, the reader might justly reckon it to me for a sin and shame. For more than twelve long years I have borne it in my memory, and could now reproduce it as freshly as if it were still before my eyes. Of all modes of death, methinks it is the ugliest. Her wet garments swathed limbs of terrible inflexibility. She was the marble image of a death-agony. Her arms had grown rigid in the act of struggling, and were bent before her, with clenched hands; her knees, too, were bent, and — thank God for it! — in the attitude of prayer. Ah, that rigidity! It is impossible to bear the terror of it. It seemed — I must needs impart so much of my own miserable idea — it seemed as if her body must keep the same position in the coffin, and that her skeleton would keep it in the grave, and that when Zenobia rose, at the Day of Judgment, it would be in just the same attitude as now!

One hope I had; and that, too, was mingled half with fear. She knelt, as if in prayer. With the last, choking consciousness, her soul, bubbling out through her lips, it may be, had given itself up to the Father, reconciled and penitent. But her arms! They were bent before her, as if she struggled against Providence in never-ending hostility. Her hands! They were clenched in immitigable defiance. Away with the hideous though!. The flitting, moment, after Zenobia sank into the dark pool — when her breath was gone, and her soul at her lips — was as long, in its capacity of God's infinite forgiveness, as the lifetime of the world.

Foster bent over the body, and carefully examined it.

"You have wounded the poor thing's breast," said he to Hollingsworth. "Close by her heart, too!"

"Ha!" cried Hollingsworth, with a start.

And so he had, indeed, both before and after death.[6)]

"See!" said Foster. "That's the place where the iron struck her. It looks cruelly, but she never felt it!"

He endeavored to arrange the arms of the corpse decently by its side. His utmost strength, however, scarcely sufficed to bring them down; and rising again, the next instant, they bade him defiance, exactly as before. He made another effort, with the same result.

"In God's name, Silas Foster," cried I, with bitter indignation, "let that dead woman alone!"

"Why, man, it's not decent!" answered he, staring at me in amazement. "I can't bear to see her looking so! Well, well," added he, after a third effort, "'tis of no use, sure enough; and we must leave the women to do their best with her, after we get to the house. The sooner that's done, the better."

We took two rails from a neighboring fence, and formed a bier by laying across some boards from the bottom of the boat. And thus we bore Zenobia homeward. Six hours before, how beautiful!

---

6) so he had, indeed, both before and after death: had 다음에 wounded가 생략되었음.

At midnight, what a horror! A reflection occurs to me, that will show ludicrously, I doubt not, on my page, but must come in, for its sterling truth. Being the woman that she was, could Zenobia have foreseen all these ugly circumstances of death, how ill it would become her, the altogether unseemly aspect which she must put on, and, especially, old Silas Foster's efforts to improve the matter, she would no more have committed the dreadful act, than have exhibited herself to a public assembly in a badly-fitting garment! Zenobia, I have often thought, was not quite simple in her death. She had seen pictures, I suppose, of drowned persons, in lithe and graceful attitudes. And she deemed it well and decorous to die as so many village-maidens have, wronged in their first-love, and seeking peace in the bosom of the old, familiar stream — so familiar that they could not dread it — where, in childhood, they used to bathe their little feet, wading mid-leg deep, unmindful of wet skirts. But, in Zenobia's case, there was some tint of the Arcadian affectation that had been visible enough in all our lives, for a few months past.

This, however, to my conception, takes nothing from the tragedy. For, has not the world come to an awfully sophisticated pass, when, after a certain degree of acquaintance with it, we cannot even put ourselves to death in whole-hearted simplicity?

Slowly, slowly, with many a dreary pause — resting the bier often on some rock, or balancing it across a mossy log, to take fresh hold — we bore our burden onward, through the moonlight, and, at last, laid Zenobia on the floor of the old farm-house. By-and-by, came three or four withered women, and stood whispering around the corpse, peering at it through their spectacles, holding up their skinny hands, shaking their night-capt heads, and taking counsel of one another's experience what was to be done.

With those tire-women[7] we left Zenobia!

---

7) tire-women: dressing assistants; those who dress the body for burial. tire: (from *attire*) apparel.

XXVIII
BLITHEDALE PASTURE

BLITHEDALE, thus far in its progress,[1] had never found the necessity of a burial-ground. There was some consultation among us, in what spot Zenobia might most fitly be laid. It was my own wish, that she should sleep at the base of Eliot's pulpit, and that, on the rugged front of the rock, the name by which we familiarly knew her — ZENOBIA — and not another word, should be deeply cut, and left for the moss and lichens to fill up, at their long leisure. But Hollingsworth (to whose ideas, on this point, great deference was due) made it his request that her grave might be dug on the gently sloping hill-side, in the wide pasture, where, as we once supposed, Zenobia and he had planned to build their cottage. And thus it was done, accordingly.

She was buried very much as other people have been, for hundreds of years gone by. In anticipation of a death, we Blithedale colonists had sometimes set our fancies at work to arrange a funereal ceremony, which should be the proper symbolic expression of our spiritual faith and eternal hopes; and this we meant to substitute for those customary rites which were moulded originally out of the Gothic gloom, and, by long use, like an old velvet-pall, have so much more than their first death-smell in them. But, when the occasion came, we found it the simplest and truest thing, after all, to content ourselves with the old fashion, taking away what we could, but interpolating no novelties, and particularly avoiding all frippery of flowers and cheerful emblems. The procession moved from the farm-house. Nearest the dead walked an old man in deep mourning, his face mostly concealed in a white handkerchief, and with Priscilla leaning on his arm. Hollingsworth and myself came next. We all stood around the narrow niche in the

---

1) thus far in progress: 생겨나서 이제까지.

cold earth; all saw the coffin lowered in; all heard the rattle of the crumbly soil upon its lid—that final sound, which mortality awakens on the utmost verge of sense,[2] as if in the vain hope of bringing an echo from the spiritual world.

I noticed a stranger—a stranger to most of those present, though known to me—who, after the coffin had descended, took up a handful of earth, and flung it first into the grave. I had given up Hollingsworth's arm, and now found myself near this man.

"It was an idle thing—a foolish thing—for Zenobia to do," said he. "She was the last woman in the world to whom death could have been necessary.[3] It was too absurd! I have no patience with her."

"Why so?" I inquired, smothering my horror at his cold comment in my eager curiosity to discover some tangible truth, as to his relation with Zenobia. "If any crisis could justify the sad wrong she offered to herself, it was surely that in which she stood. Everything had failed her—prosperity, in the world's sense, for her opulence was gone—the heart's prosperity, in love. And there was a secret burden on her, the nature of which is best known to you.[4] Young as she was, she had tried life fully, had no more to hope, and something, perhaps, to fear. Had Providence taken her away in its own holy hand, I should have thought it the kindest dispensation that could be awarded to one so wrecked."

"You mistake the matter completely," rejoined Westervelt.

"What, then, is your own view of it?" I asked.

"Her mind was active, and various in its powers," said he; "her heart had a manifold adaptation; her constitution an infinite buoyancy, which (had she possessed only a little patience to await the reflux of her troubles) would have borne her upward, triumphantly, for twenty years to come. Her beauty would not have waned—

---

2) final sound ~ verge of sense: 고인이 감각의 극한 상태에서 내는 최후의 소리.

3) last woman ~ necessary: 이 세상에서 죽을 필요가 가장 없었을 여자.

4) nature of which is best known to you: 그게 무언 지는 당신이 가장 잘 알 겁니다.

or scarcely so, and surely not beyond the reach of art to restore it — in all that time. She had life's summer all before her, and a hundred varieties of brilliant success. What an actress Zenobia might have been! It was one of her least valuable capabilities.[5) How forcibly she might have wrought upon the world, either directly in her own person, or by her influence upon some man, or a series of men, of controlling genius! Every prize that could be worth a woman's having — and many prizes which other women are too timid to desire — lay within Zenobia's reach."

"In all this," I observed, "there would have been nothing to satisfy her heart."

"Her heart!" answered Westervelt, contemptuously. "That troublesome organ (as she had hitherto found it) would have been kept in its due place and degree, and have had all the gratification it could fairly claim. She would soon have established a control over it. Love had failed her, you say! Had it never failed her before? Yet she survived it, and loved again — possibly, not once alone, nor twice either. And now to drown herself for yonder dreamy philanthropist!"

"Who are you," I exclaimed, indignantly, "that dare to speak thus of the dead? You seem to intend a eulogy, yet leave out whatever was noblest in her, and blacken, while you mean to praise. I have long considered you as Zenobia's evil fate. Your sentiments confirm me in the idea, but leave me still ignorant as to the mode in which you have influenced her life. The connection may have been indissoluble, except by death. Then, indeed — always in the hope of God's infinite mercy — I cannot deem it a misfortune that she sleeps in yonder grave!"

"No matter what I was to her," he answered, gloomily, yet without actual emotion. "She is now beyond my reach. Had she lived, and hearkened to my counsels, we might have served each other well. But there Zenobia lies, in yonder pit, with the dull earth

5) It was one of her last valuable capabilities: 그것[배우라는 역할]은 그녀의 재능 중 가장 하찮은 것 중 하나였다.

over her. Twenty years of a brilliant lifetime thrown away for a mere woman's whim!"

Heaven deal with Westervelt according to his nature and deserts![6] — that is to say, annihilate him. He was altogether earthy, worldly, made for time and its gross objects, and incapable — except by a sort of dim reflection, caught from other minds — of so much as one spiritual idea. Whatever stain Zenobia had, was caught from him; nor does it seldom happen that a character of admirable qualities loses its better life, because the atmosphere, that should sustain it, is rendered poisonous by such breath as this man mingled with Zenobia's. Yet his reflections possessed their share of truth. It was a woeful thought, that a woman of Zenobia's diversified capacity should have fancied herself irretrievably defeated on the broad battle-field of life, and with no refuge, save to fall on her own sword, merely because Love had gone against her.[7] It is nonsense, and a miserable wrong — the result, like so many others, of masculine egotism — that the success or failure of woman's existence should be made to depend wholly on the affections, and on one species of affection; while man has such a multitude of other chances, that this seems but an incident. For its own sake, if it will do no more,[8] the world should throw open all its avenues to the passport of a woman's bleeding heart.

As we stood around the grave, I looked often towards Priscilla, dreading to see her wholly overcome with grief. And deeply grieved, in truth, she was. But a character, so simply constituted as hers, has room only for a single predominant affection. No other feeling can touch the heart's inmost core, nor do it any deadly mischief. Thus, while we see that such a being responds to every breeze, with tremulous vibration, and imagine that she must be shattered by the first rude blast, we find her retaining her equilibrium amid

---

6) according to his nature and deserts: 그의 성품과 공과(功過)에 맞게.
7) merely because Love had gone against her: 단지 사랑의 여신으로부터 거절당했다는 이유만으로.
8) if it will do no more: 그 이상의 의미는 없다 하더라도.

shocks that might have overthrown many a sturdier frame. So with Priscilla! Her one possible misfortune was Hollingsworth's unkindness; and that was destined never to befall her — never yet, at least — for Priscilla has not died.

But, Hollingsworth! After all the evil that he did, are we to leave him thus, blest with the entire devotion of this one true heart, and with wealth at his disposal, to execute the long contemplated project that had led him so far astray? What retribution is there here? My mind being vexed with precisely this query, I made a journey, some years since, for the sole purpose of catching a last glimpse of Hollingsworth, and judging for myself whether he were a happy man or no. I learned that he inhabited a small cottage, that his way of life was exceedingly retired, and that my only chance of encountering him or Priscilla was, to meet them in a secluded lane, where, in the latter part of the afternoon, they were accustomed to walk. I did meet them, accordingly. As they approached me, I observed in Hollingsworth's face a depressed and melancholy look, that seemed habitual; the powerfully built man showed a self-distrustful weakness, and a childlike, or childish, tendency to press close, and closer still, to the side of the slender woman whose arm was within his. In Priscilla's manner, there was a protective and watchful quality,[9] as if she felt herself the guardian of her companion, but, likewise, a deep, submissive, unquestioning reverence, and also a veiled happiness in her fair and quiet countenance.

Drawing nearer, Priscilla recognized me, and gave me a kind and friendly smile, but with a slight gesture which I could not help interpreting as an entreaty not to make myself known to Hollingsworth.[10] Nevertheless, an impulse took possession of me, and compelled me to address him.

"I have come, Hollingsworth," said I, "to view your grand edi-

---

9) a protective and watchful quality: 보호 본능.

10) a slight gesture ~ to Hollingsworth: 나의 존재를 홀링스워스에게 알리지 말아 달라고 애원하는 것으로 해석할 수밖에 없는 어렴풋한 몸짓.

fice for the reformation of criminals. Is it finished yet?"

"No — nor begun!" answered he, without raising his eyes. "A very small one answers all my purposes."

Priscilla threw me an upbraiding glance. But I spoke again, with a bitter and revengeful emotion, as if flinging a poisoned arrow at Hollingsworth's heart.

"Up to this moment," I inquired, "how many criminals have you reformed?"

"Not one!" said Hollingsworth, with his eyes still fixed on the ground. "Ever since we parted, I have been busy with a single murderer!"[11)]

Then the tears gushed into my eyes, and I forgave him. For I remembered the wild energy, the passionate shriek, with which Zenobia had spoken those words — 'Tell him he has murdered me! Tell him that I'll haunt him!' — and I knew what murderer he meant, and whose vindictive shadow dogged the side where Priscilla was not.

The moral which presents itself to my reflections, as drawn from Hollingsworth's character and errors, is simply this: — that, admitting what is called Philanthropy, when adopted as a profession, to be often useful by its energetic impulse to society at large, it is perilous to the individual, whose ruling passion, in one exclusive channel, it thus becomes. It ruins, or is fearfully apt to ruin, the heart; the rich juices of which God never meant should be pressed violently out, and distilled into alcoholic liquor, by an unnatural process; but should render life sweet, bland, and gently beneficent, and insensibly influence other hearts and other lives to the same blessed end. I see in Hollingsworth an exemplification of the most awful truth[12)] in Bunyan's book of such; — from the very gate of Heaven, there is a by-way to the pit![13)]

---

11) a single murderer: Hollingsworth himself.

12) an exemplification of the most awful truth: 아주 끔찍한 진리의 표본.

13) Bunyan's book ~ the pit: In John Bunyan's *The Pilgrim's Progress* (1678), a spiritual allegory of a Christian's journey to heaven and the temptations encountered along the way, there is a door in the side of a hill very near

But, all this while, we have been standing by Zenobia's grave. I have never since beheld it, but make no question that the grass grew all the better, on that little parallelogram of pasture-land, for the decay of the beautiful woman who slept beneath. How much Nature seems to love us! And how readily, nevertheless, without a sigh or a complaint, she converts us to a meaner purpose, when her highest one — that of a conscious, intellectual life, and sensibility — has been untimely baulked! While Zenobia lived, Nature was proud of her, and directed all eyes upon that radiant presence, as her fairest handiwork. Zenobia perished. Will not Nature shed a tear? Ah, no! She adopts the calamity at once into her system, and is just as well pleased, for aught we can see, with the tuft of ranker vegetation that grew out of Zenobia's heart, as with all the beauty which has bequeathed us no earthly representative, except in this crop of weeds. It is because the spirit is inestimable, that the lifeless body is so little valued.

---

the gates to the Celestial City (heaven) that leads to hell. See Hawthorne's story "The Celestial Rail-road" (1843) and the reference to Bunyan's depiction of hell in *The Scarlet Letter* (1850), chapter 10.

XXIX
MILES COVERDALE'S CONFESSION[1)]

IT REMAINS only to say a few words about myself. Not improbably, the reader might be willing to spare me the trouble; for I have made but a poor and dim figure in my own narrative, establishing no separate interest, and suffering my colorless life to take its hue from other lives. But one still retains some little consideration for one's self;[2)] so I keep these last two or three pages for my individual and sole behoof.

But what, after all, have I to tell? Nothing, nothing, nothing! I left Blithedale within the week after Zenobia's death, and went back thither no more. The whole soil of our farm, for a long time afterwards, seemed but the sodded earth over her grave. I could not toil there, nor live upon its products. Often, however, in these years that are darkening around me, I remember our beautiful scheme of a noble and unselfish life, and how fair, in that first summer, appeared the prospect that it might endure for generations, and be perfected, as the ages rolled away, into the system of a people, and a world. Were my former associates now there —were there only three or four of those true-hearted men, still laboring in the sun—I sometimes fancy that I should direct my world-weary footsteps thitherward, and entreat them to receive me, for old friendship's sake. More and more, I feel that we had struck upon what ought to be a truth. Posterity may dig it up, and profit by it. The experiment, so far as its original projectors were con-

---

1) 호손은 29장을 뺀 나머지 원고를 완성했던 1852년 4월 30일과 첫 교정쇄를 받았던 5월14일 사이에 이 장을 추가한 것으로 알려졌다. 5월 2일에 미국의 비평가인 에드윈 휘플(Edwin P. Whipple)이 처음으로 원고를 받았는데, 어쩌면 그가 이 장을 첨가하라고 제안했는지도 모른다. 이 과정에서 본래 원고에 나와 있던 『홀링스워스』라는 제목이 『블라이드데일 로맨스』로 바뀌었는데, 이같은 제목의 교체는 29장이 첨가된 것과 결코 무관하지 않았을 것이다.

2) one still ~ one's self: 사람들은 항상 자신에 대해 다소의 참작을 하기 마련이다.

cerned, proved long ago a failure, first lapsing into Fourierism, and dying, as it well deserved, for this infidelity to its own higher spirit. Where once we toiled with our whole hopeful hearts, the town-paupers,[3] aged, nerveless, and disconsolate, creep sluggishly afield. Alas, what faith is requisite to bear up against such results of generous effort!

My subsequent life has passed, — I was going to say, happily — but, at all events, tolerably enough. I am now at middle-age — well, well, a step or two beyond the midmost point, and I care not a fig who knows it! — a bachelor, with no very decided purpose of ever being otherwise. I have been twice to Europe, and spent a year or two, rather agreeably, at each visit. Being well to do in the world, and having nobody but myself to care for, I live very much at my ease, and fare sumptuously every day. As for poetry, I have given it up, notwithstanding that Doctor Griswold[4] — as the reader, of course, knows — has placed me at a fair elevation among our minor minstrelsy, on the strength of my pretty little volume, published ten years ago. As regards human progress, (in spite of my irrepressible yearnings over the Blithedale reminiscences,) let them believe in it who can, and aid in it who choose! If I could earnestly do either, it might be all the better for my comfort. As Hollingsworth once told me, I lack a purpose. How strange! He was ruined, morally, by an overplus of the very same ingredient, the want of which, I occasionally suspect, has rendered my own life all an emptiness. I by no means wish to die. Yet, were there any cause, in this whole chaos of human struggle, worth a sane man's dying for, and which my death would benefit,[5] then

---

3) **town-paupers**: The commune has been turned into a workhouse for the poor of Boston.

4) **Doctor Griswold**: Rufus Wilmot Griswold (1815-1857), editor and literary critic who compiled a number of anthologies of American poetry and literature, including *The Poets and Poetry of America* (1842) and *Prose Writers of America* (1847).

5) **were there ~ would benefit**: 인간이 투쟁하는 이 모든 혼돈 속에서 제 정신을 가진 사람이 죽을 만한 가치가 있고 내 죽음으로 인해 어떤 도움이 될

— provided, however, the effort did not involve an unreasonable amount of trouble[6] — methinks I might be bold to offer up my life. If Kossuth,[7] for example, would pitch the battle-field of Hungarian rights within an easy ride of my abode, and choose a mild, sunny morning, after breakfast, for the conflict, Miles Coverdale would gladly be his man, for one brave rush upon the levelled bayonets. Further than that, I should be loth to pledge myself.

I exaggerate my own defects. The reader must not take my own word for it, nor believe me altogether changed from the young man, who once hoped strenuously, and struggled, not so much amiss. Frostier heads than mine have gained honor in the world; frostier hearts have imbibed new warmth, and been newly happy. Life, however, it must be owned, has come to rather an idle pass with me. Would my friends like to know what brought it thither? There is one secret — I have concealed it all along, and never meant to let the least whisper of it escape — one foolish little secret, which possibly may have had something to do with these inactive years of meridian manhood, with my bachelorship, with the unsatisfied retrospect that I fling back on life, and my listless glance towards the future. Shall I reveal it? It is an absurd thing for a man in his afternoon — a man of the world, moreover, with these three white hairs in his brown moustache, and that deepening track of a crow's foot on each temple[8] — an absurd thing ever to have

---

만한 대의명분이 있다고 한다면 (가정법).

6) **provided, however ~ amount of trouble**: 마지막으로 커버데일의 이기주의적 성격을 잘 규명해주는 구절임.

7) **Kossuth**: Lajos [Louis] Kossuth (1802-1894) was a leader in the Hungarian revolution against Austrian rule in 1848. In 1849 he served briefly as president of the newly formed, and short-lived, Hungarian Republic. He visited Boston in 1851 while in exile, and gave a lecture attended by Hawthorne. See also Donald S. Spencer, *Louis Kossuth and* Young America: *A Study of Sectionalism and Foreign Policy, 1848-1852* (Columbia: U of Missouri P, 1977).

8) **that deepening track of a crow's foot on each temple**: 양쪽 관자놀이에 생긴 깊은 (까마귀 발자국 같은) 주름살.

happened, and quite the absurdest for an old bachelor, like me, to talk about. But it rises to my throat; so let it come.

I perceive, moreover, that the confession, brief as it shall be, will throw a gleam of light over my behavior throughout the foregoing incidents, and is, indeed, essential to the full understanding of my story. The reader, therefore, since I have disclosed so much, is entitled to this one word more. As I write it, he will charitably suppose me to blush, and turn away my face: — 9)

I — I myself — was in love — with — PRISCILLA!

---

9) I perceive ~ away my face: This paragraph does not appear in the manuscript in the Pierpont Morgan Library but does appear in the first edition, published by Ticknor, Reed, Fields. Apparently Hawthorne added this paragraph to the proof. Compare the "Postscript" Hawthorne added to later printings of *The Marble Faun*.

LIFE AT BROOK FARM

NATHANIEL HAWTHORNE

From His "Letters" and "Journals"

Oak Hill, April 13, 1841

Ownest love,

Here is thy poor husband in a polar Paradise! I know not how to interpret this aspect of Nature — whether it be of good or evil omen to our enterprise. But I reflect that the Plymouth pilgrims arrived in the midst of storm and stept ashore upon mountain snow-drifts; and nevertheless they prospered, and became a great people — and doubtless it will be the same with us. I laud my stars, however, that thou wilt not have thy first impressions of our future home from such a day as this. Thou wouldst shiver all thy life afterwards, and never realize that there could be bright skies, and green hills and meadows, and trees heavy with foliage, when now the whole scene is a great snow-bank, and the sky full of snow likewise. Through faith, I persist in believing that spring and summer will come in their due season; but the unregenerated[1] man shivers within me, and suggests a doubt whether I may not have wandered within the precincts of the Arctic circle, and chosen my heritage among ever-lasting snows. Dearest, provide thyself with a good stock of furs; and if thou canst obtain the skin of a polar bear, thou wilt find it a very suitable summer dress for this region. Thou must not hope ever to walk abroad, except upon snow-shoes, nor to find any warmth, save in thy husband's heart.

Belovedest, I have not yet taken my first lesson in agriculture, as thou mayest well suppose — except that I went to see our cows foddered, yesterday afternoon. We have eight of our own; and the number is now increased by a transcendental heifer, belonging to Miss Margaret Fuller. She is very fractious, I believe, and apt

1) Hawthorne uses the word which the Pilgrims would have used to designate one who has not undergone a conversion to the faith.

to kick over the milk pail. Thou knowest best, whether, in these traits of character, she resembles her mistress. Thy husband intends to convert himself into a milk-maid, this evening; but I pray heaven that Mr. Ripley[2)] may be moved to assign him the kindliest cow in the herd — otherwise he will perform his duty with fear and trembling.

Ownest wife, I like my brethren in affliction very well; and couldst thou see us sitting round our table, at meal-times, before the great kitchen-fire, thou wouldst call it a cheerful sight. Mrs. Barker is a most comfortable woman to behold; she looks as if her ample person were stuffed full of tenderness — indeed, as if she were all one great, kind heart. Wert thou but here, I should ask for nothing more — not even for sunshine and summer weather; for thou wouldst be both, to thy husband.

* * *

Thy husband has the best chamber in the house, I believe; and though not quite so good as the apartment I have left, it will do very well. I have hung up thy two pictures; and they give me a glimpse of summer and of thee. The vase I intended to have brought in my arms; but could not very conveniently do it yesterday; so that it still remains at Mrs. Hillards, together with my carpet. I shall bring them the next opportunity.

* * *

April 14, 10 A.M. Sweetest, I did not milk the cows last night, because Mr. Ripley was afraid to trust them to my hands, or me to their horns — I know not which. But this morning, I have done wonders. Before breakfast, I went out to the barn, and began to chop hay for the cattle; and with such "righteous vehemence" (as Mr. Ripley says) did I labor, that, in the space of ten minutes, I broke the machine. Then I brought wood and replenished the fires; and finally sat down to breakfast and ate up a huge mound of buckwheat cakes. After breakfast, Mr. Ripley put a four-pronged

---

2) George Ripley (1802-80) was the chief organizer of Brook Farm and one of its directors.

instrument into my hands, which he gave me to understand was called a pitch-fork; and he and Mr. Farley being armed with similar weapons, we all three commenced a gallant attack upon a heap of manure. This affair being concluded, and thy husband having purified himself, he sits down to finish this letter to his most beloved wife. Dearest, I will never consent that thou come within a half a mile of me, after such an encounter as that of this morning. Pray Heaven that this letter retain none of the fragrance with which the writer was imbued. As for thy husband himself, he is peculiarly partial to the odor; but that whimsical little nose of thine might chance to quarrel with it.

Belovedest, Miss Fuller's cow hooks the other cows, and has made herself ruler of the herd, and behaves in a very tyrannical manner. Sweetest, I know not when I shall see thee; but I trust it will not be longer than till the end of next week. I love thee! I love thee! I would thou wert with me; for then would my labor be joyful — and even now, it is not sorrowful. Dearest, I shall make an excellent husbandman. I feel the original Adam reviving within me.

Brook Farm, April 28, 1841

Belovedest, thy husband was caught by a cold, during his visit to Boston. It has not affected his whole frame, but took entire possession of his head, as being the weakest and most vulnerable part. Never didst thou hear anybody sneeze with such vehemence and frequency; and his poor brain has been in a thick fog — or rather, it seemed as if his head were stuffed with coarse wool. I know not when I have been so pestered before; and sometimes I wanted to wrench off my head, and give it a great kick, like a foot-ball. This annoyance has made me endure the bad weather with even less than ordinary patience; and my faith was so far exhausted, that, when they told me yesterday that the sun was setting clear, I would not even turn my eyes towards the west. But, this morning, I am made all over anew; and have no greater remnant of my cold, than will serve as an excuse for doing no work to-day.

Brook Farm, June 1, 1841

Very dearest,

I have been too busy to write thee a long letter by this opportunity; for I think this present life of mine gives me an antipathy to pen and ink, even more than my Custom-House experience did.[3] I could not live without the idea of thee, nor without spiritual communion with thee; but, in the midst of toil, or after a hard day's work in the gold mine,[4] my soul obstinately refuses to be poured out on paper. That abominable gold mine! Thank God, we anticipate getting rid of its treasures, in the course of two or three days. Of all hateful places, that is the worst; and I shall never comfort myself for having spent so many days of blessed sunshine there. It is my opinion, dearest, that a man's soul may be buried and perish under a dung-heap or in a furrow of the field, just as well as under a pile of money.

Brook Farm, August 12, 1841

Belovedest, I am very well, and not at all weary; for yesterday's rain gave us a holyday; and moreover the labors of the farm are not so pressing as they have been. And-joyful thought!-in a little more than a fortnight, thy husband will be free from his bondage-free to think of his Dove-free to enjoy Nature-free to think and feel! I do think that a greater weight will then be removed from me, than when Christian's burthen fell off at the foot of the cross.[5] Even my Custom House experience was not such a thral-

---

3) Hawthorne was a measurer of salt and coal in the Boston Custom House for several years before going to Brook Farm.

4) Manure pile.

5) A reference to one of Hawthorne's favorite books, John Bunyan's *The Pilgrim's Progress* (1678).

dom and weariness; my mind and heart were freer. Oh, belovedest, labor is the curse of this world, and nobody can meddle with it, without becoming proportionably brutified. Dost thou think it a praise-worthy matter, that I spent five golden months in providing food for cows and horses? Dearest, it is not so. Thank God, my soul is not utterly buried under a dungheap. I shall yet rescue it, somewhat defiled, to be sure, but not utterly unsusceptible of purification.

Brook Farm, August 22, 1841

* * *

Dearest wife, it is extremely doubtful whether Mr, Ripley will succeed in locating his community on this farm. He can bring Mr. Ellis[6] to no terms; and the more they talk about the matter, the farther they appear to be from a settlement. Thou and I must form other plans for ourselves; for I can see few or no signs that Providence purposes to give us a home here. I am weary, weary, thrice weary of waiting so many ages. Yet what can be done? Whatever may be thy husband's gifts, he has not hitherto shown a single one that may avail to gather gold. I confess that I have strong hopes of good from this arrangement with Munroe; but when I look at the scanty avails of my past literary efforts, I do not feel authorized to expect much from the future.

Salem, September 3, 1841

* * *

Sweetest, it seems very long already since I saw thee; but thou hast been all the time in my thoughts; so that my being has been continuous. Therefore, in one sense, it does not seem as if we had been parted at all. But really I should judge it to be twenty years since I left Brook Farm; and I take this to be one proof

---

6) The owner of the property on which Brook Farm was established.

that my life there was an unnatural and unsuitable, and therefore an unreal one. It already looks like a dream behind me.[7] The real Me was never an associate of the community; there has been a spectral Appearance there, sounding the horn at day-break, and milking the cows, and hoeing potatoes, and raking hay, toiling and sweating in the sun, and doing me the honor to assume my name. But be not thou deceived. Dove of my heart. This Spectre was not thy husband. Nevertheless, it is somewhat remarkable that thy husband's hands have, during this past summer, grown very brown and rough; insomuch that many people persist in believing that he, after all, was the aforesaid spectral horn-sounder, cow-milker, potato-hoer, and hay raker. But such a people do not know a reality from a shadow.

Brook Farm, September 22, 1841

Dearest love, here is thy husband again, slowly adapting himself to the life of this queer community, whence he seems to have been absent half a life time-so utterly has he grown apart from the spirit and manners of the place. Thou knowest not how much I wanted thee, to give me a home-feeling in the spot-to keep a feeling of coldness and strangeness from creeping into my heart and making me shiver. Nevertheless, I was most kindly received; and the fields and woods looked very pleasant, in the bright sunshine of the day before yesterday. I had a friendlier disposition towards the farm, now that I am no longer obliged to toil in its stubborn furrows.[8] Yesterday and to-day, however, the weather has been intolerable-cold, chill, sullen, so that it is impossible to be on kindly terms with mother Nature. Would I were with thee, mine own warmest and truest-hearted wife!

---

7) Hawthorne's sense of the unreality of Brook Farm is echoed in Coverdale's rumination on p. 135.

8) Upon his return, Hawthorne was a 'boarder' rather than a workingman.

Brook Farm, October 21, 1841

Ownest beloved, * * * What atrocious weather! In all this month, we have not had a single truly October day; it has been a real November month, and of the most disagreeable kind. I came to this place in one snowstorm, and shall probably leave it in another; so that my reminiscences of Brook Farm are likely to be the coldest and dreariest imaginable.

[JOURNAL ENTRY APRIL 8, 1843]

We talked of Brook Farm, and the singular moral aspects which it presents, and the great desirability that its progress and developments should be observed, and its history written.

[JOURNAL ENTRY JULY 27, 1844]

* * * The sun has shifted his position, and has found a vacant space through the branches, by means of which he levels his rays full upon my head. Yet now, as I arise, a cloud has come across him, and makes everything gently sombre in an instant. Many clouds, voluminous and heavy, are scattered about the sky, like the shattered ruins of a dreamer's Utopia; but we will not send our thoughts thitherward now, nor take one of them into our present observations. The clouds of any one day, are material enough, alone, for the observation either of an idle man or a philosopher.

[FROM A LETTER TO WILLIAM B. PIKE, JULY 24, 1851]

When I write another romance, I shall take the Community for a subject, and shall give some of my experiences and observations at Brook Farm.

[JOURNAL ENTRY JULY 31, 1851]

Before supper, Mrs. Tappan came in, with two or three volumes of Fourier's works, which I wished to borrow, with a view to my next Romance.

[FROM A LETTER TO GEORGE W. CURTIS, JULY 14, 1852]

Do not read [*The Blithedale Romance*] as if it had anything to do with Brook Farm (which essentially it has not) but merely for its own story and characters.

JOHN SULLIVAN DWIGHT

On Life at Brook Farm

John Sullivan Dwight (1813-1893) graduated from Harvard in 1832 and from Harvard Divinity School in 1836 but spent only a brief period in the ministry. He joined Brook Farm in 1841, taught music and Latin there, and contributed to *The Dial and The Harbinger*. Dwight's *Journal of Music*, begun in 1852, was for three decades an important contribution to the development of music criticism and appreciation in America. In this transcription of an address given later in his career, Dwight tells of his arrival at and involvement in Brook Farm, and along the way he makes a skeptical point about *The Blithedale Romance*. He stresses that Hawthorne in fact knew little about the persons who dwelled at Brook Farm, and that only the setting and landscape figure as elements in the novel. The text of Dwight's account is taken from George Willis Cooke, John Sullivan Dwight: Brook-Farmer, Editor, and Critic of Music (Boston: Small, Maynard, 1898), 56-61.

It was my privilege ... to know Mr. Ripley very intimately for a number of years before he conceived that experiment. When I came out of the Divinity School at Cambridge, he was my first warm, helpful, encouraging friend. I was at his house almost daily during that famous controversy with Andrews Norton.[1] I knew the whole of it as it went on. I talked with Mr. Ripley, and heard him read his manuscript.

After I lived in Northampton, I was very much attracted to his idea which resulted in Brook Farm. His aspiration was to bring about a truer state of society, one in which human beings should stand in frank relations of true equality and fraternity, mutually

---

1) Andrews Norton: Norton (1786-1853) was a Unitarian minister, theologian, biblical scholar, and critic of Ripley's and Emerson's liberal religious views. In 1839, in *A Discourse on the Latest Form of Infidelity*, Norton attacked Emerson's transcendentalist ideas; Ripley came to Emerson's defense in a pamphlet, *The Latest Form of Infidelity Examined,* also published in 1839.

helpful, respecting each other's occupation, and making one the helper of the other. The prime idea was an organization of industry in such a way that the most refined and educated should show themselves practically on a level with those whose whole education had been hard labor. Therefore, the scholars and the cultivated would take their part also in the manual labor, working on the farm or cultivating nurseries of young trees, or they would even engage in the house-work.

I remember the night of my first arrival at Brook Farm. It had been going on all the summer. I arrived in November. At that time it was a sort of pastoral life, rather romantic, although so much hard labor was involved in it. They were all at tea in the old building, which was called the Hive. In a long room at a long table they were taking tea, and I sat down with them. When tea was over, they were all very merry, full of life; and all turned to and washed the dishes, cups, and saucers. All joined in, the Curtis brothers, Dana,[2] and all. It was very enchanting; quite a lark, as we say. Much of the industry went on in that way, because it combined the freest sociability with the useful arts.

The idea of most of us was that, beginning with what we felt to be a true system, with true relations to one another, it would probably grow into something larger, and that by bringing in others we should finally succeed in reforming and elevating society and put it on a basis of universal co-operation. Communism it was not, because property was respected. Some were allowed to hold and earn more than others. Only justice was sought for in the matter of labor and in the distribution of any surplus, if there were any, which seldom occurred. Capital, labor, and skill each had their fair proportion in the division; and the same person might share under each of these heads. It gave labor the largest share, five-twelfths; capital, four-twelfths; and skill, three-twelfths. By skill

2) **the Curtis brothers, Dana**: James Burrill Curtis (1822-1895), George William Curtis (1824-1892), and Charles A. Dana (1819-1897) were Brook Farm members.

is meant the organizing head to industry. That was the whole of our equality.

The great point aimed at was to realize practical equality and mutual culture, and a common-sense education for the children in a larger sense than prevails in ordinary society. The educational phase consisted partly in our education of one another and partly in the school, which was also one of the means of support of the community. Pupils were taken from outside, who lived there, and were taught by Mr. and Mrs. Ripley and others. There were some young people who came and lived there simply as boarders, from a certain romantic interest in the ideas, but not committing themselves to them by membership.

The social education was extremely pleasant. For instance, in the matter of music, we had extremely limited means or talent; and very little could be done except in a very rudimentary, tentative, and experimental way. We had a singing class, and we had some who could sing a song gracefully and accompany themselves at the piano. We had some piano music; and, so far as it was possible, care was taken that it should be good, sonatas of Beethoven and Mozart, and music of that order. We sang masses of Haydn and others, and no doubt music of a better quality than prevailed in most society at that date; but that would be counted nothing now. Occasionally we had artists come to visit us. We had delightful readings; and once in a while, when William Henry Channing[3] was in the neighborhood, he would preach us a sermon.

Hawthorne was there then, but he left at about that time. He knew very little about it as an organized industrial experiment. But he was pleased to live on a farm, and he liked to drive oxen; and he would drive until he got himself tired through the day, and shut himself up in his room in the evening. So it was wholly a mistake that *The Blithedale Romance* describes Brook Farm.

---

3) **William Henry Channing**: Channing (1810-1884) was a Unitarian minister and reformer.

There is nothing of Brook Farm in it except the scenery. None of the characters represent people at Brook Farm. It has been supposed that the heroine was Margaret Fuller, but she was never a member. She was only an occasional visitor, a friend of Mr. and Mrs. Ripley. She made us delightful visits.

We were never more than a hundred, often not that; and we had very little means and a poor farm, nearly two hundred acres, mostly grass and woods, and found it hard to get people enough of the right kind to do what work was required. Everybody went into the work heartily, and everybody tried to help every other. There was a great sweetness and charm in the sincerity of the life.

I do not think Brook Farm was wholly a dream. This aspect has been too strongly presented. I think it was very practical, for we had very practical and common-sense men and women among us. It was a great good to me. Every one who was there will say it was to him, though it is extremely hard to tell of it. The truth is, every resident there had his own view of it. Every one saw the life through his own eyes and in his own way. Naturally, they formed groups; and one group was not like another. Certain ones were just as individual as in any common society. I felt and still think that it was a wholesome life, that it was a good practical education. I have no doubt I should not have been living at this day if it had not been for the life there, for what I did on the farm and among the trees, in handling the hay and even in swinging the scythe. Those who have survived, and been active in their experiences, have certainly shown themselves persons of power and faculty, with as much common sense, on the average, as ordinary men.

ESSAYS IN CRITICISM

LOUIS AUCHINCLOSS

The Blithedale Romance: A Study of Form and Point of View

* * *

I remember, many years back, when I read *The Blithedale Romance* for the first time, that I thought it was one of the clumsiest uses of narration that I had ever come across. I think it strikes many first-time readers this way. It starts off by doing precisely what narrator novels are supposed not to do: it mystifies the reader. Instead of being able to rely on the "I" character to give one accurate data, one has to examine everything he says for a further meaning. This atmosphere of partial disclosure is set with his very name —Coverdale. In the first chapter he talks to Old Moodie who is wearing a patch over one eye, and reference is made to a lady who is veiled and to another called Zenobia, but whose name is a pseudonym. All that seems to occur in this chapter is that the narrator refuses to undertake a mission, the nature of which Old Moodie refuses to disclose. Kafka himself could not have opened a tale with less information conveyed.

Thereafter the mystifications proliferate. Coverdale has been to the Veiled Lady to inquire as to the success of the Blithedale experiment. He tells us that her response unveiled itself—with true sibylline stamp—to a variety of interpretations "one of which has certainly accorded with the event." Nowhere in the novel are we told what that response was or what event it accorded with.

When Coverdale meets Zenobia at Blithedale he observes that she makes the whole heroic enterprise show like a counterfeit Arcadia. He tries to analyze this impression but with no success. Is it because Zenobia has come to Blithedale only with a purpose of following Hollingsworth, a man whom she has heard lecture but whom she has never met? Has she already fallen in love with him?

When Priscilla comes to Coverdale's room in Blithedale to bring him a letter from the famous Margaret Fuller, he notices a resemblance in Priscilla to Miss Fuller. What is the point of this? Priscilla would seem, in character at least, to be the very opposite of Margaret Fuller. Is it a device to put the reader off the track of Margaret Fuller's actual resemblance to Zenobia? Or is it to prepare us for Zenobia's death by drowning? Presumably every reader of the time would know that Miss Fuller had met her own end that way, although not, of course, by suicide.

If we are not sure why Zenobia comes to Blithedale, we are equally uncertain as to Hollingsworth's motive. Coverdale suggests that it may have been to dwell with people who are in dissent, as Hollingsworth is, with the world. But is it not also possible that he may have come to solicit Zenobia's money for his enterprise or even to look over the farm which, as it turns out later, he wants as a site for his institute? We never know to what extent he is using his own personal attraction as a means of prying money out of Zenobia or even to what extent he has been prepared to sacrifice Priscilla to the greater goal of obtaining Zenobia's funds.

Nor do we know how Hollingsworth has been able to trace Priscilla to the Veiled Lady or why he finally turns up at the same performance attended by Coverdale where he liberates her from the spell of the magician.

When Coverdale returns to Blithedale, he discovers that Zenobia has been stripped of her fortune. We may presume that old Moodie has taken legal action to recover his inheritance as a revenge on Zenobia for having turned Priscilla over to Westervelt, but we never *know* this. If Moodie gives the money to Priscilla what does she do with it? She and Hollingsworth are last seen living in modest circumstances.

Most mysterious of all is Coverdale's famous final assertion that all the while he has been in love with Priscilla. Are we meant to believe this? Are we meant to believe that he believes it? Why has his preoccupation been entirely with Zenobia, whom he keeps visualizing stripped of her clothes?

As if to prepare us for all these confusions, Coverdale puts us early on notice that he is not a reliable reporter. As soon as he has established his own primary concern with the Zenobia-Priscilla-Hollingsworth triangle — as soon, that is, as he has set this up as the principal subject of his story — he proceeds to accuse himself of a bad habit of exaggeration. Furthermore, Zenobia and Hollingsworth both denounce his quality of intellectual detachment. They would obviously be totally dissatisfied with any assessment of their lives made by Coverdale. Whom, then, are we to believe? What is Hawthorne up to? Is it just a literary game?

Far from being a literary game, I believe that Hawthorne, in putting this novel together, was engaged in the most serious enterprise of his literary career. In all of his books and throughout his life he was obsessed with the problem of the detached soul, of the man who saw but did not fully feel — of the voyeur. In Miles Coverdale he created a character whose function is to make the reader feel the experience of living a half life as Hawthorne himself felt it, and as he may have suspected that most men felt it. The very success which he achieves makes the book difficult to read. Indeed, it makes it in places an almost disagreeable experience. I find a stifling quality in the novel which makes me keep wishing to put it down. The atmosphere in which the characters are drenched is dream-like and frustrating. One keeps reaching and reaching as the truth keeps eluding one's grasp. But Coverdale, I am convinced, is never deliberately seeking to hoodwink the reader. He is attempting to describe the world as it impresses itself on his senses rather than to pass on mere intellectual conclusions from observed facts. Thus he is never allowed to tell us of events which he has learned of second-hand. He must allow us to make our own inferences from the facts as they appeared at first instance to him. The process moves us gradually into Coverdale's mind so that we share in his sensations. This takes considerable treatment. In order to convey Miles Coverdale's peculiar sense of how the activities of other and (at least to his way of thinking) greater, souls appeared to him, Hawthorne has adopted an interesting technique. The book is told by a narrator, but the reader learns only such things as he would have learned had he been present with the narrator as the episodes occur. He is not given any information existing in Miles Coverdale's mind independently of what he and Coverdale jointly see and hear. He may, however, share with Coverdale knowledge of public events, and two of the characters of the novel, Zenobia and Hollingsworth, are represented as being in the public eye. And, of course, he may learn facts *with* Coverdale, as both observe them for the first time. Let us see this technique at work.

In the first chapter, Coverdale tells the reader that he has had a response to his inquiry from the Veiled Lady, but he does not reveal what that response was. This is because the episode occurred before — if only just before — the action of the novel commences.

The first character we meet is Old Moodie, but we are not told that he makes his living by selling purses which his daughter has made (a fact which Coverdale knows) because he is not in the act of selling purses when the reader first observes him. When he later sees Priscilla engaged in making a purse, and when Old Moodie comes to inquire about her in Blithedale, he at last makes the connection. But by the time he makes it, the author is almost impatient with him. Coverdale asks Old Moodie to tell him about the maker of the little purses, and Hollingsworth interrupts with the retort: "Why do you trouble him with needless questions, Coverdale? You must have known, long ago." In this curious fashion Coverdale takes the blame for the reader's slowness in catching up with him. It creates a sense of intimacy between reader and narrator.

When Zenobia first appears, Coverdale speculates that she will turn their serious enterprise into a masquerade. Why? Her next speech reveals the answer to the reader. She has not come to Blithedale because of its ideals but merely to be close to Hollingsworth. Here is an example of the reader and Coverdale receiving an important impression together.

When Coverdale reveals information that he has obtained before the action commences and independently of what he and the reader have observed together, such as the fact that Hollingsworth was once a blacksmith, he is careful to add "as the reader probably knows." *Why* should the reader probably know? Because Hollingsworth, like Zenobia, is a public figure whose career is partially known to the reader as it is partially known to Coverdale.

When Coverdale first meets Professor Westervelt in the woods, he fails to recognize him, although it later turns out that Westervelt is the impresario who directs the Veiled Lady, and we know that Coverdale has been present at one of these performances. Is Coverdale fooling the reader here? No. It is perfectly clear that Coverdale does not recognize Westervelt. Recognition only comes towards the end of the novel when Coverdale attends another performance of the Veiled Lady and sees a bearded man in Oriental costume, and realizes that this is Westervelt in disguise and that it is the third time that he has seen him. This is the point where the reader and Coverdale at last achieve a union of knowledge about Zenobia, Hollingsworth and Priscilla, and from here on they merge into the observer. The effect of this union is to give a tremendous impact to the "trial scene" when Zenobia and Hollingsworth have their final, shattering confrontation. There are still things that the reader does not know, but Coverdale does not know them, either, which makes them seem even darker and more mysterious. Who has taken away Zenobia's wealth? Why has it not been given to Priscilla? To what extent was Hollingsworth guilty of subjecting Priscilla to the evil influence of Westervelt?

The subtlety of Hawthorne's technique was never fully appreciated by Henry James although the latter professed to admire him. James found him a good deal simpler as a technician than we find him today. But consider what Hawthorne has done to us through the character of Coverdale. By establishing a relationship between the reader and the narrator whereby they start knowing certain facts available to the general public and learn other facts together by watching the action unfold until the point where the reader has finally enough facts to be able to deduce all the other facts previously known by the narrator, Hawthorne is able to bring his reader gradually around to the narrator's point of view until there is a kind of explosion of recognition at the point where fusion is complete. At this point the verisimilitude is intensified by the fact that there still remain elements in the story unknown to both reader and narrator.

What Hawthorne achieves by the use of the double vision of the reader and Coverdale is that he can thus offer the reader the experience of a gradual fusion with his narrator. One has something of the impression, in reading the book, of actually turning into Coverdale. It is by no means always an agreeable experience. The isolation of the narrator seems at times an individual complaint, at times a universal one and at times something that the reader alone shares guiltily with him. Coverdale says: "In the midst of cheerful society, I had often a feeling of loneliness." He is always intensely aware of his habit of standing outside the course of human events as a mere spectator, but he desperately tries to justify his role as that of a loving and deeply concerned observer. He even, in one passage, goes so far as to place himself in the position of an inquisitor who, having burned his victims, i.e., Zenobia and Hollingsworth, searches lovingly among the ashes for relics which, now that their sin has been expiated/will become objects to be venerated. But the reader never becomes Coverdale to the extent of believing this, for Coverdale never quite believes it himself. When Zenobia denounces his habit of spying as "a cold-blooded criticism, founded on a shallow interpretation of self-perceptions, an irreverent propensity to thrust Providence aside and substitute oneself in its awful place," the reader not only agrees with her, but he feels something like guilt at having spied on Zenobia with Coverdale.

The narrator's final revelation that all along he has been in love with Priscilla has caused a great deal of speculation. Philip Rahv has gone so far as to say that it is not to be believed. It is perfectly clear to Rahv that Coverdale all along has been in love with

Zenobia and that the pale and ineffectual Priscilla could never have aroused so much emotion. But I cannot agree. To me this final revelation is meant to relate directly back to the unanswered prediction of the Veiled Lady. The tragedy of Coverdale is always to overlook what is directly his own concern in favor of living vicariously in the lives of others. He will not engage in life; he will not risk himself. Zenobia's fable of Theodore who refused to kiss the Veiled Lady until he had first raised her veil and thus lost her forever is directly applicable to Coverdale. Both Hawthorne and Zenobia intend it so. Coverdale has ignored Priscilla in his fascination with Zenobia and Hollingsworth. But the loss is not his alone. Hawthorne is making a further point that the voyeur can do actual harm to others as well as to himself. Had Coverdale paid more attention to Priscilla when he first spotted her resemblance to Margaret Fuller, had he recognized that this was the signal of his own original attraction, he might have removed Priscilla from the drama, and Zenobia and Hollingsworth might then have worked things out for themselves. Zenobia herself makes this point passionately at a later point when she rebukes Coverdale for overlooking Priscilla. The final twist of the ending is that the detached observer helped to cause the tragedy that he thought he was only observing.

I might make an observation, in closing this analysis of the novel, about the use which Hawthorne makes of the contrast between country and city which permeates the whole book. The city is the natural environment for the *voyeur*, who, like Coverdale, can watch the goings on of his neighbors by peering from his back window into their back windows. The city is the best place for Coverdale to live so long as he cannot transcend his own spiritual limitations, and he is able to find considerable contentedness, even occasional happiness, in its crowded life of restaurants, bars, theatres and auction galleries. But the country, which must always beckon him, represents the two aspects of life where he constantly fails: the idealistic aspirations of men as exemplified in the Blithedale experiment and the love of men and women as exemplified by

Hollingsworth, Zenobia and Priscilla. Coverdale sympathizes with the Blithedale experiment, but he has a mind and temperament that must always keep turning to the inevitable failure of such schemes. In similar fashion, he would like to be able to give himself to an inspiring passion but he cannot do so. He must fancy himself attracted by Zenobia because he knows her affections are already engaged, and he must not see his love for Priscilla until after she is married to another man. In this way he must always guard himself from any wholehearted participation in the life of the heart or in the life of the mind.

FREDERICK CREWS

Turning the Affair into a Ballad

If *The Blithedale Romance* (1852), despite a good deal of recent explication, remains the least admired of Hawthorne's longer narratives, the reason is not far to seek. *The House of the Seven Gables* represented a drop in intensity from the sustained tragedy of The *Scarlet Letter*, but this next book seems to be divided between a drab chattiness and episodes of facile melodrama. Numerous passages are lifted, with scarcely any revision, from Hawthorne's Brook Farm notebooks. The narrator, Miles Coverdale, resembles his creator not only in superficial respects but in his fears about the unromantic, unpicturesque nature of modern life; his prose transcribes an incessant and labored effort to keep our interest. We are tempted to say that the book would have been better if it had been wholly devoted either to the autobiographical record of Hawthorne's disillusionment with Brook Farm utopianism or to the melodramatic and legendary events which are conjectured to form the prehistory of Coverdale's friends.

It would be wrong to sweep away these misgivings about *The Blithedale Romance* simply on the basis of a theory about its covert meaning; if the book has struck nearly all its readers as confused, then it is blameworthy. We are not surprised to learn that it was extensively rewritten and that Hawthorne, when he had finished, wondered whether to call it "Hollingsworth," "Zenobia," "Priscilla," "Miles Coverdale's Three Friends," "The Veiled Lady," "Blithedale," "The Arcadian Summer," or — his choice "in lack of a better" — "The Blithedale Romance." Such indecision corresponds all too well to the indecisiveness of the story itself. *The Blithedale Romance* is a book in which Hawthorne's customary equivocation about social and moral ideas has been extended to include such apparently elementary matters as his moral estimate of his characters, his notion of their feelings about one another, and even his factual knowledge of their previous lives.

The view we have been taking of Hawthorne's career, however, leads us to expect that beneath the surface confusion of *The Blithedale Romance* there may be an inner coherence of self-debate. In the past we have found that Hawthorne's hesitations and implausibilities have always been the best indicators of obsessive thematic content; as the surface world becomes less intelligible its symbolic value becomes clearer. That this principle applies to the seeming chaos of the unfinished romances will be amply demonstrated. Yet *The Blithedale Romance* is just coherent enough to permit its critics to call it failed Utopian satire or failed melodrama or failed autobiography. The necessity has rarely been perceived of putting the various imperfect parts within a single rationale that would explain Hawthorne's inability to make any one of them his focus of interest.

Our position is that *The Blithedale Romance* is, in an almost incredibly cryptic way, an intelligible product of the obsessed Hawthorne whose private themes have become so predictable. I believe we can justify the supposition that Hawthorne, finding his literal plot hopelessly distorted by irrational fantasy, turned the book into a self-critical comedy by attributing that distortion to his narrator. Like James in *The Sacred Fount*, perhaps, he partially rescued a doomed story by stressing the principle of self-delusion inherent in the narrator's — and ultimately in his own — prying concern with other lives. In neither case is the irony sufficiently unambiguous or sufficiently discernible to the reader; the most we can say is that it is consistently available to close scrutiny.

Certainly it is difficult to take the bewildering "romance" among Hollingsworth, Zenobia, and Priscilla as the heart of the book as it now stands. No narrator ever had worse luck than Coverdale in learning the most essential facts about the figures whose story we are supposed to enjoy. Late in the plot he summarizes the points he has yet to settle, and indeed will never get straight at all: "Zenobia's whole character and history; the true nature of her mysterious connection with Westervelt; her later purposes towards

Hollingsworth, and, reciprocally, his in reference to her; . . . the degree in which Zenobia had been cognizant of the plot against Priscilla, and what, at last, had been the real object of that scheme." Most of the important scenes he describes, furthermore, are observed from an inconvenient distance, or are not observed at all. Two of his chapters — Zenobia's legend of the Veiled Lady and the autobiography of her father, old Moodie — are imaginative reconstructions of someone else's words, and for the most crucial meeting of Hollingsworth, Zenobia, and Priscilla he arrives "half-an-hour too late."

These puzzling difficulties become significant when we realize that Hawthorne, and indeed Coverdale himself, have taken considerable pains to suggest that the story as we read it is not to be altogether trusted[1]. Repeatedly the narrator warns us that his descriptions may interest us not merely for their element of truth but "as exemplifying the kind of error into which my mode of observation was calculated to lead me." As soon as we put a friend under our microscope we "insulate him from many of his true relations, magnify his peculiarities, inevitably tear him into parts, and, of course, patch him very clumsily together again. What wonder, then, should we be frightened by the aspect of a monster, which, after all — though we can point to every feature of his deformity in the real personage — may be said to have been created mainly by ourselves!" This is, to be sure, a familiar Hawthornian paradox, but in *The Blithedale Romance* it appears to have been carried to a logical extreme. For Coverdale not only takes poetic liberties with the events he is narrating; he represents himself as having known how they would turn out before they occurred. His dreams and fantasies at Blithedale, if they had been recorded, "would have anticipated several of the chief incidents of this narrative, including a dim shadow of its catastrophe." It is impossible

1) Some of the evidence for this and following statements may be found in my article, "A New Reading of *The Blithedale Romance*," American Literature, XXIX (May 1957), 147-70. My present view of the book, however, differs from the conclusions reached there.

to say whether Coverdale has really had foreknowledge or has seriously altered the facts in recounting them; the only certain point is that we are meant to see some degree of correspondence between his tale and the secret inclination of his mind. From both ends of the plot — in apparent foreknowledge and in narrative distortion — Coverdale shows us the condition of a man in the grip of some private symbolism.

Whatever the basis of Coverdale's obsession, the form it takes is literary. He imagines that his part has been "that of the Chorus in a classic play, which seems to be set aloof from the possibility of personal concernment, and bestows the whole measure of its hope or fear, its exultation or sorrow, on the fortunes of others, between whom and itself this sympathy is the only bond." Such aloofness is not to be confused with indifference; Coverdale is saying that he will allow his hope and fear to be expressed through his set of "characters," indeed, that is just what he calls them — "these three characters . . . on my private theatre." If in real life he is "but a secondary or tertiary personage" with his friends, and if "these three had absorbed [his] life into themselves," he at least has the artistic luxury of contemplating their worthiness for a "sufficiently tragic catastrophe." "After all was finished," he thinks with satisfaction, "I would come, as if to gather up the white ashes of those who had perished at the stake, and to tell the world — the wrong being now atoned for — how much had perished there which it had never yet known how to praise." Though "real life never arranges itself exactly like a romance," this is precisely what Coverdale has hoped to make of it — a Blithedale Romance. The abandonment of this hope, after it has been smashed by a real-life tragedy with no literary trimming, constitutes the true resolution of Hawthorne's plot.

To state the case in this manner is perhaps to underrate the obvious intellectual content of *The Blithedale Romance*; as most critics have chosen to emphasize, the book is Hawthorne's apologia for leaving Brook Farm and scorning its visionary ideals. I am certainly willing to believe that this was an important part of his intention when he began writing, but with Hawthorne self-justification invariably verges into self-criticism. What we in fact find in *The Blithedale Romance* is not so much a theoretical refutation of utopianism as an implied confession that the Hawthorne-Coverdale temperament is unsuited for real enterprises of any sort, whether spiritual or practical. One can abstract Coverdale's negative pronouncements about Blithedale into a body of social theory only by ignoring the intemperate sarcasm with which those pronouncements are delivered and the retractions that speedily follow them. Coverdale himself is aware, as Hawthorne's critics are often not, that all his contradictory opinions are dictated by his excessively self-conscious efforts to achieve a steady relation to his three "characters."

In order to understand Coverdale's complex situation it is not enough to see that he wants his three friends to act out a ready-made romance. Like other artist-heroes in Hawthorne's work he has a private failure of emotional capacity at the base of his need for aesthetic distance. He is the Hawthornian artist *par excellence:* a poetaster and a retiring bachelor whose emotions can be clearly expressed only within a womblike woodland "hermitage" where the voluptuous entanglement of vines and trees is conducive to spying at secret *rendezvous* and daydreaming about artistic and erotic successes that will never be realized. "Had it ever been my fortune to spend a honey-moon," he explains, "I should have thought seriously of inviting my bride up thither" — namely, into "a hollow chamber, of rare seclusion . . . formed by the decay of some of the pine-branches, which the vine had lovingly strangled with its embrace." And yet the speaker of these lines — eloquent as they are in declaring his oneness with the sexual eccentrics who dominate Hawthorne's tales — tells us, when his "romance" has collapsed, that he was in love with Priscilla all along. Whether or not we are prepared to take the statement at face value, its insertion at the last possible moment is characteristic of the erotic furtiveness which pervades the narrative.

Thus we cannot rest content with the view of Coverdale adopted by Hollingsworth, who accuses him of feigning interest in utopianism only because "it has given you a theme for poetry," nor with the similar charge brought by Zenobia: "You are turning this whole affair into a ballad." These are half-truths which exaggerate the definiteness of Coverdale's intention and the steadiness of his aesthetic detachment. The cumulative evidence of Coverdale's own statements suggests that he cannot decide whether to win his companions' affection or to pry coldly into "the secret which was hidden even from themselves." Generally speaking, what happens in the plot is that Coverdale, harboring this uncertainty of purpose, half-intentionally alienates all three of his potential intimates and is thus driven increasingly into the role of literary snoop. Hollingsworth, Zenobia, and Priscilla become, no longer human companions, but "goblins of flesh and blood" from whom he would like to escape—but from whom he simultaneously wants to extort "some nature, some passion, no matter whether right or wrong, provided it were real." And correspondingly, his fantasies become at once more destructive and more literary as he is continually rebuffed. Well before the real tragedy of the book occurs, Coverdale

> began to long for a catastrophe. If the noble temper of Hollingsworth's soul were doomed to be utterly corrupted by [his] purpose . . . ; if the rich and generous qualities of Zenobia's womanhood might not save her; if Priscilla must perish by her tenderness and faith . . . ; then be it so! Let it all come! As for me, I would look on, as it seemed my part to do, understandingly. . . . The curtain fallen, I would pass onward with my poor individual life, which was now attenuated of much of its proper substance . . . .

This vengeful daydream recalls the consolations of other embittered artists in Hawthorne's fiction. Having survived his indifferent friends and emptied himself of concern for them (even at the price of losing all further meaning in his life), Coverdale will have the luxury of contemplating their doom "reverently and sadly."

Though it is impossible to draw a point-by-point comparison between the actual course of events and Coverdale's fantasies, we can observe that the real calamity of the plot makes Coverdale profoundly ashamed of those fantasies. This may suggest that something more is involved than mere disappointment of the wish to win Priscilla. Like some previous heroes Coverdale is made to feel guilty, or at any rate chastened, about a death he has not caused but has hazily "foreseen" in fantasy. It seems plausible to assume that one component of his feelings toward Zenobia — namely, the anxiety that has made the pale Priscilla a safer object of desire — has found the thought of her removal advantageous. Or we could surmise, with equal likelihood, that it is Hollingsworth, his rival for the affection of both women, against whom Coverdale's aggressive prophecies have been intended. In either case Coverdale has indeed anticipated "a dim shadow of the catastrophe" of his Blithedale Romance, and is jolted by the shocking explicitness of that catastrophe when it occurs.

Coverdale himself has no clear idea of why Hollingsworth, Zenobia, and Priscilla together are more meaningful to him than his relation to any one of them individually. And yet our awareness of the fantasies chronically harbored by Hawthorne's escapists may make us attentive to some revealing clues. Hawthorne and Coverdale have virtually begged us to see the story of Coverdale's friends — not just his attitude toward it, but the bare facts of the story itself — as indicative of the inmost tendency of his mind. That story, we must emphasize, is intricately involved in family matters of a vaguely guilty nature. The sexual rivals, Zenobia and Priscilla, turn out to be half-sisters. Their remorseful benefactor, old Moodie, is revealed to be their common father, who has neglected the child he loved best in order to live vicariously in the other child's splendor. The devilish mesmerist Westervelt, the touchstone of evil in *The Blithedale Romance*, is said to be Zenobia's former husband. He is thus related, however remotely, to the Priscilla who is perhaps turned over to his mesmeric power through the contrivance of Zenobia herself — a fine example of

Hawthornian family co-operation. Priscilla's rescue in turn is effected by the noble Hollingsworth, who, though he has hitherto loved her like "an elder brother," promptly marries her[2].

These facts alone cannot be called proof that the furtiveness and ambivalence of Coverdale's attitudes may be related to a preoccupation with incest. Yet that speculation begins to seem more respectable as we examine the specific feelings his three friends arouse in him. The brash and bosomy feminist Zenobia, Coverdale's first and most deeply engaging figure of challenge, incites anxiety and defensive sarcasm by flaunting her sexuality before him. Her provocative language forces him to picture "that fine, perfectly developed figure, in Eve's earliest garment" — a vision not entirely welcome to a nature like Coverdale's. The significant fact, however, is that he can scarcely accept the blatantly obvious fact of her sexual experience, but must dwell on the question with prurient concern: "Pertinaciously the thought — 'Zenobia is a wife! Zenobia has lived, and loved! There is no folded petal, no latent dewdrop, in this perfectly developed rose!' — irresistibly that thought drove out all other conclusions, as often as my mind reverted to the subject." This dainty pornography is continually rejected as "a masculine grossness — a sin of wicked interpretation, of which man is often guilty towards the other sex." The absurdity of such scrupulous fancies is diminished if we bear in mind that Zenobia is, for Coverdale's mind, less an individual person than "womanliness incarnated," and that his view of this womanliness

2) Even the nature of Priscilla's affection for Zenobia seems a bit perverse if we follow the implications of Hawthorne's imagery: "Priscilla's love grew, and twined itself perseveringly around this unseen sister; as a grape-vine might strive to clamber out of a gloomy hollow among the rocks, and embrace a young tree, standing in the sunny warmth above." The echo of Coverdale's "perfectly inextricable knot of polygamy" in his tree-vine hermitage casts a metaphorical suspicion of fixated emotion even on the vapid Priscilla — or perhaps merely on Coverdale's interest in her. An article by Allan and Barbara Lefcowitz [Nineteenth-Century Fiction, 21 (1966), 263-75] explores the remarkable sexual innuendoes surrounding Priscilla's role as a mesmeric clairvoyant and a maker of tiny purses.

is rather that of a scandalized son than a sophisticated bachelor. Like his younger predecessors Goodman Brown and Robin Molineux, Coverdale has not yet forgiven womankind for its deviation from the maternal ideal.

If Zenobia is to this extent eligible for sentiments that should properly attach themselves to a mother, Hollingsworth is more easily recognized as a version of the Hawthomian father. Though Coverdale is forced to respect him and yearn for his affection, the physically imposing, fiercely stern and fanatical Hollingsworth drains life from everyone who must live under his authority, and more particularly usurps all the feminine sympathy that Coverdale himself seeks. In retrospect it seems inevitable that he must eventually appear to Coverdale in the stereotyped role of the Hawthomian father, as "the grim portrait of a Puritan magistrate, holding inquest of life and death in a case of witchcraft." The transformation has been anticipated since Coverdale's first confession that he feels a need to exaggerate Hollingsworth's awesomeness: "In my recollection of his dark and impressive countenance, the features grew more prominent than the reality, duskier in their depth and shadow, and more lurid in their light; the frown, that had merely flitted across his brow, seemed to have contorted it with an adamantine wrinkle." Here we are observing Coverdale in the process of creating a bogey-father, a devil; and significantly, the true "devil" of *The Blithedale Romance*, Westervelt, is held responsible for having destroyed Zenobia's much-lamented innocence.

As for Priscilla, she is literally a sister, she looks like a sister, she is loved like a sister by Hollingsworth, and she inspires protective brotherly feelings — mixed with an erotic desire which is confessed later — on Coverdale's part. The shunting of that desire from Zenobia to her is nothing more than what is demanded by Freudian logic and Hawthomian precedent. Her integral role in Coverdale's fantasy-family is indicated by his most revealing dream: "Hollingsworth and Zenobia, standing on either side of my bed, had bent across it to exchange a kiss of passion. Priscilla, beholding this-for she seemed to be peeping in at the chamber-window —

had melted gradually away, and left only the sadness of her expression in my heart." The reader who doubts that Coverdale has unconsciously cast himself as a son must wonder why this dream depicts Hollingsworth and Zenobia in the unorthodox erotic pose of bending across Coverdale's bed. And all readers must surely note the moral ambiguity of the wish expressed in the dream. Priscilla is meant to be disillusioned by the sexual passion which she has discovered in her elders, yet Coverdale's own intentions toward her, as we later discern, are those of a lover. As in the unfinished romances, where real brothers and sisters are forever about to become lovers or spouses, the image of Priscilla-detached-from-Hollingsworth melts away before its purpose in Coverdale's mental scenario becomes too plain.

In all this, it may be objected, there is no compelling evidence that Coverdale's hesitant designs on Priscilla, and more distantly on Zenobia, are incestuous in quality. I agree. What we find is, on one side, an extraordinary deviousness in his approach to both women, and on the other a configuration of attitudes which, if discovered in a real neurotic, would point to incestuous fixation. A man of mature years who dwells with awe and titillation on the possibility that a mature woman may not be virginal, who must suppose that her experience has been at the hands of a fiendish seducer, who hopes for the love of a sexless girl but can do nothing to win her, and who turns his sexual rival into an imaginary paternal tyrant — such a man must justly be called a casualty of Oedipal strife. The real difficulty in applying this reasoning to Coverdale is that the literal reality surrounding him conforms so well to his apparent fixation. We must assume, as so often in the past, that the obsession of *The Blithedale Romance* is jointly owned by the hero and the author. And this assumption is necessary anyway if we are to accept without astonishment the intricacy and secrecy of self-debate in this book. If Hawthorne has blurred all his portraits except Coverdale's, backed away from the simplest explanations of fact, exploited literal scenes for a cabalistic meaning that is lost upon the reader, and included episodes that make virtually no sense apart from such meaning, then we must infer that Hawthorne as well as Coverdale is at the mercy of unconscious logic.

In that logic, *spiritual aspiration, reform of humanity*, and *romantic art* are interchangeable terms; each represents flight from mature sexual challenge. The touchstone of that challenge, and the implicit reproach to all escapism in *The Blithedale Romance*, is Zenobia, whose womanly nature is equally spurned in the poetic fancies of Coverdale and the zealous perfectionism of Hollingsworth. "The presence of Zenobia," Coverdale admits, "caused our heroic enterprise to show like an illusion, a masquerade, a pastoral, a counterfeit Arcadia, in which grown-up men and women were making a play-day of the years that were given us to live in." In our view it is far from insignificant that the whole Blithedale colony should be accused of regression to childhood. Unconsciously, no doubt, Coverdale is well equipped to grasp the primitive sameness of motive among all attempts to beautify human nature. Nor is it surprising that the event which signals an end to both Coverdale's and Blithedale's picturesque fancies is the death of Zenobia; the *raison d'ètre* for all such fancies is avoidance of the object of anxiety that has been too violently removed.

If acceptance of Zenobia is the measure of normality in *The Blithedale Romance,* the opposite psychological extreme is embodied in Westervelt. Cynic, fraud, and unscrupulous possessor of a young girl's will, he partakes of Ethan Brand, of Rappaccini, of Goodman Brown's devil. "A part of my own nature," says Coverdale frankly, "showed itself responsive to him." Coverdale's latent sense of mankind's corruption — a sense whose sexual basis we have tried to suggest — is fully developed in Westervelt. Both men are show-masters of a sort, and both use the rhetoric of ideality to conceal their aversion to humanity. Both in fact are trying to present the same "Veiled Lady," Priscilla, in a magical and romantic light which they know to be fakery. Both, too, are snoopers; the real difference is that Westervelt knows the facts that Coverdale hankers to learn. If Coverdale is appalled by Westervelt's mockery of him, he nevertheless finds himself drawn ever closer to the idea of getting Westervelt's precious information. If Westervelt is a devil, it is Miles Coverdale who, surrounded by a band of masqueraders who parody his dissociation from reality, is accused of being "always ready to dance to the devil's tune." When Coverdale actually attends one of Westervelt's mesmeric sessions and sees the anti-poet Hollingsworth rush onto the stage to rescue Priscilla from her part in a vulgar and fraudulent art form, the defeat applies as much to Coverdale as to Westervelt. At the end of the book both men are unemployed mesmerists, deprived, by a real marriage, of their "subjects" for the showmanship of repression.

The structure of *The Blithedale Romance* may be appreciated if we picture two opposite lines of development. Coverdale, beginning with hopes of establishing human intimacy with his Blithedale friends, moves more or less steadily in the direction of Westervelt's alienation, cynicism, and artistic quackery. His real "characters," meanwhile, begin in pastoral attitudes and Utopian fancies but become progressively more eligible for the tragic denouement which in fact occurs. By the time Coverdale, nearly maddened by his failure as a man and by the failure of reality to be adequately romantic, stumbles upon Hollingsworth, Zenobia, and Priscilla in their real scene of parting, he is so abashed by "the intentness of their feelings" that he feels "no right to be or breathe there.[3]"

---

3) Coverdale is "left to my own conjectures" about the terms of the falling-out between Hollingsworth and Zenobia, and the diligent reader cannot get much farther than Coverdale does in divining the omitted truth. It seems that Hollingsworth has accused Zenobia of some misdeed, perhaps the betrayal of her own sister into Westervelt's hands. In the scene we witness, however, Zenobia makes the same accusation against Hollingsworth, who now professes love for Priscilla. We can, however, surmise why Hollingsworth has switched his attentions from Zenobia to Priscilla. Their sisterhood has been revealed, and at the same time Zenobia has learned that she is not to inherit the fortune she supposed — meaning, I gather, that Moodie has avenged Priscilla's ill-treatment by making her his heiress. Thus the logical zealot Hollingsworth has simply continued his policy of courting the lady who can pay for his philanthropic project. It seems to me that Coverdale has some notion of this, for he spends a whole para-

Just when his literary material has become "all that an artist could desire." Coverdale repents of art. When Hollingsworth departs with Priscilla, Coverdale is free at last to give Zenobia some genuine sympathy; for the two of them have been simultaneously deprived of a love-object and a romantic dream. It is too late for Coverdale to prevent her suicide, but he can at least answer with a clear conscience when she bursts out, "Ah, I perceive what you are about! You are turning this whole affair into a ballad. Pray let me hear as many stanzas as you happen to have ready!" "Oh, hush, Zenobia!" he answers, in his nearest approach to human warmth; "Heaven knows what an ache is in my soul!"

The chapter that follows Zenobia's somewhat histrionic farewell to Coverdale is generally acknowledged as the strongest portion of *The Blithedale Romance*. Never again, after this scene of three men grimly probing for Zenobia's corpse in a river pool at midnight, was Hawthorne to write so vividly. Here for once Hawthorne-Coverdale has no need of irony or apology for serving up fantasy as if it were truth; the spectacle is so stark that after twelve years Coverdale can "reproduce it as freshly as if it were still before my eyes." The counterpointing of Silas Foster's Yankee banalities against the intrinsic horror of the scene is Shakespearian in effect. All affectation has been dismissed — including the affectation of tragedy. Zenobia, Coverdale finds himself reflecting despite himself, must have seen many a sentimental picture of wronged village maidens who had drowned themselves "in lithe and graceful attitudes." Had she been able to anticipate the hideous rigidity of her corpse, "she would no more have committed the dreadful act, than have exhibited herself to a public assembly in a badly-fitting garment." This is the end of romance, not only for Zenobia but for Coverdale as well. The frank brutality of the chapter amounts to a devastating commentary on all "spiritual" attitudinizing — Coverdale's, Blithedale's, and, we might add, the

---

graph reflecting on Zenobia's willful incapacity to see the worst side of Hollingsworth's motives.

future attudinizing of *The Marble Faun*.

Certainly the power of this chapter has much to do with Hawthorne's memory of a similar episode in his own life. To say this, however, is not to explain why the scene consummates the whole progress of *The Blithedale Romance*. The image of Zenobia in death has been anticipated — literally anticipated by the "nameless presentiment" which led Coverdale to the river bank, and anticipated in imagery by all the symbolic rigmarole about the veiling of truth. When blunt Silas Foster states the likelihood that Zenobia has drowned, it is "as if he were removing the napkin from the face of a corpse." Surely we are meant to recall, at this moment of supreme reality, "the face of a corpse" which the hero of Zenobia's own tale of a Veiled Lady imagined beneath the veil. That hero risked losing a beautiful woman's love rather than kiss the "virgin lips" beneath the veil; he imagined the unseen visage to be, not only a corpse, but "the grinning cavity of a monster's mouth" or "a monstrous visage, with snaky locks, like Medusa's, and one great red eye in the centre of the forehead.[4]" Zenobia's body has been the source of all curiosity, all squeamishness, and all regressive flight up to this point. In probing with a hooked pole into the "broad, black, inscrutable depth" of the pool, Hollingsworth makes "precisely such thrusts . . . as if he were stabbing at a deadly enemy" — the knife-thrusts of Aylmer's dream. Zenobia at the bottom of the black pool is yet another petrified Digby in his overgrown cave. If "reality" has the last word in *The Blithedale Romance*, it is not the humdrum reality that Coverdale has found both irritating and secretly comforting, but the conjunction of a factual event with the worst sadistic fantasy.

So, too, Coverdale's emotions when he studies the corpse remain consistent with his Oedipal preoccupation. Neither he nor Zenobia has hitherto shown a sincere interest in religion,[5] yet her last

4) For psychoanalytic interpretations of the Medusa figure without Hawthorne's untraditional but appropriate extra detail, see Freud, *Collected Papers*, V. 105f., and Sandor Ferenczi, *Further Contributions to the Theory and Technique of Psycho-Analysis* (London, 1960), p. 360.

inflexible pose makes Coverdale wonder about the fate of her soul:

> One hope I had; and that, too, was mingled half with fear. She knelt, as if in prayer. With the last, choking consciousness, her soul, bubbling out through her lips, it may be, had given itself up to the Father, reconciled and penitent. But her arms! They were bent before her, as if she struggled against Providence in never-ending hostility. Her hands! They were clenched in immitigable defiance. Away with the hideous thought! The flitting moment, after Zenobia sank into the dark pool — when her breath was gone, and her soul at her lips — was as long, in its capacity of God's infinite forgiveness, as the lifetime of the world.

Zenobia's imagined defiance of the "Father" makes little sense in terms of anything we have been told about her religion, but it makes perfect sense if we may assume that the thought of reconciliation to a heavenly Father is bound up with feelings toward an earthly father or father-surrogate. This is the case, we recall, in "The Gentle Boy," "Young Goodman Brown," "Rappaccini's Daughter," and "Roger Malvin's Burial." Hollingsworth, the obvious target of Zenobia's spite in committing suicide, is to blame for her death, yet Coverdale — as befits the Hawthornian protagonist who has never emerged from emotional childhood — concerns himself only with whether the father has now been sufficiently appeased. His "faith," like Hawthorne's at his mother's deathbed, is inspired by a hope that the heavenly Father may not be as cruel as he patently appears.[6] Providence has proved sadistic, the impulse to defiance

---

5) See, however, the following early reflection of Coverdale's, which is pertinent both to the present scene and to The Marble Faun: "I have always envied the Catholics their faith in that sweet, sacred Virgin Mother, who stands between them and the Deity, intercepting somewhat of His awful splendor, but permitting His love to stream upon the worshipper, more intelligibly to human comprehension, through the medium of a woman's tenderness."

6) "Oh what a mockery," Hawthorne confided to his notebook, "if what I saw were all . . . But God would not have made the close so dark

persists, and therefore he must fearfully hope that all will be well. Hollingsworth in the previous chapter has been sent a final rebellious message by Zenobia — "Tell him he has murdered me! Tell him that I'll haunt him!" — and in the following chapter Coverdale will goad him in his misery "with a bitter and revengeful emotion." No wonder, then, that Coverdale finds it so hard (and so urgently necessary) to persuade himself that Zenobia has made her peace with the Father above.

The very sincerity of Coverdale's anguish may explain why his scene of truly effective drama is presented as something beyond the scope of his art. Zenobia's body is in a sense a perfectly mimetic artifact: "She was the marble image of a death-agony." But neither Coverdale nor Hawthorne can sustain, or indeed tolerate, an art of sordid truthfulness; as Coverdale has earlier complained about a painting of a drunken man on a bench, "The death-in-life was too well portrayed." Hawthornian art is necessarily an art of ideality, of flight from unacceptable truth. It becomes psychologically penetrating and aesthetically "right" only to the degree that the repressed is allowed to return *within the bounds of characterization*, as in the monomaniacs of the better tales. When, in *The Marble Faun*, characterization stays on the level of sentimental convention while the imagery shrieks of incest, Hawthorne's art is effectively finished. What we see in Zenobia's death is the unmanageable hideousness that Hawthorne will henceforth try to keep wholly out of view.

With this knowledge in mind we may place some importance

---

and wretched, if there were nothing beyond; for then it would have been a fiend that created us, and measured out our existence, and not God. It would be something beyond wrong — it would be insult — to be thrust out of life into annihilation in this miserable way. So, out of the very bitterness of death, I gather the sweet assurance of a better state of being" (*American Notebooks*, p. 210). Hawthorne's celebrated faith was never more sincerely cherished, I imagine, than here; yet the passage says in effect that he must believe in order to stifle his outrage at what he has witnessed. He will be a better Christian by his terror of the atheistic thoughts he cannot silence.

on an otherwise inconspicuous fact: Coverdale at the end follows his immediate predecessor Holgrave in renouncing art and gaining a measure of mental peace. The two successive palinodes prepare us for the Hawthorne who was to complete only one intricately self-defeating romance in the twelve years that were left to him, and for the Hawthorne who said of *Mosses from an Old Manse* in 1854, "Upon my honor, I am not quite sure that I entirely comprehend my own meaning in some of these blasted allegories. . . . I am a good deal changed since those times; and to tell you the truth, my past self is not very much to my taste, as I see myself in this book."[7] *The Blithedale Romance* is Hawthorne's cunning farewell to that "past self" which was responsible for all his greatest fiction. Half understanding and wholly disapproving of the nature of Coverdale's artistic purposes, Hawthorne was able to rise for the last time to the level of sustained self-criticism. The aftermath will be sheer evasion.

7) Letter to Fields, quoted by Stewart, American Notebooks, p. 332n.

ROY R. MALE

The Pastoral Wasteland: *The Blithedale Romance*

In *The Blithedale Romance* (1852) Hawthorne arrived at his definitive criticism of the recurring American efforts at transformation without tragedy. While his ever optimistic contemporaries were busy converting trees into lumber, whales into oil, and water into power, Hawthorne adhered to his "one idea": that moral conversion, which is the only kind that really matters, cannot be achieved through intellectual schemes, incessant industry, or technological progress. A spiritual sea change must be suffered; this is unfortunate, but there is no other way. "There is no instance in all history," he wrote in his life of Pierce, "of the human will and intellect having perfected any great moral reform by methods which it adapted to that end" (XII, 417).

With this central idea in mind, Hawthorne composed *The Blithedale Romance* by selecting and manipulating his observations and experiences of a decade: the gruesome suicide of a woman in the prime of life; the contemporary delusion of mesmerism; the Brook Farm experiment; the quiet, determined drinkers at Parker's grogshop; the gulf between the intellectual and the yeoman; his interest in the dangerously sterile but fascinating role of the withdrawn observer. In 1842 he set down one hint of the story to come when he wrote in his notebook: "To allegorize life with a masquerade, and represent mankind generally as masquers. Here and there a natural face may appear." The vision of life that emerged ten years later, though it lacks the tense conflict of *The Scarlet Letter*, is far richer than one usually realizes upon first reading. The book seems to me to be perfectly achieved and just as relevant in the age of extrasensory perception and atomic conversion as it was in the era of mesmerism. Until recently, criticism of *The Blithedale Romance* so often dwelled upon such peripheral matters as whether or not Zenobia resembled Margaret Fuller that it remains one of the most underrated works in American fiction.[1]

Now that the demands for a prosaic realism in fiction have receded, it is unnecessary to labor the point that *The Blithedale Romance* is not an ineffectual effort at a documentary of Brook Farm, nor is it merely Hawthorne's satirical comment on philanthropists and reform movements. As he stated in the preface and in a letter to G.W. Curtis, the real subject of the book is neither Brook Farm nor socialism. His work presents, as Henry James would say, "experience liberated, so to speak; experience disengaged, disembroiled, disencumbered, exempt from the conditions which usually attach to it," so that its deepest implications may be explored. The implications in this instance are not pleasant to contemplate, but to a generation educated by D. H. Lawrence, T. S. Eliot, Thomas Mann, and Robert Penn Warren they probably seem more real than they did in 1852. The Blithedale community stands as the type of all those efforts in the Western world to ignore Solomon's wisdom about the seasons, to purify by escaping from time into space, to achieve rebirth by putting on a mask. The comic masquerade, as Hawthorne viewed it, is the mode of changing our minds, and as such it is vitally necessary. The mischief comes when we expect it to change our hearts.

Blithedale, then, turns out to be an ironic name, thinly veiling what ultimately emerges as a pastoral wasteland. The inhabitants of the community debate over a name for their Utopia; some favor calling it "The Oasis," but "others insisted on a proviso for reconsidering the matter at a twelve-month's end, when a final decision might be had, whether to name it 'The Oasis,' or 'Sahara'." By the end of the book it is obvious that Blithedale, far from being "the one green spot in the moral sand-waste of the world," has instead simply revealed its own barrenness. What

---

1) Extremes of critical opinion were summarized by Frank Davidson in an article that also contributed a valuable analysis of the book's pervasive veil imagery: "Toward a Revaluation of The Blithedale Romance," *New England Quarterly*, XXV (September, 1952), 374-83. See also Fogle, *Hawthorne's Fiction*, pp. 140-61; Waggoner, *Hawthorne*, pp. 174-94.

the inhabitants hope will be a May Day — a warm, "hearty" purification — turns out to be a winter's tale told in retrospect by a frosty bachelor.

Hawthorne deliberately wrote, I suspect, toward the "big scene" that he felt to be securely within his grasp — the midnight discovery of Zenobia's suicide. Soon after the story opens, to cite but one instance, Zenobia prophesies her fate with "the entrance of the sable knight Hollingsworth and this shadowy snow-maiden, who, precisely at the stroke of midnight, shall melt away at my feet in a pool of ice-cold water and give me my death with a pair of wet slippers." Coverdale's dream, in which he foresees "a dim shadow" of the catastrophe, thus provides an explicit comment on Hawthorne's method of subtly anticipating later events.

The Blithedale experiment is, first, an attempt to avoid the embrace of time. Coverdale and his friends ride "far beyond the strike of city clocks" into pure, snow-covered space. Theirs is an effort to blur the distinction between seasons, to overcome the desolation of winter by the warmth of their reforming zeal. "We can never call ourselves regenerated men," says one of Coverdale's companions, "till a February northeaster shall be as grateful to us as the softest breeze of June" (V, 333). They declare May Day a "movable festival," and it is only the ineffectual Coverdale who gradually senses the blank unreality of their "spick-and-span novelty." By the time he decides to leave the community, he has finally attained a wisdom that, though commonplace elsewhere, seems downright orphic after life at Blithedale: "Times change, and people change," he tells Priscilla; "and if our hearts do not change as readily, so much the worse for us" (V, 483).

Acting as a measure of the community's failure, therefore, is the temporal structure of the book. Narrated by one who has withdrawn from life, the story unfolds against the background of the seasons.[2)] Viewed against the fundamental rhythms of nature, the

---

2) Richard Harter Fogle has pointed out that the seasons are an important element in the structure. *Hawthorne's Fiction,* pp. 141-42.

various human efforts at rebirth without roots become even more frustrating. Recalling the firelight, which at the beginning of the Blithedale experiment had made the men look "full of youth, warm blood, and hope," Coverdale ruefully remarks that its genial glow has now dwindled to the "phosphoric glimmer . . . which exudes . . . from the damp fragments of decayed trees." He explicitly proclaims his own rebirth in May: having passed through a kind of death, he is "quite another man," "clothed anew." And later he finds a "hermitage" in the weeds that suggests the perfect shelter of the womb. It is "a hollow chamber of rare seclusion" in which his individuality is "inviolate." Sitting there, Coverdale prophesies a rebirth in October: "I . . . fore-reckoned the abundance of my vintage. It gladdened me to anticipate the surprise of the Community when, like an allegorical figure of rich October, I should make my appearance, with shoulders bent beneath the burden of ripe grapes and some of the crushed ones crimsoning my brows with a blood-stain." But this fruitful October never comes for him, and in the end he is forced to acknowledge that his life has been "all an emptiness."

There are other futile attempts at regeneration. The drinkers in the saloon achieve "renewed youth and vigor, the brisk, cheerful sense of things present and to come" — a feeling that lasts "for about a quarter of an hour." The fate of these people is typified in the picture of a drunkard that hangs on the wall. "The death-in-life was too well portrayed. . . . Your only comfort lay in the forced reflection, that real as he looked, the poor caitiff was but imaginary — a bit of painted canvas." The mesmerist, Westervelt, also offers a new life. He speaks of "a new era that was dawning upon the world; an era that would link soul to soul with a closeness that should finally convert both worlds into one great, mutually conscious brotherhood." The "cold and dead materialism" of this brotherhood is matched by the mechanical method of conversion advocated by Fourier. Drain the salt from the sea, as he had proposed, transform the water to lemonade, and all the savor is gone. *The Blithedale Romance* is thus a kind of *Walden* in reverse. (Zenobia, coincidentally, anticipates Thoreau's exact words when she says of her experience in the community: "It was good; but there are other lives as good or better.") The story begins in the spring and ends with the fall; the whole progression is condensed in the exhilaration of the brisk September day that makes Coverdale buoyant at first but later only emphasizes his "sickness of the spirits."

The effort to reform the spirit externally, then, leads to disintegration. Sharply contrasted to the dynamic wholeness of nature are the images of rigidity, mutilation, and decay that lead inexorably to the discovery of Zenobia's horribly rigid and mutilated corpse. It is "the marble image of a death-agony," the catastrophe that Coverdale dimly foresaw when he awakened from his dream after the first evening in Blithedale and saw the moon shining on the snowy landscape, which looked "like a lifeless copy of the world in marble." Zenobia is cast aside like "a broken tool" by the inflexible Hollingsworth; and Coverdale's cool analysis of Hollingsworth is, as he himself admits, a kind of dissection. "If we take the freedom to put a friend under our microscope," he says, "we inevitably tear him into bits." The Blithedale group is "gentility in tatters," while the visitors from town, the ratlike Moodie and the infamous Westervelt, embody a decadent materialism. The mesmerist's discourse is like "a current of chill air issuing out of a sepulchral vault, and bringing the smell of corruption along with it."

The second major pattern of images is one of withdrawal and concealment. As Frank Davidson has pointed out, everyone in the book except Silas Foster and his pigs is veiled in one form or another. Priscilla, the Veiled Lady, is "insulated" from time and space; the pseudonym of Zenobia is a "sort of mask in which she comes from the world, retaining all the privileges of privacy—a contrivance, in short, like the white drapery of the Veiled Lady." Old Moodie hides behind his alias and his patch; Westervelt's gold teeth reveal him to Coverdale as a humbug whose "face, for aught I knew, might be removable like a mask." Hollingsworth's mask is his philanthropic project: "You are a better masquerader than the witches and gypsies yonder," Zenobia tells him, "for your disguise is a self-deception." The whole community has, of course, withdrawn from life into a kind of masquerade, but Coverdale finds it necessary to retreat even further into the hermitage. His typical stance finds him "a little withdrawn from the window."

The failure of Blithedale may be summed up as a misplaced faith in the comic vision of life as a mode of emotional conversion. The essence of the comic vision, as Hawthorne considered it, lay in the breaking of bonds — links with the past, ties with social classes. As Melville's mentor Solomon said, there is "a time to embrace, and a time to refrain from embracing," and the communitarians have confused the tragic usefulness of the one with the comic purpose of the other. Their neighbors highlight this confusion in their comments.

> They told slanderous fables about our inability to yoke our own oxen, or to drive them afield when yoked, or to release the poor brutes from their conjugal bond at nightfall. They had the face to say, too, that the cows laughed at our awkwardness at milking time, and invariably kicked over the pails; partly in consequence of our putting the stool on the wrong side. . . . They further averred that . . . by dint of unskillful planting few of our seeds ever came up at all, or if they did come up it was stem-foremost. . . . Finally, and as an ultimate catastrophe, these mendacious rogues circulated a report that we communitarians were exterminated, to the last man, by severing ourselves asunder, with the sweep of our own scythes!

As in *The Scarlet Letter*, our understanding of what Hawthorne is doing in this book hinges in part upon accurate identification of the characters and the allegorical personifications. Once again we find the woman (Zenobia) and the man (Hollingsworth), their guilt (Westervelt), and their possible redemption (Priscilla). But here the woman is attempting to evade the "one event" of womanhood; the man has welded an intellectual shield over his heart; the redemptive agent is the medium of both truth and falsehood;

and the story is narrated in the first person by an observer.

The most vital character in the book is Zenobia. The very essence of womanhood, she is the "first comer," she is the Amazon queen, she is Eve. "One felt an influence breathing out of her," says Coverdale, "such as we might suppose to come from Eve, when she was first made, and her creator brought her to Adam, saying, 'Behold! here is a woman!'" And he cannot resist summoning up a vision of her, clad in "Eve's earliest garment."

Zenobia's present attire expresses her contempt for the traditional role of women. As Newton Arvin observed some years ago, her exotic flower indicates her pride in competing with men. She desires to go afield, to speculate; just as she has no scruples about rifling a cherry tree of its blossoms, so her full flowering will be cut off by her attempt to be "stumporatress." She despises the traditional feminine occupation of investment; this sympathetic function has been split off and concentrated in the seamstress, Priscilla. Like all Hawthorne's women (as opposed to his feminine personifications), Zenobia's character has "good and evil in it." Redundant with life, she makes all the other characters seem pale. But in this pastoral wasteland, her vitality is doomed. The others are bent upon destroying it: Coverdale by his incessant probing, his cool dissection, and Hollingsworth by making her a tool in his conspiracy. But it is Zenobia herself who is chiefly responsible for her self-destruction. She is quite willing to subvert the most gracious aspects of her womanhood (Priscilla) in order to have Hollingsworth on her own terms.

When man attempts to purify himself through psychiatry, intellectual schemes, and material progress, the burden of guilt tends to assume the very forms by which he seeks to erase it. Thus Zenobia's guilt is embodied in Westervelt, who, as his name implies, speaks with "the tone of worldly society at large." The "moral deterioration attendant on a false and shallow life" that results from Zenobia's "marriage" to the values of the Western world inevitably leads to her death beneath the dark mask of the river. When Coverdale sees her in the luxurious boardinghouse, she has taken on a glittering luster that, like her flower, is artificial. Even her death has something affected about it: Coverdale observes that "we cannot even put ourselves to death in whole-hearted simplicity."

The gradual destruction of Zenobia is reinforced, as we have noted, by images that shift from life to death. The death images are combined in the personification of her guilt. Westervelt's appearance at the lyceum is the nadir in a series of morbid exhibitions; he is preceded by the physiologist with his "real skeletons" and by the museum of wax figures. But what makes Westervelt completely repulsive is that he typifies a ghastly life-in-death. In his grim correlation of gold with mesmerism, Hawthorne anticipated Lionel Trilling's observation that money is like a spook in having a life of its own that properly it should not have. Like the stones in the house of Usher, Westervelt has an indecent, clammy existence. Coverdale's reaction to him is "a creeping of the flesh, as when feeling about in a dark place, one touches something cold and sUmy." Westervelt's discourse at the lyceum reminds one of the metallic clanking as Madeline Usher rises from her underground vault.

As Zenobia says in her own defense, the major reason for her dissatisfaction with womanhood lies in the reduced stature of the man. "Let man be but manly and godlike," she tells Hollingsworth, "and woman is only too ready to become to him what you say." Originally warmhearted, close to the center of humanity, he has become the false priest of this "apostolic society." Unexpectedly tender in caring for the invalid Coverdale and unique in the community in possessing a strong religious faith, Hollingsworth can manage everyone but himself. He preaches eloquently from Eliot's pulpit to his three "disciples," but his abstract desire to root out all evil becomes merely a shield to protect himself from healthy emotion. The dangers of his abstraction appear most clearly in his "visionary edifice." Instead of planning a home with roots, a house that would be "time-worn, and full of storied love, and joy, and sorrow," he tries to seduce the woman into inhabiting a purely intellectual prison for "the reform and mental culture of our criminal brethren." In masquerading as a reformer, Hollingsworth deceives not only his friends but also himself. When he finally attains self-knowledge, it is too late for any fruitful union with the woman. Recognizing his fatal error in rejecting the vitality of Zenobia and his part in her death, he condemns himself to an agony of self-accusation. His final outcome cannot be fully understood, however, until we grasp Priscilla's identity.

As Hawthorne's opening introduction of the Veiled Lady would indicate, Priscilla is a key figure in the story, though as a personification her chief importance proceeds from her relationships to other characters. Various clues help to establish her allegorical identity. An orphan in worldly society, linked only to the woman as stepsister and handmaiden, Priscilla is like Pearl in being the providential "first-fruits of the world." In commercial life she has been like a flower faintly blooming in the crack of a sidewalk. She has the gift of hearing the Miltonic "airy tongues that syllable forth men's names." No one from the town calls for her. Like Puck, she ruins the milk and spoils the dinner (V, 104). Priscilla, in short, is spritelike Fancy, the "medium" of truth and falsehood. Coverdale clearly identifies her during his illness. "There is a species of intuition," he says, "either a spiritual life, or the subtle recognition of a fact" that comes to us during sickness. "Vapors then rise up to the brain, and take shapes that often image falsehood, but sometimes truth" (V, 373). A few pages later, he remarks of Priscilla's visit to his bedside: "My weakly condition, I suppose, supplied a medium in which she could approach me" (V, 377). As the medium, Priscilla's charm is not "positive" or "material"; she is blown about like a leaf. "I never have any free will," she exclaims plaintively to Coverdale. Unable to stand on her own legs, she draws her potential life from Zenobia and Hollingsworth. As the artistic medium, her province lies "somewhere between disease and beauty." We see now why Hawthorne begins with the Veiled Lady. For the book's action may be summed up in the efforts of each character to manipulate, corrupt, or achieve the medium of truth.

Incidentally, Hawthorne uses Priscilla as his own medium for what I take to be a covert but devastating thrust at Margaret Fuller. Priscilla brings a "sealed letter" to Coverdale's bedside. When he does not immediately offer to take it, Prisdila draws back and holds the letter "against her bosom, with both hands clasped over it." As she holds this pose, Miles is struck by a remarkable parallel. Though her figure and facial features differ, Priscilla's air and general expression remind him of "a friend of mine, one of the most gifted women of the age." A woman with a letter clasped to her bosom? Surely this is a veiled reference to Hester Prynne —an old friend of Hawthorne's and one of the most gifted women of any age. When Coverdale goes on to say that Priscilla reminds him of Margaret Fuller, we see that this is more than mild coincidence. The Transcendentalist authoress is being compared to the lady with the scarlet A; but where Hester's letter was "open," Margaret Fuller's is sealed. Whether this is simply Hawthorne's implied criticism of Miss Fuller's feminist activities or whether it is a more pointed comment on her personal life must be left to conjecture. All that he will say is that the comparison is "a singular anomaly of likeness coexisting with perfect dissimilitude" (V, 378).

Less important allegorically but more interesting as a person than Priscilla is Miles Coverdale, the middle-aged bachelor who tells the story in retrospect. He represents Hawthorne's sole full-length effort at rigorously limiting the point of view to a first-person narrator. A minor poet of the Transcendental school, Coverdale is a fictive ancestor of the cynical narrator. Jack Burden, in Robert Penn Warren's *All the King's Men*. A perceptive observer, he functions like Burden as the equivalent of a Greek chorus. It used to be argued that he was not sufficiently dissociated from the author; many of his experiences stem from those Hawthorne recorded in his notebook, and at times the narrator expresses views that we know to be those of his creator. But, as Matthiessen has cautioned in his *American Renaissance*, "We must remember that Coverdale is not Hawthorne any more than

Prufrock is Eliot, that in each case the author has exorcized a dangerous part of his experience by treating it with irony."[3] The simplest way to state the relationship is to say that Coverdale is what Hawthorne feared he might have become had he not given himself in love and marriage. But further modifications will have to be made as we examine Coverdale's role more closely.

His name, like the names Westervelt and Zenobia, was not chosen idly. It would be interesting to know Hawthorne's source of information about the sixteenth-century translator of the Bible, Miles Coverdale. It seems to have been fairly common knowledge that Coverdale was "somewhat weak and timorous, and all through his life leaned on a more powerful nature. In the hour of trouble he was content to remain in obscurity and left the crown of martyrdom to be earned by men of tougher stripe."[4] One could hardly ask for a better brief description of Hawthorne's minor poet.

Though Coverdale owes his name to the early sixteenth century, his predicament is eminently modern. Hawthorne himself knew only too well the dangers of retreating from life and the difficulty of opening up an intercourse with the world. In this book he objectified his experience by means of technique; that is, he discovered in the one major hazard of first-person narration a means for dramatizing the plight of his artist. As Percy Lubbock said in his classic study of the subject, when the point of view is limited, "the man or woman who acts as the vessel of sensation is always in danger of seeming a light, uncertain weight compared with the other people in the book — simply because the other people are objective images, plainly outlined, while the seer in the midst is precluded from that advantage, and must see without being directly seen. He, who doubtless ought to bulk in the story more massively than anyone, tends to remain the least recognizable of the company, and even to dissolve in a kind of impalpable blur."[5]

---

3) Matthiessen, *American Renaissance*, p. 229.

4) Lacking a probable source from Hawthorne's reading, I quote from the *Dictionary of National Biography*.

Coverdale ultimately admits that his life is "colorless," that he is but a "dim figure." The subject of *The Blithedale Romance* is thus inseparable from its form: the images of withdrawal and the traits of the narrator coincide with the way the story is told.

Coverdale's great fault, of course, is that he tries to live by proxy. (This may be the relevance of Priscilla's name; in New England's legendary history, the classic attempt to make love by proxy is associated with the names Miles and Priscilla.) He tries to know himself by probing the selves of others, and he accepts nothing on faith. Zenobia emphasizes this failing in her legend of the Veiled Lady. The Theodore of her story, like Coverdale, has "a natural tendency toward scepticism," and he conceals himself behind a screen. He will not take the Veiled Lady on faith; he prefers "to lift the veil first," just as Coverdale does with all his friends.

A bachelor with a taste for wine and a good cigar. Coverdale would be willing to die for a good cause — "provided, however, the effort did not involve an unreasonable amount of trouble. If Kossuth, for example, would pitch the battlefield of Hungarian rights within an easy ride of my abode, and choose a mild, sunny morning, after breakfast, for the conflict. Miles Coverdale would be his man, for one brave rush upon the levelled bayonets." It is not surprising that he finds it relatively easy to see the world through the eyes of the former hedonist, Moodie, and the cynical materialist, Westervelt. Like the painted old man who confronts Gustav von Aschenbach in Thomas Mann's Death in Venice, old Moodie is an image of Coverdale's future self. "I tried to identify my mind with the old fellow's," he says, "and take his view of the world, as if looking through a smoke-blackened glass at the sun. It robbed the landscape of all its life. . . . When my eyes are dimmer than they have yet come to be, I will go thither again, and see . . . if the cold and lifeless tint of his perceptions be not

---

5) Extracts from Percy Lubbock, *The Craft of Fiction*, reprinted as "The Strategy of Point of View," in *Critiques and Essays on Modern Fiction,* ed. John W. Aldridge (The Ronald Press Company, New York, 1952), p.13.

then repeated in my own." The colorless Moodie, who lives solely in his daughters, provides the book's most notable example of life by proxy and is thus Hawthorne's most incisive comment on Coverdale's weakness.

We sympathize with Coverdale partly because he resembles the modern intellectual cut off from ancient certitudes, longing to submerge himself in a group yet fearful that in doing so he will lose his individuality. Hollingsworth offers him a chance to submit to authority in an effort to benefit humanity. His appeal is very similar to that of the Communist party when it attracted numerous intellectuals in the nineteen thirties, or to that of the Church in earlier centuries: "It [Hollingsworth's project] offers you (what you have told me, over and over again, that you most need) a purpose in life, worthy of the extremest self-devotion,—worthy of martyrdom, should God so order it! In this view, I present it to you. You can greatly benefit mankind. Your peculiar faculties, as I shall direct them, are capable of being so wrought into this enterprise that not one of them need lie idle." This impulse toward authoritarianism, when coupled with the intimate personal bond between the two men, makes Hollingsworth's proposal almost irresistible. "Be with me . . . or be against me," he says, with the either-or logic, of the demagogue. "There is no third choice for you." Despite this pressure, Coverdale retains his integrity; for once he reserves the right to look "through his own optics." But even this, his one great moral triumph, is, typically, an act of rejection.

Miles Coverdale ought to be a translator, like his sixteenth-century prototype. But one of the book's recurrent ironies is that during the empty religious experience of this small army of "saints and martyrs" no translation — moral or artistic — occurs. Priscilla knits her silk purses, and Silas Foster tends his swine; but she is remarkably inefficient in the farm routine, and he is simply bored with intellectual or artistic endeavors. Thus the book demonstrates the impossibility of making a silk purse out of a sow's ear. Coverdale recognizes that his poetry is thin and bodiless, but he is so exhausted by his raw experience that he is unable to convert it into art. This, we know, was often Hawthorne's view of his own artistic predicament, both in America at the customhouse and later in England at the consulate. But he was never driven to Coverdale's final position of proclaiming an acutely self-conscious art for art's sake. Coverdale has earlier remarked that he cared for Priscilla — not for her realities but for "the fancy-work with which I have idly decked her out" (V, 434). With no vital content in his art, he becomes solipsistically obsessed with its form. Thus at the end of the book he feebly confesses his love for his medium.

Priscilla, as we know, has been wedded to Hollingsworth. He is united with the medium of truth only after he has been educated by Zenobia's death. As Hawthorne put it a few years later, "Woman must strike through her own heart to reach a human life" (VI, 61). In *The Scarlet Letter* and *The Marble Faun* this tragic awareness proceeds from a passionate union between man and woman. But in *The Blithedale Romance* there is no redemption through tragedy — only an abortive catastrophe. In their quest for reformation and refinement, the man and woman of the Western world have sacrificed their normal emotions, including sexual passion. Coverdale hints at the sexless outcome of their relationship when he anticipates a "sufficiently tragic catastrophe, though the dagger and the bowl should go for nothing in it" (V, 410). The sexual imagery is fully developed in the gruesome midnight search for Zenobia's body, when Hollingsworth with "a nervous jerky movement" begins to plunge his hooked pole into the blackness and eventually penetrates Zenobia's heart. The implication seems to be that once the normal rhythms of time, the seasons, and love are rejected, they will reassert themselves in ugly distorted forms. Coverdale had earlier remarked that Blithedale "seemed to authorize any individual, of either sex, to fall in love with any other, regardless of what would elsewhere be judged suitable and prudent" (V, 401). What begins as pastoral love play ends in what might almost be called necrophilia.

The Blithedale Romance is thus Hawthorne's most pessimistic book. It is pessimistic precisely because the characters attain no tragic vision. Between the routine, mechanized time of the city clocks and the dynamic, natural seasons lies Blithedale — "an epoch of annihilated space." Between "the conservatives, the writers of 'The North American Review,' the merchants, the politicians, the Cambridge men, and all those respectable old blockheads, who still. .. kept a death-grip on one or two ideas which had not come into vogue since yesterday morning" and the unsubstantial globe of Blithedale lies a vacuum for Coverdale, a dark watery grave for Zenobia, and an eternity of agonizing reappraisal for Hollingsworth. As D. H. Lawrence perceived, Hawthorne knew "disagreeable things in his inner soul." Many of these things have been rediscovered in this century. But we have produced few novelists who can write of them not only with Hawthorne's unflinching courage but with his warm, deep sympathy.

한 혜 경

『블라이드데일 로맨스』: 서술자로서 커버데일의 역할

I

어떠한 서사 문학에도 이야기를 전달해 주는 서술자가 있다. 서사문학에서 서술자는 소설의 기본 구조를 결정하는 중요한 역할을 수행하기에 소설의 발생과 함께 주요 관심의 대상으로 떠올랐다. 서사문학의 구별은 이 서술자가 소설 세계와 어떤 관계를 갖느냐에 따라 결정된다. 서술자가 자신이 하는 이야기 속에 어떤 방식으로든 참여할 때 일인칭 소설이 되고, 전혀 참여하지 않을 때 삼인칭 소설이 된다. 일인칭 소설의 역사는 삼인칭 소설에 못지않게 오래되었다. 특히 19세기까지 소설가들은 독자 앞에 직접 모습을 드러내는 일인칭 서술자를 곧잘 등장시켰다. 이런 유형의 서술자는 종종 이야기의 서술에 그치지 않고 기회 있을 때마다 자기주장을 피력하며 사건에 개입하는 작중인물의 역할을 동시에 수행한다.

일찍이 서술자의 문제에 남달리 관심을 표명한 너새니얼 호손(Nathaniel Hawthorne)은 『블라이드데일 로맨스』(*The Blithedale Romance*)에서 이전에 즐겨 사용했던 삼인칭 전지적 시점으로부터 탈피하여 일인칭 서술자를 과감히 등장시켜 기교가로서의 새로운 실험을 시도한다. 이 소설은 호손의 주요 로맨스 네 편 중 유일하게 일인칭으로 서술된 작품이다. 여기에서 호손은 마일즈 커버데일(Miles Coverdale)이라는 수다스럽고 논평하기 좋아하는 서술자-참여자를 등장시키고 있다. 호손은 바로 이 인물에게 일인칭 형태의 기술적 중요성이라 할 불확정적이고 의심쩍은 권위를 부여한다. 그리고 이 일인칭 서술자의 상상력이라는 주관적이고 다소 편파적인 매체를 통해 모든 사건들과 인물들의 초상화를 제시하려고 시도한다.

『블라이드데일 로맨스』에서 커버데일은 전형적인 일인칭 서술자의 두 가지 뚜렷한 기능을 수행한다. 하나는 작가의 목소리로서 서술자로서의 기능이요 다른 하나는 이야기 속에 깊이 참여하는 주요 작중인물로서의 기능이다. 그러나 이 소설의 보다 큰 구조상의 어려움은 그의 서술자로서의 역할에 의해 생겨난다. 커버데일은 고도로 자의식적이어서 행동자이기보다는 반영자이다. 그는 가장 서투른 서술 방식의 사용으로 인해 처음 읽는 독자들을 종종 당혹시킨다. 따라서 독자는 정확한 하나의 데이터를 얻기 위해서는 커버데일의 표면적인 진술에 전적으로 의존해서는 안 되고 그가 표현하는 모든 것을 주의 깊게 검토해야 한다. 이와 같이 작품 전편에 걸쳐 부분적으로만 노출되는 분위기는 바로 '커버데일'(cover + dale), 즉 '골짜기를 덮는다'는 뜻의 이름과 함께 설정된다.

『블라이드데일 로맨스』에서 우리의 관심은 세 명의 주요 인물, 즉 홀링스워스(Hollingsworth), 제노비아(Zenobia), 프리실라(Priscilla)에게 집중된다. 그렇지만 그들의 이야기가 언제나 서술자의 눈과 입을 통해 제시되기 때문에 우리 관심의 초점은 서술자인 커버데일에게 고정된다. 결국에 이 작품은 커버데일이 블라이드데일 모험에 직접 뛰어들어 그곳의 삶을 보고하는 형식을 기본 구조로 갖고 있다. 그는 실제로 블라이드데일 공동체에 참여한 지 12년이 지난 후에 그 이야기를 회상해 나간다. 작가인 호손은 커버데일 뒤에 숨어서 그를 따라다님으로써 소설의 세계로부터 한 발짝 떨어질 수 있다. 다시 말해서 호손은 커버데일을 통해 다른 작중인물들의 음모나 행동으로부터 놀라울 정도로 미학적 거리를 유지하는 것이다.

우리에게 비친 커버데일은 게으르지만 이해가 빠르고 탐구적인 지성의 소유자이다. 우리는 커버데일과 함께 공동 관찰자이다. 그러니까 우리도 호손과 마찬가지로 커버데일을 따라다니면서 그와 함께 사건과 행동들을 관찰한다. 때때로 커버데일의 표현과 해석은 우리의 믿음을 져버리기도 한다. 결과적으로 커버데일의 표면적인 보고와 분석은 곧이곧대로 믿을 수 있는 성질의 것이 아니다. 때로는 영 종잡을 수 없거나 아리송할 때도 있다. 한 예로, 커버데일이 암시하는 바에 따르면 블라이드데일 공동체에 참여한 사람들의 동기는 저마다 다른 것 같다. 그렇지만 제노비아가 왜 블라이드데일로 왔는지 확정적으로 단언하지는 못한다. 홀링스워스의 동기에 대해서도 그 이상으로 무어라고 단정하기 어렵다. 우리는 홀링스워스가 자신과 같이 세상에 대해 생각을 달리하는 사람들과 함께 모여 살기 위해 온 것 같다는 암시를 받는다. 그렇지만 그는 자신의 계획을 실현하기 위해 제노비아의 돈을 뜯어내려고 온 것일 수 도 있고, 나중에 밝혀지듯이 범죄자를 위한 갱생 시설을 짓기 위한 부지를 마련하기 위해 사전 답사차 온 것일 수도 있다. 더구나 우리는 어느 정도까지 그가 자신의 남성다운 매력을 제노비아로부터 돈을 빼앗기 위한 수단으로 사용하는지, 아니면 어느 정도까지 제노비아의 자금을 얻어낼 더 큰 목적을 위하여 프리실라를 희생할 준비가 되었는지 결코 알지 못한다.

커버데일 자신이 블라이드데일 실험 농장에 참여하게 된 직접적인 동기도 마찬가지로 뚜렷하게 밝혀지지 않는다. 다만 그 자신이 은연중에 토로하는 내용과 제노비아의 진술을 종합해 볼 때 그 동기는 엄격히 말해서 시적으로 처리될 수 있는 어떤 것에 대한 매력에서 나온 것이지 사회 개혁에 대한 열정에서 나온 것은 아닌 듯하다. 그러기에 그는 작품 초반에 블라이드데일에서 제노비아를 처음 만나서 "난 정말 시라고 불릴 수 있는 뭔가 진실되고 강하고 자연스럽고 달콤한 것을 만들어내기를 희망해요"[1]라며 자신의 장래 소망을 솔직히 털어놓는다. 그리

---

1) Nathaniel Hawthorne, *The Blithedale Romance and Fanshaw*. Vol. 3. Centenary Edition of the Works of Nathaniel Hawthorne. Columbus: Ohio State UP, 1964. 이하 본문 인용은 괄호 속에 쪽수만을 밝히기로 함.

고 나서 커버데일은 그 과업을 이루기 위해 본격적으로 엿보기와 탐문 작업에 착수한다. 그러자 주위 사람들, 특히 홀링스워스와 제노비아가 격렬하게 반발한다. 제노비아는 커버데일이 블라이드데일에 올 때 진지한 목적을 갖지 않았고, 단지 시를 쓰기 위한 소재를 얻기 위해서 그녀의 사생활 속에 개입했다고 비난한다. 그렇지만 커버데일은 자신에게 가해지는 주위의 어떠한 비난에도 불구하고 혼자만의 탐색을 계속해 나간다.

결국에 제노비아는 홀링스워스에 의해 거절당하고 절망 속에서 자살하기 직전에 체념한 듯이 커버데일에게 "당신은 이 모든 일을 하나의 발라드로 만들려는 거지요"(223)라고 말한다. 커버데일의 발라드를 위한 암시는 이미 작품 곳곳에서 간간이 제시되어 왔다. 커버데일 일행이 블라이드데일에 처음 도착하여 제노비아와 상면했을 때 누군가가 "우리의 역할은 다 배정되었나요?"(16)라고 그녀에게 묻는다. 사실상 이 질문에서 "비극으로 변하는 커버데일의 발라드를 위한 무대"(Abel 293)는 이미 설정된 셈이다. 그런가 하면 커버데일의 주요 관찰 대상이자 블라이드데일 모험의 사실상의 주역들인 세 사람 이름으로 제명이 붙은 제 9장 「홀링스워스, 제노비아, 프리실라」에서 커버데일은 "이 세 인물이 나의 개인적인 극장에 아주 많이 등장했다"(70)고 토로함으로써 발라드의 공연이 이미 그의 상상 속에서 진행 중임을 인정한다. '극장'이라는 지속적인 은유는 서문에서부터 호손에 의해 이미 설정되었는데, 이것은 연극을 만들어내는 역할을 추구하는 서술자인 커버데일에게 특별한 중요성을 갖는다.

사실상 제노비아의 극적 존재는 환상 속에 모든 인물들과 사건을 바라보고 싶어 하는 커버데일의 성향을 자극시켜 준다. 제노비아가 실제 생활의 비극에 의해서 사라지고 난 후에 그의 환상은 송두리째 무너진다. 커버데일의 부인에도 불구하고 『블라이드데일 로맨스』 자체는 그의 한 편의 시다. 실제 생활이 로맨스와 같이 정확하게 나열되지는 않을지라도 그것은 정확히 커버데일이 만들기를 희망하는 것이다. 그는 마지막 장 「마일즈 커버데일의 고백」에서 그가 지난 10년간 시 쓰기를 포기했지만 그 로맨스 자체는 12년 후에 쓰여진 발라드의 주요한 요소들을 그 안에 포함하고 있다고 고백한다.

블라이드데일 공동체에 참여한 사람들의 생각과 행동은 호손이 아니라 커버데일의 마음에서 반사된 그대로의 모습이다. 호손이 『블라이드데일 로맨스』에서 작업하는 형식은 그의 전지적 관점에 의해서 만들어지지 않고 전적으로 커버데일의 극히 제한적인 시점에 의존한다. 발라드를 만들어 나가는 서술자로서의 커버데일은 사실상 이 책의 "의미와 형식의 중심"(Griffis, Jr. 380)이라 할 수 있다. 따라서 그의 서술자로서의 성격 이해는 『블라이드데일 로맨스』의 이해를 위한 관건이자 그 형식에 새로운 관점을 가능하게 해준다. 이에 본 연구는 소설의 형성 과정에서 중추적 역할을 수행하는 작중인물로서의 기능을 뺀 순수한 서술자로서의 커버데일에 주목하고 그가 수행하는 기능을 다각도로 규명하고자 한다. 결국에 이 연구에서는 서술자와 작가의 관계, 작품의 모호성과 서술자의 신뢰성 문제 등이 주로 논의될 것이다. 본 연구의 궁극적 목적은 로맨스 구조의 올바른 파악을 위한 글읽기와 로맨스-소설가로서 호손의 합당한 작가적 위상을 가늠하는 데 있다.

II

호손의 비평가들 사이에서는 일찍부터 『블라이드데일 로맨스』를 작가 자신의 경험과 연결시키려는 시도가 활발하게 진행되어 왔다. 한편에서는 이 로맨스에 나오는 인물들과 역사상의 인물들을 일치시키려는 게임, 즉 하나의 결실 없고 끝도 없는 공론(空論)이 벌어졌다. 그런가 하면 다른 한편에서는 호손이 사회주의에 진지하게 참여한 증거를 여기에서 찾아내려는 소동이 일어났다. 이 소설은 호손이 직접 참여한 적이 있던 초절주의자들의 유토피아적 계획인 브룩 농장(Brook Farm)에서의 체험을 바탕으로 쓰여진 것이 분명하다. 처음에 브룩 농장은 그와 약혼녀인 소피아 피버디(Sophia Peabody)에게 가정을 마련해주고 결혼을 허용해줄 수 있는 희망찬 계획처럼 보였다. 호손은 인간의 진보가 가능하다는 것을 확신하지 않은 채 이념적이기보다는 이같은 실제적 이유 때문에 거기에 참여했다.[2] 그는 필경 기대를 갖고 찾아갔지만 얼마 안 가서 그의 동료들을 고통받는 형제들로 보게 되며 회의를 갖기 시작했다. 그의 브룩 농장에 대한 마지막 평가는 이 작품 서문에 나온 대로 "기본적으로 백일몽이지만 하나의 사실"(2)이었다. 결국에 『블라이드데일 로맨스』는 사회주의 원칙을 찬양하거나 거부하는 것하고는 아무 관련도 없는 것으로 밝혀졌다. 이에 사회주의적 관점에서 이 작품을 보려했던 대부분의 사람들은 실패한 소설의 전형으로 간주하기도 했다.

호손 자신은 『블라이드데일 로맨스』의 서문에서 작품 배경으로서의 브룩 농장은 "단지 일상적으로 여행하는 하이웨이에서 약간 벗어난 곳에 설정한 극장"일 뿐이며 거기에 나오는 인물들은 "전적으로 허구적이다"(1-2)라고 애써 강조한다. 그럼에도 불구하고 이 로맨스가 독서 대중에게 주는 최초의 충격은 흥미진진한 추측 게임이다. 과연 어떤 인물이 마가렛 풀러(Margaret Fuller), 랄프 에머슨(Ralph Emerson), 조지 리플리(George Ripley)일까? 일찍부터 적지 않은 호손 비평가들은 이 소설의 특징적인 자서전적 성격을 확신하고 나섰다.[3] 제임스

2) 이를 뒷받침하는 증거로 호손은 실제로 브룩 농장에 상당한 양의 돈을 투자한 것으로 알려졌는데, 정확한 투자 금액은 1,000달러라는 설과 1,500달러라는 두 가지 설이 있다.

3) 알린 터너(Arlin Turner)는 "Autobiographical Elements in Hawthorne's *The Blithedale Romance*"에서, Manning Hawthorne은 "Hawthorne and Utopian Socialism"에서, 그리고 존 허쉬(John C. Hirsh)는 "Zenobia as Queen: The Background Sources to Hawthorne's *The Blithedale Romance*"

저스터스(James Justus)의 설명에 따르면, 이 소설이 출간되면서부터 "작가가 서문에서 밝힌 애매한 부인(否認)을 가볍게 받아들이고 실화 소설로 보고 싶어 하는 독자가 적지 않았다"(349).

호손은 1841년 4월부터 10월까지 브룩 농장에서 활동적인 구성원으로 일곱 달을 보낸 뒤에 그 계획이 비현실적이라는 결론을 내리고 탈퇴했다. 실제로 호손은 브룩 농장에서 지낼 때 간간이 약혼자에게 보낸 편지와 일기에서 『블라이드데일 로맨스』에 나오는 장면들에 대해 직접 적은 바 있다. 예를 들면, 로맨스 속에서 행해지는 것과 매우 유사한 브룩 농장에서의 '노동'에 대한 언급이라든가 로맨스의 플롯에서 중요한 요소인 '최면술'에 대한 당대의 유행과 호손 자신의 생각 등을 피력했다. 그런가 하면 『아메리칸 노트북』(*The American Notebooks*)에서는 로맨스에 나오는 인물들의 특성을 구체적으로 적고 있으며, '커버데일의 은신처'나 '가장행렬'과 같은 로맨스의 장면들을 매우 유사하게 기록하고 있다.

실제로 『블라이드데일 로맨스』가 출간되자마자 동시대 언론들은 이 작품의 내용과 작가의 실제 경험을 연관지으려는 시도가 일어났다. 한 예로 『브라운슨스 쿼털리 리뷰』(*Brownson's Quarterly Review*)지는 "제노비아도, 홀링스워스도, 프리실라도 그곳에는 없었고 거기에 그려진 것 같은 재앙도 실제로는 일어나지 않았다"고 전제하고 나서 "그렇지만 순수하게 상상적인 인물은 아무도 없다"(272)고 확신했다. 또한 『그래함스 매거진』(*Graham's Magazine*)은 로맨스의 배경이 된 블라이드데일을 가리켜 "호손 자신이 일원으로 참가했던 록스베리(Roxbury)의 유명한 브룩 농장을 모델로 한 가상적 공동체"(277)라고 단정했다. 이러한 주장에 따르면, 제노비아와 홀링스워스에게는 각각 대응하는 실제 인물들이 있었다는 것이다. 아울러 호손은 마일즈 커버

에서 각각 이 소설과 작가인 호손의 실제 경험을 연결시키려는 비평적 시도를 했다.

데일에게서 우리가 바로 작가 자신이라고 확신할 수 있는 많은 점을 시사해 준다.

커버데일이 마침내 블라이드데일을 떠나게 되는 동기는 "공공생활에 적응할 수 없고 유토피아 정치가 요구하는 일원론적인 열광을 가질 수 없다는 생각"(Howe 291) 때문이다.[4] 커버데일은 지속적인 열망들을 가지고 삶을 시작하지만 젊음의 열정과 함께 그 열망들을 잃고 만다. 그는 호손류의 시인 지망자로서 소설 속에서 가장 흥미를 자아내는 인물이며 호손의 가장 풍부한 창조물 중 하나이다.

커버데일은 관찰자에 불과하지만 호손의 관심 속에서는 가장 중요한 인물이다. 그는 이야기의 서술자인데도 그 이야기 속의 중요한 행동들로부터 다른 인물들보다 가장 멀리 떨어져 있다. 그럼에도 불구하고 그는 이 책에서만 아니라 호손의 모든 작품 가운데서 "가장 상세하게 그려지고 있다"(Turner, "Introduction" 5). 커버데일은 종종 자기 자신에 대해서 논평을 가한다. 그러나 그의 참된 자기 묘사는 그가 인식하지 못한 채 자기 분석적인 내용에서, 이야기의 사건들을 설명하는 데서, 그리고 그의 동료들을 분석하는 데서 간접적으로 나타난다. 이렇게 해서 작가인 호손은 커버데일의 성격묘사에서 대단히 섬세하고 정확할 수 있는 방법을 사용하는 것이다. 더구나 인간적인 동정심이 아주 작고 냉철한 탐구력을 갖춘 "커버데일의 성격은 호손이 탐구하기 좋은 유형"(Turner, "Introduction"5)에 속한다.

이런 의미에서, 커버데일은 한 마디로 "호손의 자화상"(Howe 290)이라 할 만하다. 그것도 고도로 의곡되고 조소적인 자화상이다. 어쩌면 호손이 인생에의 완전한 참여에 방해되는 자기 안의 모든 것을 격리시키고 몰아내려고 노력하고 있는지도 모른다. 사회적 위험에의 참여를

---

4) 이 주제는 이후 존 스타인벡(John Steinbeck), F. 스콧 핏제럴드(Scott Fitzgerald), 윌리엄 포크너(William Faulkner) 등 많은 미국 소설가들의 작품 속에서 빈번하게 나타난다.

두려워한 뉴잉글랜드인들의 특징을 잘 나타내주는 커버데일의 이른바 뒤로 물러서기 자세는 꿈결 같은 일종의 나르시즘적 태도이다. 그러기에 커버데일은 자신의 반영웅성을 예고하는 듯이 "영웅이 되는 데 가장 큰 장애는 자기 자신이 바보임을 증명하게 되지나 않을까 하는 의구심이다"(10)라고 작품 초반부에서 영리하게 지적한다. 그의 문제는 바로 그런 의문을 과감히 떨쳐버리지 못하는 데 있다.

『블라이드데일 로맨스』에서 홀링스워스, 제노비아, 프리실라 등 세 사람은 로맨스에 적합한 매력적인 인물들이다. 자연히 독자는 이들이 점차 발전적인 비극에 직접 관련된 인물들이기 때문에 이야기를 그들만의 것으로 보고 싶은 충동을 받게 된다. 이러한 점에 비춰 볼 때, 커버데일은 편의성을 위해 고안된, 그리고 많은 점에서 작가와 비슷하게 만들어진 서술자라 할 수 있다. 커버데일은 작품 전반에 걸쳐서 시종일관 다른 인물들의 비밀을 꼬치꼬치 캐내려고 노력한다. 커버데일의 성격에서 중요한 자서전적 요소들은 그와 작가에게 똑같이 해당하는 실제적이고 외적인 사실들이 아니라 그의 주변 사람들과의 관계에서 인간적인 동정심을 위한 여지를 허용하지 않는 무자비한 탐구심을 특징으로 갖는다.

예술가에게 있어서 이러한 탐구적 정신의 위험은 자신을 냉소적인 사람으로 만들어주는 것으로 호손 자신에게도 있었다. 커버데일은 자신의 눈으로 보아도 약간은 희극적 인물이다. 왜냐하면 그는 곧 차갑고 오만하고 믿음 없는 사람들에게 투사한 호손 자신의 일부이기 때문이다. 그렇다고 해도 커버데일은 호손이 아니다. 호손이 커버데일이 아닌 것처럼 커버데일 서사의 그릇된 구조는 호손이 아니라 커버데일의 개성에 대해 말한다. 달리 말하면 호손은 의도적으로 커버데일의 정신상태를 가리키기 위해서 서사를 왜곡시킨다. 이러한 방식으로 호손은 혼란스럽긴 하지만 민감하고 반어적이고 지성적인 정신을 통하여 헨리 제임스(Henry James)가 하듯이 작업해 나간다. 이런 의미에서, 호손의 커버데일은 이십 세기 자의식적 서술의 전형인 프루프록(Prufrock)을 예견해주는 인물이다.

호손의 개인적 동기가 어떤 것이든 간에 중요한 것은 브룩 농장이 호손에게 주제를 위한 적합한 소재를 제공해 주었다는 점이다. 브룩 농장이 기본적으로 백일몽이라는 작가의 서문에 따라서 커버데일은 처음에 블라이드데일 유토피안들을 백일몽을 지향하는 사람들로 그린다. 그는 풍부한 상상력을 동원하고 희미한 기억을 통해서 마치 꿈같은 인물들을 창조한다. 그리하여 제노비아는 실생활에서도 창백한 유령같이 보이고 프리실라는 초월적이어서 실체가 없는 듯이 보인다.

커버데일은 이와 같이 인물들을 초자연적으로 그림으로써 상상력으로 가득 찬 호손적인 예술가처럼 보인다. 그의 상상력은 지극히 활동적이어서 때로는 놀랍고 재미있다. 그는 자기 내부로의 칩거를 상징하는 상상의 보금자리에서 환상의 작품을 자유자재로 꾸민다. 그의 정서는 자궁 같은 숲 속 자기만의 은신처에서만 명확히 표현될 수 있을 따름이다.

III

『블라이드데일 로맨스』에서는 현상과 실체간의 기만적 특성이 주도적인 이미지이자 상징이다. 이것은 주로 믿을 수 없지만 지나치게 활동적인 상상력을 지닌 서술자인 커버데일에게서 생기는 현상으로서 작품의 주제에 모호성과 다의성을 더해준다. 이 작품이 독자들에게 가장 모호하게 인식되는 것은 근본적으로 커버데일의 상상력 때문이다. 호손은 다른 무엇보다도 예술가로서의 상상력을 중시한 작가이다. 이것은 그가 브룩 농장에 있을 때 약혼자인 소피아에게 보낸 편지 중에서 "상상력을 건전하게 유지해요, 그건 천국과 소통하기 위한 가장 진실된 조건이니까요"("Letters" 243)라고 쓴 내용으로 미루어 충분히 짐작할 수 있다. 호손은 커버데일의 초상화를 제외한 다른 모든 작중인물들의 초상화는 일부러 희미하게 그린다. 따라서 제노비아, 프리실라, 홀링스워스라는 세 인물 사이에서 벌어지는 사건들은 일시에 선명하게 제시되지 않고 그들의 발전적인 상호 관계 속에서 조금씩 암시된다.

블라이드데일 사람들은 대부분 알 수 없는 배경 출신들이다. 더구나 각 사람은 각자 자기 이름 뒤에 숨어 있다. 커버데일은 그가 바라는 것을 감추고 자신을 드러내지 않은 채 다른 사람들을 훔쳐보지만 독자에게는 자신을 보여준다. 제노비아는 동양적인 왕비의 이름 뒤에 감추어져 있다. 그녀의 본명은 잘 알려져 있겠지만 끝내 밝혀지지 않는다. 프리실라는 거의 끝까지 성도 없이 자신의 베일 뒤에 가려있다. 홀링스워스는 성(姓)뿐인데 자신이 곧 공허한 가치임을 함축적으로 드러낸다.

세 명의 주요 인물들은 커버데일의 상상 속에서 공동체의 나머지 사람들로부터 격리된다. 그가 할 수 있는 일이란 차분히 지켜보고 분석하고 논평하는 것이다. 이러한 자신을 가리켜 그는 "고전극에서의 코러스"라고 생각한다. 독자에게도 종종 커버데일의 역할은 코러스의 그것으로 보인다. 커버데일은 사악한 웨스터벨트(Westervelt)와의 최초 만남이 무산된 후 웨스터벨트-제노비아의 면담에서부터 새로운 사건이 생겨날 것이라는 막연한 생각을 갖고 근처에서 머뭇거린다. 바로 이때 커버데일은 자신에게 주어진 코러스 역할을 명백히 인식하게 된다.

> 이 업무들에서 나 자신의 역할은 특이하게도 부속적인 것이었다. 그것은 고전극에서의 코러스 역할과 비슷했다. 그건 개인적인 중요성의 가능성하고는 거리가 멀게 설정된 듯하며 극의 모든 희망, 두려움, 환희나 슬픔을 다른 사람들의 운명에 부여해 준다. 다른

> 사람들과 코러스 사이에서는 이러한 공감이 유일한 유대이다. 운명의 신은 무대 관리인 중에 가장 기교 있는 것일진대 적어도 한 명의 차분한 관조자의 참여 없이는 장면을 배열하고 극을 진행시켜 나가기 위한 선택은 결코 하지 않을 것이다. 코러스의 임무는 적당할 때 갈채를 보내고 때로는 불가피한 눈물을 보내주며, 작중인물에 맞는 최종적인 사건의 적응성을 찾아내고 오랜 사색 속에 공연의 전체적인 도덕성을 스며들게 하는 것이다. (97)

위 인용문의 첫 문장에서 커버데일이 말하는 "이 업무들"이란 웨스터벨트와 제노비아 사이의 면담만을 가리킨다고 여겨지지는 않는다. 그것은 블라이드데일에서의 주요 인물들과 그의 전체적인 관계에 대한 언급이라고 볼 수 있겠다. 그렇다면 관심의 초점이 세부적인 데서 일반적인 데로 놀랍게도 갑자기 전환된 셈이다. 따라서 우리는 커버데일에게서 연극 전체를 조망하는 코러스의 역할을 찾도록 교묘히 초대받는다. 고전극에서 여럿이 노래하고 거기에 맞춰 춤추는 서정시를 나타내는 코러스는 극의 진행에 직접 관련되지는 않기 때문에 흔히 그 역할은 초연함을 가리킨다. 그러나 중요한 것은 "초연함을 무관심과 혼동해서는 안 된다"(Crews 375)는 것이다. 아무래도 커버데일은 개인적 중요성의 가능성으로부터 초연하게 무관심한 것 같지 않기 때문이다.

많은 경우에 커버데일은 코러스로서의 부속적 역할에 불만을 표명한다. 그는 코러스로서 자신의 역할이 관찰 대상들에게 공감을 갖고 그들에게 예술의 항구성을 부여함으로써 그들의 행동을 변형시키는 것이라고 믿는 것 같다. 그러기에 그는 자신의 희망, 두려움, 환희, 슬픔 등의 감정을 작중인물들을 통해 표현되도록 하겠다고 말하는 것이다. 그는 자신의 입장에서 볼 때 단순한 호기심 이상을 가지고 작중인물들을 관찰하고 있다. 커버데일의 코러스로서의 성격은 로맨스 전체의 분위기에 "얼음같이 차가운 음조"(Waggoner 208)를 부여한다.

커버데일은 고요하지만 냉정한 관찰자이다. 그는 고요함과 차가움 때문에 보다 활력적인 역할에 몰입하지 못한다. 커버데일은 남을 몰래 훔쳐보는 자신의 주제넘은 행동을 감추려고 부단히 노력한다. 독자는 그의 엿보기에 반대하지는 않지만 그가 자신의 탐색 작업에서 한층 더 능력을 발휘해주기를 바란다. 고전극에서 코러스는 모든 행동을 관찰할 권리를 갖는다. 그런데 커버데일은 그렇지 못하다. 사랑 받지 못하고 사랑하지 못하기에 그는 기껏해야 독자를 자신의 확신자로 가질 수 있을 따름이다.

호손은 첫 장에서부터 커버데일의 서술자적 기능을 전통적인 일인칭 서술자의 그것과는 확연히 다르게 보여줌으로써 독자를 혼란 속에 빠뜨린다. 이야기가 열리면서 커버데일은 베일의 여인(Veiled Lady)이 출연한 최면술 공연을 구경하고 자신의 숙소로 돌아가는 길이다. 이렇게 해서 베일의 여인에 대한 언급이 커버데일 다음으로 맨 먼저 나오고 그 다음에 제 1장의 표제인 무디 영감(Old Moodie)이 등장한다. 커버데일의 최초 행동은 한쪽 눈에 안대를 한 무디 영감과 만나 대화를 나누는 것이다.

그리고 1장 끝에서 제노비아에 관한 언급이 잠시 나온다. 그녀에 대한 얘기는 무디와의 대화 중에 단 두 차례 이름이 언급될 뿐이다. 이처럼 작중인물들에 대한 소개는 기껏해야 이름을 알려주는 정도이지 구체적으로 신분을 밝히는 단계는 아예 생략해 버린다. 어찌 보면 1장에서 일어나는 것은 마치 서술자가 임무 수행을 거부하는 것 같기도 하다. 이런 점에서, 루이스 오칭클로스(Louis Auchingcloss)는 "카프카(Kafka) 자신도 이보다 더 적은 정보를 전달한 채 이야기를 열지는 못했다"(390)고 역설한다. 작중인물을 소개하고 신분을 밝히지 않는 것은 기본적으로 긴장감을 더해 주기 위한 작가의 배려처럼 보인다. 자연히 우리는 1장에서 소개받은 위의 세 사람의 관계를 조금씩 알게 되기까지 내내 호기심을 갖고 지켜보지 않을 수 없게 된다.

제 1장에서 비교적 길게 우리에게 모습을 드러내는 인물은 무디 영감이다. 신비한 이미지는 베일의 여인에게 한정된 것이 아니다. 무디 영감도 자신의 베일을 쓰고 있다. 우리는 아직 그가 자신의 딸이 만든 손지갑을 팔아서 생계를 유지한다는 사실을 알지 못한다. 그것은 우리 앞에 모습을 처음 드러낼 때에 그가 손지갑을 파는 행동을 보류하고 있기 때문이다. 물론 나중에 밝혀지지만 이 사실을 커버데일은 이미 알고 있는 상태이다. 후에 프리실라가 손지갑 만드는 일을 하는 것을 보고, 또한 무디 영감이 블라이드데일에서 그녀에 관해 물을 때 커버데일은 마침내 그 둘을 연관시킨다. 그때 커버데일은 무디 영감에게 작은 손지갑 제작자에 관해 말해달라고 요청한다. 그러자 홀링스워스가 "왜 그리 쓸데없는 질문으로 그를 귀찮게 합니까, 커버데일 씨? 오래 전에 알고 있었잖아요"(85)라고 말하며 무디의 대답을 가로막는다. 이렇게 해서 독자는 커버데일보다 한발 느리게 사건의 전말을 파악하게 된다. 자연히 커버데일은 자기를 따라오는 데 느린 독자에게 푸념을 한다.

로맨스 중간에서 커버데일이 보스턴 시내로 떠나는 것은 「엘리엇의 설교단」("Eliot's Pulpit") 장에서 계시적인 장면이 있은 다음 홀링스워스와의 심한 언쟁을 벌이고 난 후에 즉시 이루어진다. 커버데일은 단지 범죄자 교화를 위한 박애주의자의 사업에 동참하라는 홀링스워스의 초대를 거절한다. 홀링스워스는 커버데일에게 "나에게 동조하거나 아니면 나에게 반대하는 것이오, 당신에게 세 번째 선택은 없소"(135)라고 철저하게 융통성 없는 요구를 한다. 그리하여 커버데일은 단순한 꼭두각시가 되기를 거부하고 한 사람에 의해 지배되는 블라이드데일이란 무대를 잠시 떠나있기로 맘먹는다. 국외자의 입장에 놓인 그에게 블라이드데일은 예전 같지 않고 아주 달라 보인다. 이참에 그는 좀더 떨어져서 블라이드데일 문제를 재고하고 싶어 도시로 들어간다. 바깥 세계와의 접촉은 나름대로 그에게 신선한 충격을 제공해 준다.

커버데일은 일시적인 도시로의 퇴거로 인해 그 동안 긴밀하게 관계를 맺어왔던 중요한 세 명의 인물들로부터 일정 거리를 유지하며 냉철히 생각해볼 수 있는 기회를 얻는다. 그렇지만 도시에서도 그는 여전히 관찰자의 입장에 서게 된다. 호텔 방 창문으로부터 건너편 하숙집에 있는 제노비아가 보인다. 제노비아가 그것을 알아채고 커튼을 내려버린다. 이에 커버데일은 격심한 모욕감을 느끼면서 관찰자로서의 자기 변명을 길게 늘어놓는다.

> 나의 지각 기능이 단순히 저속한 호기심이었단 말인가? 제노비아는 그렇게 생각하는 이상으로 나를 더 잘 알아야만 했다. 그녀는 지성과 감성의 특성을 이해할 수 있어야 했다. 그 특성이 (종종 나의 의지와 반대되게 그리고 나 자신의 위안을 희생한 채) 나를 다른 사람들의 삶 속에 살게 하고 그들 스스로에게도 금지된 비밀을, 전반적인 공감에 의해 그리고 섬세한 직관력에 의해서, 기록하기에는 너무 사소한 것들을 메모함으로써, 그리고 나의 정신을 하느님이 나에게 배정해준 동료들과 다양하게 조화시킴으로써 알려고 노력하도록 해주었다. (160)

이와 같이 생각 속에서 자기 합리화의 방법으로 스스로 만족하는 커버데일은 정작 무디 집안에서 벌어지는 극의 중심으로 뛰어 들어가지는 못한다. 심지어는 그렇게 하기 위해 어떤 효과적 조치를 취하거나 말도 하지 못한다.

무디 영감과 다시 만나 그 집안에 대한 얘기를 장시간 듣고 난 후에 커버데일은 자기 이야기의 새로운 장을 시작한다: "그래, 난 마구 돌아다녔어, 마치 대단한 싸움을 한 후에 옛 거처로부터 내몰려 쫓겨난 악령처럼(194)." 커버데일의 이 말은 전형적으로 과장된 것이다. 그는 '대단한 싸움'을 하지 않은 것만큼이나 '쫓겨난 악령'도 아니다. 그는 쫓겨난 적이 없었다. 단지 배제당했을 뿐이다. 그는 단지 웨스터벨트가 베일의 여인을 무대 위에서 이용하고 마을 회당에서 홀링스워스가 "이리 오시오, 이젠 안전해요"(203)라고 말하며 그 여인을 구해주는 것을 빠짐없이 지켜볼 만큼 그저 부산하게 돌아다녔을 뿐이다.

블라이드데일에 다시 돌아온 커버데일은 행동으로부터 멀리 떨어져 있어서 더욱더 단순한 구경꾼에 지나지 않는다. 가장무도회에서 들뜬 소동이 벌어지는 동안에 그는 행렬 뒤를 따라 간다. 엘리엇의 설교단에서 제노비아, 프리실라, 홀링스워스를 그가 발견했을 때 제노비아는 그에게 "30분 늦게 와서 그가 즐길 수 있었을 장면을 그만 놓치고 말았다"(212)고 말해준다. 그렇지만 그가 놓친 것이 구체적으로 무언지는 끝내 밝혀지지 않는다. 대부분의 그가 그리는 장면들은 편리하지 않은 거리에서 관찰한 것이거나 아예 관찰하지 않은 것들이다. 그가 서술하는 장들 중 적어도 두 개, 즉 제노비아의 '베일의 여인' 전설과 그녀 아버지 무디 영감의 자서전은 다른 사람의 말을 상상적으로 구성한 것이다. 왜냐하면 그가 가장 중요한 모임에 결정적으로 늦었기 때문이다.

이렇게 불확실한 서술자 덕분에 소설이 마무리되어 가는 마지막 순간에도 우리는 의문 속에 머무를 수밖에 없다. 홀링스워스는 프리실라가 베일의 여인임을 어떻게 추적했을까? 왜 그는 마침내 커버데일이 참석한 시연장에 나타나서 그녀를 마법사의 주문으로부터 해방시켜 주었을까? 커버데일은 블라이드데일에 돌아와서 제노비아가 재산을 몽땅 잃은 것을 발견한다. 우리는 무디 영감이 제노비아가 프리실라를 웨스터벨트에게 넘겨준 것에 대한 복수로 그의 상속권을 되찾는 법적 조치를 취했다고 그저 짐작할 뿐이지 이걸 확신하지는 못한다. 무디가 재산을 프리실라에게 주었다면 그녀는 그것으로 과연 무엇을 할까? 홀링스워스의 숙원 사업인 범죄자 갱생 시설에 투자를 할까? 웨스터벨트는 순순히 영영 물러난 걸까? 의문에 의문이 꼬리를 물고 일어난다.

Ⅳ

블라이드데일에 있는 모든 사람들은 기만적인 위선자들이다. 그 중 커버데일이 가장 정도가 심하다. 커버데일은 제노비아, 홀링스워스, 프리실라와의 열정적 관계에서 배제됨으로써 임상적인 관찰자처럼 뒤틀려 있다. 그래서 그는 언제나 고립된 채 그들을 바라본다. 호손은 커버데일같이 깐깐하고 캐기 좋아하고 사랑할 줄 모르고 자기 기만적인 젊은이로 하여금 이야기를 말하게 함으로써 서사 구속으로부터 자유롭게 되어 서술자의 마음속을 드나드는 특권을 자신에게 허용한다. 그런 가운데 호손은 다른 한편으로 독자의 신뢰성 문제에 끊임없이 모호함을 유지한다.

소설 서두에서 커버데일은 게으름에서 탈출하기 위한 시도로써, 그리고 자신의 관대함에 대한 그릇된 생각에서 세상을 개혁하기 위한 블라이드데일에 합류한다. 제목이 함축하는 의미와는 정반대로 블라이드데일은 행복이 아니라 비극의 현장이다. 거기에서 호손은 커버데일의 이기심, 질투심, 무책임 등으로 새로운 에덴의 건설이 불가능함을 보여준다. 이와 같이 타락한 인간성의 대변자인 커버데일은 반어적으로 다른 인물들이 각자 자신의 계산적인 동기를 갖고 블라이드데일에 찾아온 것을 보고 비난한다.

커버데일은 블라이드데일에서 벌어질 온갖 혼란에 대비시키려는 듯이 우리에게 일찍부터 그가 믿을 만한 보고자가 아니라는 것을 알아차리게 해준다. 그는 제노비아 - 프리실라 - 홀링스워스의 삼각관계에 관심의 초점을 설정하자마자 자기에게 과장하는 나쁜 습관이 있다고 스스로 털어놓는다. 제노비아와 홀링스워스는 커버데일의 이기적인 유리(遊離) 내지는 초연(超然)의 특성을 마구 비난한다. 그들은 자신들의 삶에 대한 커버데일의 어떠한 평가로도 만족하지 못한다.

서술자인 커버데일은 제1장 네 번째 문단에서 "그녀[베일의 여인]의 진술은 신비스럽건 그렇지 않건 간에 지금의 이야기하고는 아무 관련도 없다"(6)고 단정한다. 그렇지만 이것은 의도적인 거짓말이다. 빈약하게 고딕적인 플롯의 큰 가닥은 나중에 베일의 여인으로 밝혀지는 거의 형체 없는 프리실라에게 웨스터벨트가 최면술을 실시하는 데 의존하기 때문이다.

「엘리엇의 설교단」에서의 극적 장면이 있은 직후 15장에서 커버데일은 홀링스워스와 공동체의 기본 조직에 대해 토론을 벌인다. 커버데일은 프랑스의 사회주의자 F. M. C. 푸리에(Fourier)가 제창한 사회제도[5]를 채택하자고 주장한다. 이에 대해 홀링스워스는 푸리에의 주장이 이기적인 원리를 바탕으로 이루어졌다고 생각하며 "비참하고 비현실적인 계획"(130)이라고 규정하고 대신에 범죄자 교화를 위한 자신의 단호한 생각을 장황하게 늘어놓는다. 홀링스워스의 진술은 급진적인 개혁가에게 맞게 자기중심적이고 절대적이지만 그의 극단주의적 음조는 커버데일의 중재적인 의식의 결과이다. 푸리에의 원리를 블라이드데일에서 받아들이자는 자신의 제안이 거부당하자 커버데일은 홀링스워스의 갱생 시설 문제를 그의 박애주의적 개혁과 함께 싸잡아서 공격한다. 심사가 뒤틀린 커버데일이 보기에 홀링스워스의 계획은 최선의 경우 추상적이고 편견적인 개혁이며, 최악의 경우에는 부정직하고 어쩌면 불법적인 개혁에 지나지 않는다. 그렇지만 홀링스워스의 구상은 최소한 비이기적이다. 그런데도 커버데일은 많은 사람들의 생각에 의존하여 그것의 비실제성을 강조한다.

같은 장면에서 홀링스워스가 자신의 계획을 구체적으로 밝히자 커버데일은 그에 적극 대처하려는 생각에서 블라이드데일 공동체가 "이제 막 희망 속에 번창하기 시작한다"(132)며 큰소리친다. 지난 4월에 블라이드데일을 가리켜 "환상, 가장행렬, 목가, 모사(模寫) 아르카디

5) 이른바 '팔란스테리'(Phalanstery)라는 사회주의적 생활공동체를 가리킨다.

아” (21)라고 부르면서 자신은 인생에서 예쁜 시나 짓겠다고 고백한 사람이 8월에 이렇게 말하니 그 진술을 액면 그대로 받아들일 수 없는 것이다. 따라서 그것은 단지 홀링스워스에게 반발하기 위한 처사라고 볼 수밖에 없다. 물론 홀링스워스는 커버데일의 말에 전적으로 동의하지 않은 채 “결함으로, 그것도 회복할 수 없고 저주할 만한 결함으로 가득해. . . 거기에는 인성도 없어”(132)라고 대꾸한다.

커버데일이 블라이드데일의 이상주의에 매달리는 것은 일종의 도피주의에서부터 나온 것이라고 할 수 있다. 새로운 장소로 이전해온 그는 주변 사람들을 의식해서 용기와 목적을 갖고 새롭게 생활하는 체한다. 그렇지만 사실상 그는 소신도 없고 매사에 소극적이다. 때때로 그 스스로가 “나는 초연해 있다”(134)고 인정한다. 그에게 있어서 문제가 되는 것은 그가 언제나 유지하고자 하는 거리다. 타인과의 관계에서, 그리고 매사에 있어서 거리를 유지하려다 보니 자연히 그는 인간 본성에서부터 유리된다. 그의 이런 모습은 마지막 장에서 여실히 드러난다.

커버데일은 마지막에 자신이 참여했던 블라이드데일 농장에 대해 결론을 내리고 그 실험이 갖는 의미를 종합적으로 정리하고 싶어 한다. 이를 위해 커버데일은 매우 전통적인 방법으로 마지막 장을 시작한다.

> 이제 나 자신에 대해 몇 마디 하는 일만 남았다. 아마도 독자께서는 기꺼이 그 점을 인정해줄 것이다. 왜냐하면 난 나 자신의 이야기 속에서 초라하고 희미한 존재가 되어서 별도의 흥미도 갖지 못하고 퇴색한 삶을 살면서 다른 사람들의 삶으로부터 색조를 취해왔기 때문이다. 그렇지만 우리는 자기 자아에 대해 약간의 경의를 갖기 마련이다. 그리하여 난 나 개인 한 사람만을 위해 마지막 두세 페이지를 남겨놓고 있다. (245)

여기에서 먼저 커버데일은 이제까지 자신이 취한 입장을 본격적으로 변론할 태세를 갖추고 있다. 그의 다부진 결의로 미루어 보건대 그는 마치 이 시간을 위해 여태껏 살아온 것이 아닌가 하는 생각이

들 정도다. 그렇지만 다음에 나오는 내용은 쓸데없는 것들인데, 그것은 "전체 이야기가 실패한 공동체 실험의 설명이기보다는 자기 극화이기 때문이다"(Justus 353). 이처럼 그는 철저하게 자기 자신밖에는 아무 것에도 관심을 갖지 않는 이기적 인간의 전형이다.

이러한 커버데일이 모든 이야기를 마무리하는 마지막 문장에서 그답지 않은 폭탄선언을 한다: "나 — 난 정말 — 프리실라 — 를 사랑했네!"(247). 커버데일의 이 말은 이 책에서 우리를 가장 놀라게 한다. 아무리 보아도 그는 자기 자신 외에 누구를 사랑할 사람으로 보이지 않기 때문이다. 이 고백이 있기 전에는 그가 재봉사인 프리실라를 얼빠진 방해물로 여기거나 기껏해야 돌봐주어야 할 귀찮은 대상으로 간주한 것이 전부였다. 그녀에게 조금이라도 연정을 느끼는 암시는 거의 보여주지 않았다. 이야기 전반에 걸쳐서 커버데일은 오히려 제노비아에게 빠져 있었다. 제노비아에 대한 그의 열정은 블라이드데일에 도착한 첫 날 그녀를 만난 순간부터 생겨났다.

커버데일이 블라이드데일에서 제노비아를 보자마자 그녀의 아름다움이 그를 광적인 인식으로 몰아넣으며 숨도 쉴 수 없을 정도로 압도한다. 그가 블라이드데일에서 앓아누운 열병도 사실은 제노비아에 반한 일종의 상사병이라 할 "감수성의 열병"(Rahv 339)이다. 그가 처음에 바라본 그녀는 "사실 성숙함이 거의 완전한 지경에 도달한, 수려한 외모의 여성으로서 트집 잡기 좋아하는 사람들이 부드러움과 우아함이 약간 부족하다고 말할 수도 있겠지만 괄목할 만큼 아름답다고 말하는 것이 타당할 미모의 결정체였다"(15). 더 나아가 커버데일은 "그녀가 신선함과 건강과 활력을 아주 풍부히 갖추고 있어서 남자들이 그로 인해 사랑에 빠질 법했다"(16)고 토로함으로써 자신이 그녀에게 품은 연정을 우회적으로 털어놓고 있다. 갈수록 커버데일은 제노비아가 섹스 없는 개혁가가 아니라 육감적인 여인임을 깨닫는다. 그가 병상에 누워있을 때 제노비아는 별로 좋지 않은 솜씨로 손수 죽을 쑤어서 매일 갖다 주곤 하는데, 이때 커버데일은 그녀에게서 진정한 여성으로서의 성적 매력을 발견한다. 급기야 그는 구체적으로 제노비아의 신체 각 부위를 관찰하면서 에로틱한 욕망을 표명하기에 이른다. 제노비아의 자연스럽게 붉은 색조를 띤 볼, 온기를 느끼게 해주는 둥근 팔위의 살, 풍만한 가슴 등 "한 마디로 구체화된 여성성"(44)이 그의 감정을 야릇하게 자극시켜 준다.

이와 같이 제노비아에게 푹 빠졌던 커버데일이 프리실라를 사랑한다고 고백하는 것은 다음과 같이 두 가지로 해석할 수 있겠다. 첫째로, 그 고백은 믿을 수 없는 서술자가 독자에게 하는 의도적인 거짓말이다. 책 전반에 걸쳐 커버데일의 관심 대상은 시종일관 제노비아이므로 이것은 서술자에 대한 독자의 불신을 알려주기 위한 일종의 경종일 수 있다. 그렇지만 커버데일의 마지막 고백은 일부 독자가 기꺼이 허용하고 싶은 것보다 더 심오한 정신적 불모를 암시해준다. 더 이상 서술할 내용이 아무 것도 없게 되자 다른 사람을 위해 스스로 성가심을 자초하지 않으려는 자신의 성향을 이런 방식을 빌어 직접 토로하는 것이다. 그리고 나서 그는 자신의 무미건조한 정서를 깊이 사색하면서 서 있는 것이다. 둘째로, 그 고백은 서술자가 스스로 자기를 기만하기 위한 것이다. 그는 실제 어떤 행동에도 참여하기를 꺼리기 때문에 제노비아에 대한 감정에 자신을 내맡길 사람이 아니다. 따라서 그는 심리학적인 우회 방법으로 자신이 원하는 실제 대상은 제노비아의 이복 자매인 프리실라라고 자신을 설득하는 것이다. 이러한 편리한 자기기만으로 인해 그는 제노비아 문제에 자신은 직접 참여하지 않고 엿보기만을 할 수 있게 된다. 이로써 그는 호손이 초창기 일기에서 스스로 상상하여 적었던 이상적인 폴 프라이(Paul Pry)의 역할을 계속 수행할 수 있게 된다.

커버데일의 비극은 항상 다른 사람들의 생활 속에 대행적으로 살아가기 위해서 직접적으로 자신의 관심사를 무시해 버리는 것이다. 그는 삶 속에 깊이 몰입하려 하지 않는다. 어떠한 모험에도 참여하려 하지 않는다. 사랑이나 관대함에 대한 어떤 충동도 물리침으로써 그는 철저하게 자신을 악마가 되도록 허용한다. 결과적으로 커버데일은 믿음성이 없는 철저한 악한이요 차가운 자기 기만자이다. 제노비아, 홀링스워스, 웨스터벨트가 저주받은 영혼들이라고 한다면 커버데일은 필경 그들을 지옥으로 인도한 악마임에 틀림없겠다.

V

『블라이드데일 로맨스』에서 작가는 호손이라는 사람이다. 서술자는 소설 속에서 하나의 역할을 지닌 인물이다. 그러니까 이 소설에서는 작가의 인간적인 문제들에 서술자의 기술적인 문제들이 첨가된 셈이다. 그 결과, 관대함이 부족하고 다른 사람에게 호의를 기꺼이 베풀지 않으려는 성향과 자신만의 숲속 은신처에서, 그리고 창문을 통해서 자기가 참여하지 않은 장면을 엿보려는 취향이 커버데일에게서 융합되어 나타난다. 그러나 커버데일은 어디를 가든지 우리를 동반자로 대동하기 때문에 이 책에서 우리에게 "가장 친숙하고 가장 잘 이해할 수 있는 인물"(Justus 353)이다.

그럼에도 불구하고 우리는 커버데일에 대해 아는 것이 많지 않다. 그가 이류 시인이라는 것과 독신자 아파트에 산다는 것, 시가와 와인을 좋아한다는 것 외에는 그에 관해 별로 아는 것이 없다. 다만 한 가지 더 추측할 수 있는 것은 그가 지금까지 살아온 삶에 만족하지 못하여 더 나은 삶을 기대한다는 것이다. 그러니까 그는 인생에서 뭔가 역할을 하기 위한 기회를 찾고 있는 것 같다. 결과적으로 이 소설의 특이한 서사적 긴장은 "서술자의 역할 찾기, 특별히 그가 이미 권리를 양도했던 역할 찾기에서부터 나온다"(Martin 147). 그런데 정작 그는 그 역할에 자신이 가치 있다고 입증할 만큼 충분한 신념을 갖지 못한다. 그러므로 이 로맨스의 전체적인 아이러니는 커버데일이 이미 자신이 찾고 있는 것을 거부했다는 데 있다.

호손은 커버데일에게서 관습에 따른 서술자를 만들었다. 그러나 로맨스의 긴장을 유지하려는 필연성으로 인해 커버데일은 자신을 존재케 한 바로 그 관습에 포함되지 못한다. 커버데일은 세상과 자신의 관계에서 생기는 문제에 몰두한다. 그는 자기 세계를 외부로부터 바라본다. 그러면서 그는 늘 자기 세계 주변과 충돌한다. 그의 문제는 부분적으로는 이 소설을 쓰면서 호손이 직면했던 풀기 어려운 서사적 산물이다. 호손은 이전에는 서술자의 비전을 그렇게 길게 유지하려고 시도한 적이 없었다. 다시 말해서 호손은 이 소설이 나오기 전까지는 스스로 작중인물로 발전할 수 있는 어떤 서술자도 창조하지 않았다. 호손의 새로운 서술자가 당면한 문제는 우리가 읽는 이야기가 믿을 수 없다는 것을 암시하기 위해 상당한 고통을 감내한다는 사실을 우리가 깨달을 때 중요해진다. 그의 서술은 단순한 사실의 요소를 위해서가 아니라 하나의 관찰 방식이 이끌 수 있을 것으로 예상되는 과오의 예증으로써 우리의 관심을 끈다.

『블라이드데일 로맨스』의 주요 인물들은 모두 표면적으로는 개혁과 헌신의 사명을 띠고 극적인 유토피아적 모험에 참여한다. 하나같이 뿌리 없고 배경도 모호한 홀링스워스, 제노비아, 프리실라 등이 전면에 나서서 로맨스의 주요 이야기를 구성한다. 그들 각자의 특별한 개성이 모험 속에 전체적으로 깃든 그들의 운명을 재촉한다. 그렇지만 이 로맨스에서 중요한 것은 그들 사이에서 벌어지는 당혹스런 사건들 자체가 아니라 커버데일이라는 서술자에 의해 사건이 만들어지는 과정이다. 커버데일은 상기한 세 명의 주요 인물들에 의한 강박관념에 시달린다. 그럼에도 불구하고 그는 자신이 쓴 비극적 로맨스에서 그들의 삶에 형태와 목적을 부여해야 한다. 아마추어 예술애호가로서 그에게 부과

된 임무는 제노비아의 낭만적 로맨스가 아니라 그 자신의 비극적 로맨스를 쓰는 일이다.

커버데일은 블라이드데일 실험에 공감한다. 하지만 그는 그러한 계획의 불가피한 실패에 언제든지 기여할 마음과 의향을 갖고 있다. 비슷한 방식으로 그는 영감적인 열정에 자신을 내맡기고 싶지만 그렇게 긴 이야기를 말하는 호손의 유일한 서술자로서 참아내야 할 특별한 짐을 떠맡고 있다. 그는 이야기가 말해지는 데는 성공을 한다. 그러나 정작 그는 전반적으로 좌절하고 냉소적인 인물로서 마지막에는 외로운 존재로 전락하고 만다. 그는 제노비아의 애정이 이미 열정적으로 생동하는 것을 알고 있었기 때문에 그녀에게 자신이 끌렸다고 틀림없이 상상한다. 그런데 프리실라에 대한 그 자신의 사랑은 그녀가 다른 사람과 결혼하기까지 보지 못한다. 이런 식으로 해서 그는 항상 어떤 삶 속에도 열정적으로 참여할 수 없게 된다. 제노비아라는 "빛나는 존재"(244)가 그에게 선명한 관심의 대상이다. 그녀가 죽은 후에도 그는 "제노비아가 실제로 가지 않았고 거기에 머물러 있다는 환상으로 영향을 받았다"(228)고 고백할 정도이다. 마지막 커튼이 그의 개인 극장에서 그의 관심을 그토록 사로잡은 드라마 위에 내려진 후 커버데일은 영화(靈化)된 폴 프라이의 삶을 각색하면서 자신의 실제 존재를 희생했다는 것을 깨닫는다.

커버데일은 호손에 의해 이야기 전체에 걸쳐 반어적으로 다루어진다. 커버데일은 자기 자신의 이야기를 따라가는 데 대부분의 시간을 보낼 뿐만 아니라 보다 중요하게도 그리고 반어적이게도 그 자신은 그것을 이해하지 못한다. 그러므로 그는 자기 인식도 도덕적·예술적 성취도 이루지 못한다. 커버데일의 이야기는 보스턴에 있는 그의 아늑하고 우아한 독신자 숙소에서 전형적으로 시작하고 끝난다. 이것은 소설 속 모든 행동들이 그 속에 감싸여 있으며 커버데일에게 있어서 변한 게 없다는 논평을 가능하게 해준다. 그는 12년이 지난 뒤에도 여전히 총각으로 남아있지만 다만 머리칼이 희끗희끗해졌을 따름이다. 또 한 가지 변한 게 있다면 그건 12년 전보다 더 이기적이 된 것 같다는 점이다.

우리는 이러한 커버데일에게서 완전히 모순적이지는 않지만 대립적인 특성들이 교묘하게 결합되어 있어 그가 호손이 부여한 혁신적인 서술자-참여자의 기능을 거의 완벽하게 수행하고 있음을 발견하게 된다. 따뜻한 감정과 차가운 사색, 단순하고 자연스런 신념에 대한 경향과 체질적인 회의주의의 기미, 감각적이고 나태한 쾌락주의자와 습관적으로 냉소적인 이상주의자가 기이하지만 아주 진솔하게 융합되어 있다. 결국에 호손의 "가장 수수께끼 같고 모호하고 다층적이고 교묘한 로맨스"(Donohue 96)인 『블라이드데일 로맨스』는 호손의 "가장 재미있고 정교하고 독창적인 창조물"(Donohue 98)인 커버데일이라는 서술자가 이룩해낸 서사 건축물인 셈이다.

* 인용문헌은 Selected Bibliography를 참조하기 바람.

SELECTED BIBLIOGRAPHY

Works by Nathaniel Hawthorne

The American Notebooks. Ed. Claude M. Simpson. Vol. 8, Centenary Edition of the Works of Nathaniel Hawthorne. Columbus: Ohio State UP, 1972.

The Blithedale Romance and Fanshaw. Ed. Fredson Bowers, Matthew J. Bruccoli, and L. Neal Smith. Vol. 3, Centenary Edition of the Works of Nathaniel Hawthorne. Columbus: Ohio State UP, 1964.

"The Custom House." *The Scarlet Letter.* Centenary Edition. 3-45.

The Letters, 1813-1843. Ed. Thomas Woodson, L. Neal Smith, and Norman Holmes Pearson. Vol. 15, Centenary Edition of the Works of Nathaniel Hawthorne. Columbus: Ohio State UP, 1984.

"The Minister's Black Veil." *Twice-Told Tales.* Ed. William Charvat, et al. Vol. 9, Centenary Edition of the Works of Nathaniel Hawthorne. Columbus: Ohio State UP, 1974. 37-53.

"The Old Manse." *Mosses from an Old Manse.* Ed. Fredson Bowers, L. Neal Smith, John Manning, and J. Donald Crowley. Vol. 10, Centenary Edition of the Works of Nathaniel Hawthorne. Columbus: Ohio State UP, 1974. 3-35.

"Preface." *The Blithedale Romance.* Centenary Edition. 3-4.

"Preface to the Second Edition." *The Scarlet Letter.* Centenary Edition. 1-2.

The Scarlet Letter. Ed. Fredson Bowers and Matthew J. Bruccoli. Vol. 1, Centenary Edition of the Works of Nathaniel Hawthorne. Columbus: Ohio State UP, 1962.

Works Cited and Other References

김용수. 「호손의 역사와 사회변화에 대한 인식」. 『호손 연구』 9-1 (2002): 27-46.

김지원. 「소설과 역사의 만남: 『주홍 글자』의 신역사주의적 글읽기」. 『영어 영문학』 47-2 (2001 여름): 395-418.

______. "The Cycle of History: A New Historicist Reading of *The House of the Seven Gables*." 『영어영문학』 48-4 (2002 겨울): 827-43.

박양근. 「*The Blithedale Romance*의 생태학적 새로 읽기」. 『호손 연구』 8 (2001): 21-50.

박영의. 「Hawthorne과 Melville의 친교와 영향관계」. 『호손 연구』 4 (1997): 9-27.

박익두. 「포스트모더니즘적 역동성: Hawthorne의 역사 의식과 초월」. 『호손 연구』 9-1 (2002): 49-88.

손정희. "A Reading of *The Blithedale Romance:* Is Zenobia Another Veiled Lady?" 『호손 연구』 6 (1999): 85-110.

오정화. 「Beatrice Rappaccini와 "Scribbling Women"」. 『호손 연구』 8 (2001): 113-30.

이병주. 『호손문학 연구: 신화와 비극의 세계』. 서울: 한신문화사, 1995.

이은숙. 「*The Blithedale Romance*에 대한 페미니즘적 접근」. 『호손 연구』 5 (1998): 31-56.

장병길. 『너새니얼 호손』. 서울: 건국대학교 출판부, 1995.

장영희. "Vision of Evil in Emerson, Hawthorne, and Melville." 『호손 연구』 5 (1998): 201-11.

장인식. 「Nathaniel Hawthorne의 종교시 연구」. 『호손 연구』 8 (2001): 131-46.

정혜옥. 「호손과 이디스 워튼: 이디스 워튼의 『이썬 프롬』을 중심으로」. 『호손 연구』 9-2 (2002): 125-47.

채규태. 「*The Blithedale Romance*에 나타난 유토피아적 개혁의 실패」. 『호손 연구』 5 (1998): 121-38.

천연희. 「Nathaniel Hawthorne과 Margaret Fuller의 관계성」. 『호손 연구』 9-1 (2002): 171-90.

최인순. "The Journey of Escape and Return: A Reading of *The Scarlet Letter.*" 『호손 연구』 7 (2000): 219-32.

한혜경. 『블라이드데일 로맨스: 작중인물로서 커버데일의 역할. 『호손 연구』

7 (2000): 195-217.

Abel, Darrel. *The Moral Picture: Studies in Hawthorne's Fiction.* West Lafayette: Purdue UP, 1988.

American Whig Review. (November 1852). *The Blithedale Romance: An Authoritative Text, Backgrounds and Sources, Criticism.* Ed. Seymour Gross and Rosalie Murphy. Norton: New York and London, 1978. 283-84.

Arac, Jonathan. "The Politics of *The Scarelt Letter.*" *Idealogy and Classic American Literature.* Ed. Sacvan Bercovitch and Myra Jehlen. Cambridge: Harvard UP, 1986.

Auchincloss, Louis. "*The Blithedale Romance:* A Study of Form and Point of View." *The Blithedale Romance: An Authoritative Text.* 389-95.

Baym, Nina. "*The Blithedale Romance:* A Radical Reading." *The Blithedale Romance: An Authoritative Text.* 351-68.

______. "The Romantic *MagléLui:* Hawthorne in 'The Custom-House.'" *The Scarlet Letter: An Authoritative Texts, Essays in Criticism and Scholarship.* Ed. Seymour Gross, et al. New York: Norton, 1988. 265-72.

______. *The Scarlet Letter: A Reading.* Boston: Twayne, 1986.

Bell, Michael Davitt. "*Arts of Deception:* Hawthorne, 'Romance,' and *The Scarlet Letter.*" *New Essays on* The Scarlet Letter. Ed. Michael Colacurcio. Cambridge: Cambridge UP, 1985. 29-56.

Bercovitch, Sacvan. "Hawthorne's A-Morality of Compromise." *Nathaniel Hawthorne:* The Scarlet Letter. Ed. Ross Murfin. Boston: Bedford, 1991. 344-58.

______. *The Office of The Scarlet Letter.* Baltimore: Johns Hopkins UP, 1991.

Berlant, Lauren. *The Anatomy of National Fantasy: Hawthorne, Utopia, and Everyday Life.* Chicago: U of Chicago P, 1991.

Berner, Robert L. "A Key to 'The Custom-House.'" *The Scarlet Letter: An Authoritative Text.* 272-78.

Boewe, Charles and Murray G. Murphey. "Hester Prynne in History." *The Scarlet Letter: An Authoritative Text.* 205-207.

Booth, Wayne C. *The Rhetoric of Fiction.* Chicago: U of Chicago P, 1983.

Brodhead, Richard H. *Hawthorne, Melville and the Novel.* Chicago: U of Chicago P, 1976.

______. *The School of Hawthorne.* New York: Oxford, 1986.

Brownson's Quarterly Review (October 1852). *The Blithedale Romance: An Authoritative Text.* 271-72.

Carabine, Keith. "'Bitter Honey': Miles Coverdale as Narrator in *The Blithedale Romance.*" *Nathaniel Hawthorne: Modern Critical Views* 106. Ed. Harold Bloom. New York: Chelsea, 1986. 179-95.

Colacurcio, Michael. *The Province of Piety: Moral History in Hawthorne's Early Tales*. Cambridge: Harvard UP, 1984.

Crews, Frederick C. "Turning the Affair into a Ballad." *The Blithedale Romance: An Authoritative Text.* 373-80.

Crowley, J. Donald, ed. *Hawthorne: The Critical Heritage.* New York: Barnes, 1971.

Davis, Clark. "Facing the Veil: Hawthorne, Hooper, and Ethics." *Arizona Quarterly* 55-4 (Winter 1999): 1-19.

Donohue, Agnes McNeill. *Hawthorne: Calvin's Ironic Stepchild.* Kent: Kent State UP, 1985.

Dunne, Michael. Hawthorne's Narrative Strategies. Jackson: UP of Mississippi, 1995.

Ellis, William Neal. The Ambiguous Method: An Analysis of the Structure of The Scarlet Letter. NY: Knopf, 1990.

Gordon, Hunter. *Secrets and Sympathy: Forms of Disclosure in Hawthorne's Novels.* Athens: U of Georgia P, 1988.

Graham's Magazine. (September 1852*). The Blithedale Romance: An Authoritative Text:* 277-78.

Griffith, Jr., Kelley. "Form in *The Blithedale Romance.*" *The Blithedale Romance: An Authoritative Text.* 380-89.

Gupta, R.K. "Hawthorne's Theory of Art." *American Literature* 50-3 (November 1968): 147-62.

Hawthorne, Manning. "Hawthorne and Utopian Socialism: Two Letters Written to David Mack." *New England Quarterly* 12 (1939): 726-30.

Herbert, T. Walter. *Dearest Beloved: The Hawthornes and the Making of the Middle-Class Family.* Berkeley and Los Angeles: U of California P, 1993.

Hirsh, John C. "Zenobia as Queen: The Background Sources to Hawthorne's *The Blithedale Romance.*" *Nathaniel Hawthorne Journal* (1971): 182-90.

Horrell, Joyce Tayloe. "A 'Shade of a Special Sense': Henry James and the Art of Naming." *American Literature* 52-2 (May 1970): 117-34.

Howe, Irving. "Hawthorne: Pastoral and Politics." *The Blithedale Romance: An Authoritative Text.* 288-97.

James, Henry. *Hawthorne.* New York: AMS, 1968.

Justus, James H. "Hawthorne's Coverdale: Character and Art in *The Blithedale Romance.*" *American Literature* 47 (March, 1975): 349-64.

Kaul, A. N. "*The Blithedale Romance.*" *Hawthorne: A Collection of Critical Essays.* Ed. Kaul. Englewood Cliffs: Prentice-Hall, 1966. 153-63.

______. "*The Blithedale Romance* and the Puritan Tradition." *Nathaniel Hawthorne.* Ed. Harold Bloom. 59-70.

Lawrence, D. H. *Studies in Classic American Literature.* Harmond-sworth: Penguin, 1983.

Leverenz, David. "Mrs. Hawthorne's Headache: Reading *The Scarlet Letter.*" *Nathaniel Hawthorne:* The Scarlet Letter. Ed. Ross Murfin. Boston: Bedford, 1991. 263-74.

Martin, Terence. *Nathaniel Hawthorne.* Boston: Twayne, 1965.

Matthiessen, F. O. "*The Scarlet Letter.*" *The Scarlet Letter: An Authoritative Text.* 79-83.

Miller, J. Hillis. *Hawthorne and History.* Oxford: Basil Blackwell, 1991.

Montgomery, Marion. *Why Hawthorne Was Melancholy.* La Salle: Sherwood Sugden, 1984.

Murfin, Ross C. "The New Historicism and *The Scarlet Letter.*" *Nathaniel Hawthorne:* The Scarlet Letter. 330-44.

Newberry, Frederick. *Hawthorne's Divided Loyalties: England and America in His Works.* Rutherford: Associated Ups, 1987.

Pearce, Roy Harvey. "Romance and the Study of History." *Hathorne Centenary Essays.* Ed. Roy Harvey Pearce. Columbus: Ohio State UP, 1964. 221-44.

Rahv, Philip. "The Dark Lady of Salem." *The Blithedale Romance: An Authoritative Text.* 337-40.

Reynolds, Larry J. Ed. *A Historical Guide to Nathaniel Hawthorne.* Oxford: Oxford UP, 2001.

______. "*The Scarlet Letter* and Revolutions Abroad." *American Literature* 57-1 (March 1985): 44-67.

Ryskamp, Charles. "The New England Sources of *The Scarlet Letter.*" *The Scarlet Letter: An Authoritative Text.* 191-204.

Schubert, Leland. *Hawthorne, the Artist.* Chapel Hill: U of North Carolina P, 1944.

Turner, Arlin. "Autobiographical Elements in Hawthorne's *The Blithedale Romance.*" *University of Texas Studies in English* 15 (July, 1935): 39-62.

______. "Introduction." *The Blithedale Romance.* Norton: New York, 1958. 5-23.

Waggoner, Hyatt H. *Hawthorne: A Critical Study.* Cambridge: Belknap P, 1963.

한혜경

동덕여자대학교 영문과 교수
한국호손학회 홍보이사 역임
듀크대학교, 노스캐롤라이나대학교 객원교수 역임

김지원

세종대학교 영문과 교수
한국호손학회 회장 역임
한국번역학회 회장 역임
듀크대학교, 노스캐롤라이나대학교 객원교수 역임

블라이드데일 로맨스

The Blithedale Romance

with Essays in Criticism

1판 1쇄 발행 • 2003년 8월 18일
1판 6쇄 발행 • 2023년 2월 13일

편 주 자 · 한혜경 · 김지원
발 행 인 · 정 현 걸
발 행 · 신 아 사
인 쇄 · 대명프린팅
주 소 · 서울특별시 은평구 통일로 59길 4 (2F)
전 화 · (02) 382-6411 팩스 · (02) 382-6401
홈페이지 · www.shinasa.co.kr
E-mail · shinasa@daum.net

ISBN: 978-89-8396-438-0 (93840)

정가 15,000원